资助单位：

南京大学长江三角洲经济社会发展研究中心

中国特色社会主义经济建设协同创新中心

江苏高校协同创新中心（区域经济转型与管理变革）

南京大学长江三角洲经济社会发展研究中心年度自选项目
（项目批准号：2019-NDCSJ-02-01）

Data Report on Economic and Social Development in the Yangtze River Delta

Health Industry

长江三角洲经济社会发展数据报告

大健康

王屹亭　钱东福　刘晓强／著

科学出版社

北　京

内 容 简 介

经济增长是在一定的要素约束下进行的，资源和要素的积累是经济持续增长的内生动力。本报告依托长江三角洲经济社会发展数据库，基于空间和时间两个维度，从人口与健康状况、卫生资源、医疗服务、医疗服务费用、传染病防治、医疗保障、居民人均医疗保健消费支出、健康相关产品和服务价格指数等方面客观展示 2008～2018 年长江三角洲核心区 16 个城市医疗卫生和健康相关产业的发展变化。

本报告对各类经济主体进行现状概览、决策判断、政策制定、学术研究等工作，均能提供一定的参考。

图书在版编目（CIP）数据

长江三角洲经济社会发展数据报告. 大健康 / 王屹亭，钱东福，刘晓强著. —北京：科学出版社，2024.2
ISBN 978-7-03-078048-5

Ⅰ. ①长… Ⅱ. ①王… ②钱… ③刘… Ⅲ. ①长江三角洲-区域经济发展-研究报告 ②长江三角洲-社会发展-研究报告 ③长江三角洲-医疗保健事业-研究报告 Ⅳ. ①F127.5

中国国家版本馆 CIP 数据核字（2024）第 029849 号

责任编辑：杨婵娟　姚培培 / 责任校对：韩　杨
责任印制：师艳茹 / 封面设计：有道文化

科学出版社 出版
北京东黄城根北街 16 号
邮政编码：100717
http://www.sciencep.com
北京建宏印刷有限公司 印刷
科学出版社发行　各地新华书店经销
*
2024 年 2 月第 一 版　开本：720×1000　B5
2024 年 2 月第一次印刷　印张：14 3/4
字数：272 000

定价：118.00 元

（如有印装质量问题，我社负责调换）

前　言

南京大学长江三角洲经济社会发展研究中心成立于 2001 年，系教育部批准的国家级人文社会科学（经济学）重点研究基地。中心以长江三角洲（简称长三角）地区为研究对象，致力于建设成为中国区域经济与社会发展研究的顶级学术机构。同时，中心还将努力建设成为服务于科研、社会及区域经济发展的综合性智库类咨询机构。《长江三角洲经济社会发展数据报告·大健康》作为“长江三角洲经济社会发展数据报告”系列专著之一，是中心在此方面的又一积极成果。

健康是人的最基本需要，又是其终极需要。随着社会发展和人们生活水平、生活方式的提升，人们对健康相关产品和服务的总需求持续增加。以生物技术和生命科学为先导，涵盖各种产品和服务功能的健康产业是公认的“朝阳产业”。随着“健康中国”战略的确立，健康产业将成为社会的支柱产业。

目前理论界对健康产业的概念和目标已有共识。2019 年 4 月 1 日，国家统计局《健康产业统计分类（2019）》正式出台，提出：“健康产业是指以医疗卫生和生物技术、生命科学为基础，以维护、改善和促进人民群众健康为目的，为社会公众提供与健康直接或密切相关的产品（货物和服务）的生产活动集合。”对应《国民经济行业分类》（GB/T 4754—2017）内容，《健康产业统计分类（2019）》中健康产业的行业范围有医疗卫生服务，健康事务、健康环境管理与科研技术服务等 13 个大类与《健康服务业分类（试行）》的 4 个分类（附表 1）。

健康产业是辐射面广、产业种类跨度大的复合型产业，具有拉动内需增长和改善民生的双重功能。根据国家发布的健康产业和健康服务业分类，本报告认为健康产业是由四大类服务行业（医疗卫生服务、健康管理与促进服务、健康保险和保障服务以及其他与健康相关的服务）和两大类生产行业（健康制造业和健康农业）组成的。四大类服务行业不仅具有各自的功能和特色，还反映了健康产业发展的主次关系。

1. 医疗卫生服务

医疗卫生服务是健康产业中最重要的技术服务，处于健康产业的顶端。医疗卫生服务不仅包括疾病诊疗，还包括疾病的预防和治疗后的康复。医疗卫生服务消除的是对健康有直接威胁的因素，其需求满足程度与生命长度、质量的体验直接相关。医疗卫生服务还为健康产业的其他部门和行业提供知识、人才等技术外溢服务。

2. 健康管理与促进服务

健康管理与促进服务是医疗卫生服务在社会范围内的合作和延伸，是社会关系治理和专业技术相互配合、联动的服务。单纯地依靠预防、医疗和康复等专业团队无法达成社会健康目标，必须联合行政管理和科学研究、教育传媒等部门来实现大环境的治理改造。

3. 健康保险和保障服务以及其他与健康相关的服务

健康保险和保障服务、其他与健康相关的服务都为医疗卫生服务和其他健康需求提供了资金统筹、产品流通、信息交互、法律事务处理、设备维护等各方面的配套服务。这些服务不直接实现健康目标，而是面向医疗行业或最终用户提供医疗卫生服务完整实施的各项条件，使服务和产品以更合理、更便捷的方式分配，更好地满足人们的健康需求。

4. 健康制造业和健康农业

这是提供健康相关产品的第一产业和第二产业。健康制造业包括医药制造，医疗仪器设备及器械制造，健康用品、器材与智能设备制造、医疗卫生机构设施建设。健康农业包括中药材种植、养殖和采集中的动植物中药材种植、养殖和采集。

健康产业相关的统计信息相对分散，还未能形成系统的统计数据。其中最为详尽的数据来源是中央和地方政府卫生健康委员会发布的卫生统计年鉴与资料汇编，该资料包含了医疗卫生服务、健康管理与促进服务的相关信息，也是健康产业最重要的数据。另外一个数据来源则是国家统计局和各省（自治区、直辖市）的统计部门编写的统计年鉴或统计概览，包含了健康管理与促进服务、健康保险和保障服务、医药制造的相关信息。遗憾的是健康农业和其他与健康相关的服务尚无相关产业数据。

南京大学长江三角洲经济社会发展研究中心与上海市、江苏省、浙江省卫生健康委员会及卫生统计部门，以及16个城市的统计部门深入沟通，广泛搜集相关数据，形成了长江三角洲经济社会发展数据库的卫生健康数据子库。

本报告以该卫生健康数据库子库为基础，基于空间和时间两个维度，从整体发展态势、增速、构成等视角反映长三角核心区16个城市的卫生健康及相关产业要素的空间差异和时代变迁的特征，可以作为各类决策者分析判断的辅助工具。

本报告作为“长江三角洲经济社会发展数据报告”系列专著之一，在数据的呈现方式上一以贯之，包括空间和时间两个维度。空间维度指长三角区域的上海市，江苏地区的南京市、无锡市、常州市、苏州市、南通市、扬州市、镇江市、泰州市，以及浙江地区的杭州市、宁波市、嘉兴市、湖州市、绍兴市、舟山市、台州市，共16个城市。由于我国省级医疗卫生统计信息披露口径并不一致，能够横向比较的数据较为有限，健康产业统计工作更是尚未开始，因此，根据已有的统计资料，我们以2008～2018年上海市、江苏省和浙江省三省市能公开披露的卫生健康统计数据为主，辅以16个城市的 2008～2018 年统计年鉴的相关产业信息，来展示长三角核心区卫生健康及相关产业的发展概况。

本报告共8章22节，包括长三角核心区16个城市的人口与健康状况、卫生资源、医疗服务、医疗服务费用、传染病防治、医疗保障、居民人均医疗保健消费支出、健康相关产品和服务价格指数等内容。这些数据对应的健康产业分类如附表2所示。

本报告是对长江三角洲经济社会发展数据库的开发利用，是首部从时空两个维度反映长三角核心区城市群卫生健康及相关产业发展状况的基础数据分析资料。

本报告的出版，离不开江苏省卫生健康委员会卫生统计信息中心陈安琪同志对原始数据的解释工作和李堃、王苏楠、宋姝仪等同学对数据的再加工工作，在此表示感谢。

“长江三角洲经济社会发展数据报告”编委会

2023年9月

目　录

1 人口与健康状况

1.1 人口状况

人口是指在一定时间、一定地区范围内的有生命的个人的总和。人口数量代表了一个地区社会系统支持下生命个体的总数，也代表了该地区开展社会互动的能力，是最基本的社会健康指标之一。

年度统计的年末人口数指每年 12 月 31 日 24 时的人口数。人口有两个指标：户籍人口和常住人口。户籍人口是指公民依《中华人民共和国户口登记条例》已在其经常居住地的公安户籍管理机关登记了常住户口的人。常住人口是指实际经常居住在某地区半年以上的人口，主要包括三种类型的人口：一是居住在本乡镇街道且户口在本乡镇街道或尚未办理常住户口的人；二是居住在本乡镇街道且离开户口登记地所在的乡镇街道半年以上的人；三是户口在本乡镇街道且外出不满半年或在境外工作学习的人。

1.1.1 从数字看形势

1.1.1.1 户籍人口

2018 年，长三角核心区户籍人口总数为 8876.6 万人，占全国总人口数（不包含香港、澳门和台湾数据）的 6.36%。其中，上海市户籍人口为 1447.6 万人，占长三角核心区户籍人口总数的 16.31%；江苏地区[①]为 4274.9 万人，占 48.16%；浙江地区[②]为 3154.1 万人，占 35.53%，见表 1-1。16 个城市中，上海市以 1447.6 万人列第 1 位，舟山市以 96.9 万人列最后 1 位。江苏地区 8 个城市的户籍人口占长三角核心区近一半，南通市户籍人口位列省内第一。

表 1-1　2018 年长三角核心区 16 个城市户籍人口及增长情况

地区	2018 年户籍人口		2018 年比 2008 年增长倍数（倍）	2008～2018 年年均增长率（%）
	总数（万人）	占比（%）		
上海市	1447.6	16.31	0.04	0.40
南京市	696.9	7.85	0.12	1.10

① 本书中江苏地区指长三角核心区 16 个城市中位于江苏省的城市，一般指江苏 8 市。
② 本书中浙江地区指长三角核心区 16 个城市中位于浙江省的城市，一般指浙江 7 市。

续表

地区	2018 年户籍人口		2018 年比 2008 年增长倍数（倍）	2008～2018 年年均增长率（%）
	总数（万人）	占比（%）		
无锡市	497.2	5.60	0.07	0.69
常州市	382.2	4.31	0.07	0.64
苏州市	703.6	7.93	0.12	1.11
南通市	762.5	8.59	0.07	0.65
扬州市	458.3	5.16	0.00	−0.03
镇江市	270.8	3.05	0.01	0.07
泰州市	503.4	5.67	0.00	0.05
杭州市	774.1	8.72	0.14	1.34
宁波市	603.0	6.79	0.06	0.60
嘉兴市	360.4	4.06	0.07	0.64
湖州市	267.1	3.01	0.03	0.33
绍兴市	447.2	5.04	0.02	0.23
舟山市	96.9	1.09	0.00	0.02
台州市	605.4	6.82	0.05	0.53
上海市	1447.6	16.31	0.04	0.40
江苏地区	4274.9	48.16	0.06	0.61
浙江地区	3154.1	35.53	0.07	0.67
总计	8876.6	100.00	0.06	0.60

注：因四舍五入原因，计算所得数值有时与实际数值有些微出入，特此说明。下同。

2018 年，长三角核心区 16 个城市平均户籍人口数量为 554.79 万人。其中，上海市以及江苏地区的南京市、苏州市、南通市和浙江地区的杭州市、宁波市、台州市位于平均水平以上，其余 9 个城市低于平均水平，见图 1-1。高于平均水平的 7 个城市的总户籍人口为 5593.1 万人，占长三角核心区户籍人口总数的 63.01%。

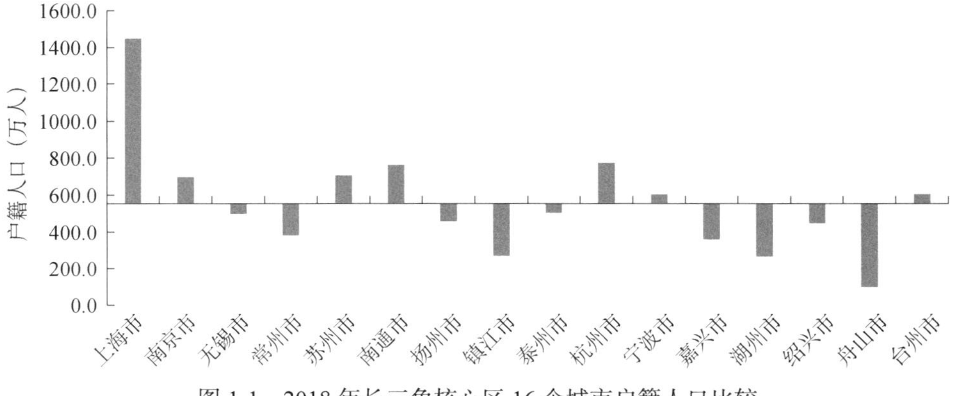

图 1-1　2018 年长三角核心区 16 个城市户籍人口比较

1.1.1.2 常住人口

2018年，长三角核心区常住人口总数为11 246.5万人，占全国总人口数（不包含香港、澳门和台湾数据）的8.06%。其中，上海市常住人口2423.8万人，占长三角核心区常住人口的21.55%；江苏地区为5013.5万人，占44.58%；浙江地区为3809.2万人，占33.87%，见表1-2。16个城市中，上海市以2423.8万人列第1位，舟山市以117.3万人列最后1位。

表1-2 2018年长三角核心区16个城市常住人口及增长情况

地区	2018年常住人口		2018年比2008年增长倍数（倍）	2008～2018年年均增长率（%）
	总数（万人）	占比（%）		
上海市	2 423.8	21.55	0.13	1.25
南京市	843.6	7.50	0.11	1.06
无锡市	657.5	5.85	0.08	0.74
常州市	472.9	4.20	0.07	0.70
苏州市	1 072.2	9.53	0.17	1.62
南通市	731.0	6.50	0.02	0.22
扬州市	453.1	4.03	0.01	0.14
镇江市	319.6	2.84	0.05	0.50
泰州市	463.6	4.12	0.00	−0.01
杭州市	980.6	8.72	0.23	2.09
宁波市	820.2	7.29	0.16	1.50
嘉兴市	472.6	4.20	0.11	1.09
湖州市	301.1	2.68	0.07	0.66
绍兴市	503.5	4.48	0.09	0.82
舟山市	117.3	1.04	0.12	1.11
台州市	613.9	5.46	0.07	0.67
上海市	2 423.8	21.55	0.13	1.25
江苏地区	5 013.5	44.58	0.08	0.75
浙江地区	3 809.2	33.87	0.14	1.28
总计	11 246.5	100.00	0.11	1.03

16个城市平均常住人口数量为702.91万人。其中上海市以及江苏地区的南京市、苏州市、南通市和浙江地区的杭州市、宁波市位于平均水平以上，其余10个城市低于

平均水平，见图 1-2。高于平均水平的 6 个城市的常住人口为 6871.4 万人，占长三角核心区常住人口总数的 61.10%。

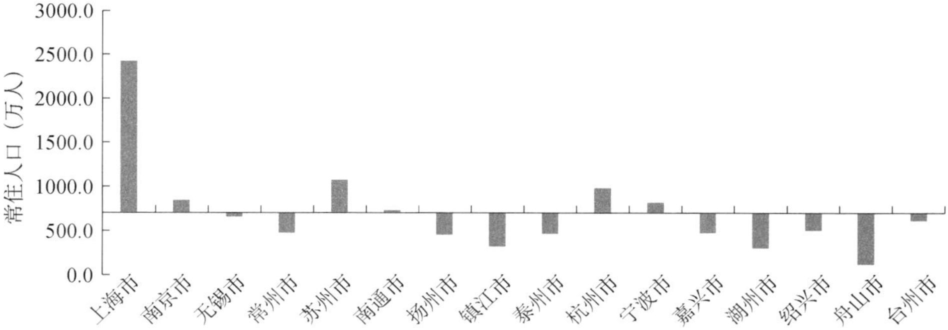

图 1-2 2018 年长三角核心区 16 个城市常住人口的比较

1.1.2 从增速看发展

1.1.2.1 户籍人口的增长

长三角核心区的户籍人口保持增长势头，总额由 2008 年的 8362.7 万人增长到 2018 年的 8876.6 万人，年均增长 0.60%。根据 2008～2018 年长三角核心区 16 个城市的户籍人口数据，上海市的户籍人口年均增长 0.40%；江苏地区年均增长 0.61%；浙江地区年均增长 0.67%，增长较显著。杭州市、苏州市、南京市的年均增长率都在 1% 以上，镇江市、泰州市、舟山市的户籍人口增长缓慢，年均增长率低于 0.1%。扬州市的户籍人口还出现下降的趋势。其余各市户籍人口的增长水平为 0.1%～1%，见表 1-1 及表 1-3。

表 1-3 2008～2018 年长三角核心区 16 个城市户籍人口 （单位：万人）

地区	2008 年	2009 年	2010 年	2011 年	2012 年	2013 年
上海市	1391.0	1400.7	1412.3	1419.4	1426.9	1432.3
南京市	624.5	629.8	632.4	636.4	638.5	643.1
无锡市	464.2	465.7	466.6	468.0	470.1	472.2
常州市	358.7	359.8	360.8	362.9	364.8	365.9
苏州市	629.8	633.3	637.7	642.3	647.8	653.8
南通市	714.8	714.8	713.4	728.2	765.2	766.5
扬州市	459.8	458.8	459.1	460.1	458.4	459.8

续表

地区	2008 年	2009 年	2010 年	2011 年	2012 年	2013 年
镇江市	268.8	269.9	270.7	271.9	271.4	271.8
泰州市	500.9	504.0	504.6	507.1	506.4	507.8
杭州市	677.6	683.4	689.1	695.7	700.5	706.6
宁波市	568.1	571.0	574.1	576.4	577.7	580.2
嘉兴市	338.1	339.6	341.6	343.1	344.5	345.9
湖州市	258.5	259.2	260.0	261.0	261.4	262.5
绍兴市	437.1	437.7	438.9	440.0	440.8	441.7
舟山市	96.7	96.8	96.8	97.0	97.2	97.3
台州市	574.1	578.5	583.1	586.8	591.0	594.0
上海市	1391.0	1400.7	1412.3	1419.4	1426.9	1432.3
江苏地区	4021.5	4036.1	4045.3	4076.9	4122.6	4140.9
浙江地区	2950.2	2966.2	2983.6	3000.0	3013.1	3028.2
总计	8362.7	8403.0	8441.2	8496.3	8562.6	8601.4

地区	2014 年	2015 年	2016 年	2017 年	2018 年
上海市	1438.7	1443.0	1450.0	1445.7	1447.6
南京市	648.7	653.4	662.8	680.7	696.9
无锡市	477.1	480.9	486.2	493.1	497.2
常州市	368.6	370.9	374.9	378.8	382.2
苏州市	661.1	667.0	678.2	691.1	703.6
南通市	767.6	766.9	766.7	764.5	762.5
扬州市	461.3	461.1	461.7	460.0	458.3
镇江市	272.1	271.7	272.0	270.1	270.8
泰州市	508.5	507.9	508.2	505.2	503.4
杭州市	715.8	723.6	736.0	753.9	774.1
宁波市	583.8	586.6	591.0	596.9	603
嘉兴市	348.1	349.5	352.1	356.4	360.4
湖州市	263.8	263.7	264.8	266.1	267.1
绍兴市	443.0	443.1	444.5	446.5	447.2
舟山市	97.5	97.4	97.3	97.5	96.9
台州市	597.1	597.5	600.2	603.5	605.4
上海市	1438.7	1443.0	1450.0	1445.7	1447.6
江苏地区	4165.0	4179.8	4210.7	4243.5	4274.9
浙江地区	3049.1	3061.4	3085.9	3120.8	3154.1
总计	8652.8	8684.2	8746.6	8810.0	8876.6

自 2008 年以来，长三角核心区户籍人口呈现比较稳定的增长格局，浙江地区增长

速度最快，见表 1-2 和图 1-3。

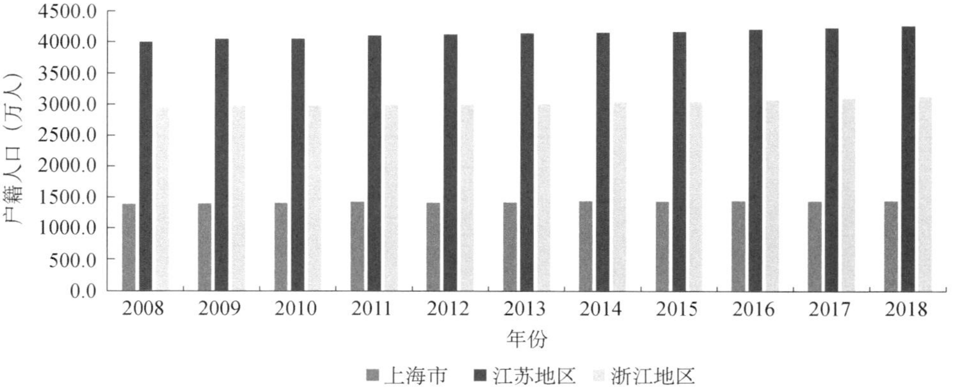

图 1-3　2008～2018 年上海市、江苏地区、浙江地区的户籍人口增长情况

图 1-4 为 2008～2018 年长三角核心区 16 个城市户籍人口的年均增长率。图中显示各城市的户籍人口大多处于增长态势，仅有 1 个城市户籍人口规模萎缩。杭州市、苏州市、南京市、无锡市、南通市、常州市列增速前六位。

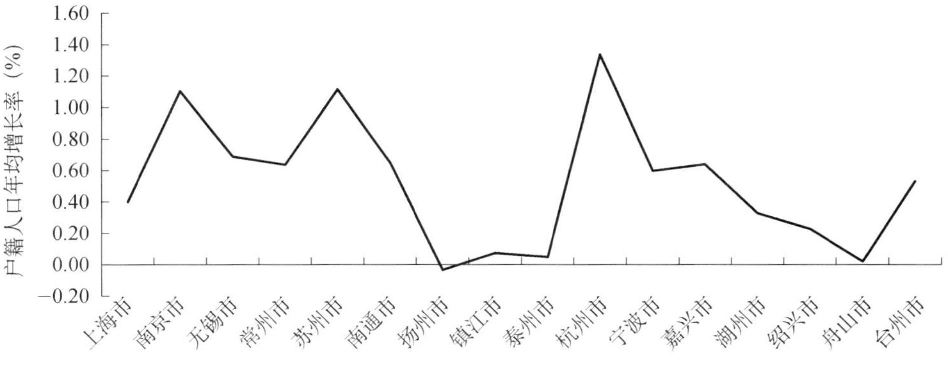

图 1-4　2008～2018 年长三角核心区 16 个城市户籍人口的年均增长率

1.1.2.2　常住人口的增长

2008～2018 年，长三角核心区的常住人口也保持增长势头，总额由 10 148 万人增长到 11 246.5 万人，年均增长 1.03%，见表 1-2 和表 1-4。根据 2008～2018 年长三角核心区各地区常住人口数据，上海市的常住人口年均增长 1.25%；江苏地区增长较为平稳，年均增长 0.75%；浙江地区年均增长 1.28%。杭州市的常住人口年均增长率达

到 2.09%。苏州市、宁波市、上海市、舟山市、嘉兴市、南京市 6 个城市的常住人口年均增长率也在 1%以上。泰州市的常住人口出现下降的趋势。其余各市常住人口的年均增长率在 1%以下。

表 1-4　2008～2018 年长三角核心区 16 个城市常住人口　（单位：万人）

地区	2008 年	2009 年	2010 年	2011 年	2012 年	2013 年
上海市	2 141	2 210	2 303	2 347	2 380	2 415
南京市	759	771	801	811	816	819
无锡市	611	620	638	643	647	648
常州市	441	445	459	465	469	469
苏州市	913	937	1 047	1 052	1 055	1 058
南通市	715	713	728	729	730	730
扬州市	447	450	446	446	447	447
镇江市	304	307	311	313	315	317
泰州市	464	467	462	463	463	463
杭州市	797	810	871	874	880	884
宁波市	707	719	761	763	764	766
嘉兴市	424	432	450	453	454	456
湖州市	282	285	289	290	291	292
绍兴市	464	480	491	493	494	495
舟山市	105	109	112	114	114	114
台州市	574	581	597	600	601	601
上海市	2 141	2 210	2 303	2 347	2 380	2 415
江苏地区	4 654	4 710	4 892	4 922	4 942	4 951
浙江地区	3 353	3 416	3 571	3 587	3 598	3 608
总计	10 148	10 336	10 766	10 856	10 920	10 974

地区	2014 年	2015 年	2016 年	2017 年	2018 年
上海市	2 426	2 415	2 420	2 418	2 423.8
南京市	822	824	827	834	843.6
无锡市	650	651	653	655	657.5
常州市	470	470	471	472	472.9
苏州市	1 060	1 062	1 065	1 068	1 072.2
南通市	730	730	730	731	731.0
扬州市	448	448	449	451	453.1
镇江市	317	318	318	319	319.6
泰州市	464	464	465	465	463.6
杭州市	889	902	919	947	980.6
宁波市	781	783	788	801	820.2
嘉兴市	457	459	461	466	472.6
湖州市	293	295	298	300	301.1
绍兴市	496	497	499	501	503.5

续表

地区	2014 年	2015 年	2016 年	2017 年	2018 年
舟山市	115	115	116	117	117.3
台州市	602	605	608	612	613.9
上海市	2 426	2 415	2 420	2 418	2 423.8
江苏地区	4 961	4 967	4 978	4 994	5 013.5
浙江地区	3 633	3 656	3 689	3 742	3 809.2
总计	11 020	11 038	11 087	11 154	11 246.5

注：为确保数据可比性，某些数据在各表中保留的有效位数有所差异，特此说明。

自 2008 年以来，长三角核心区常住人口保持着比较稳定的增长格局，浙江地区的增长速度要快于上海市和江苏地区，见表 1-2 和图 1-5。

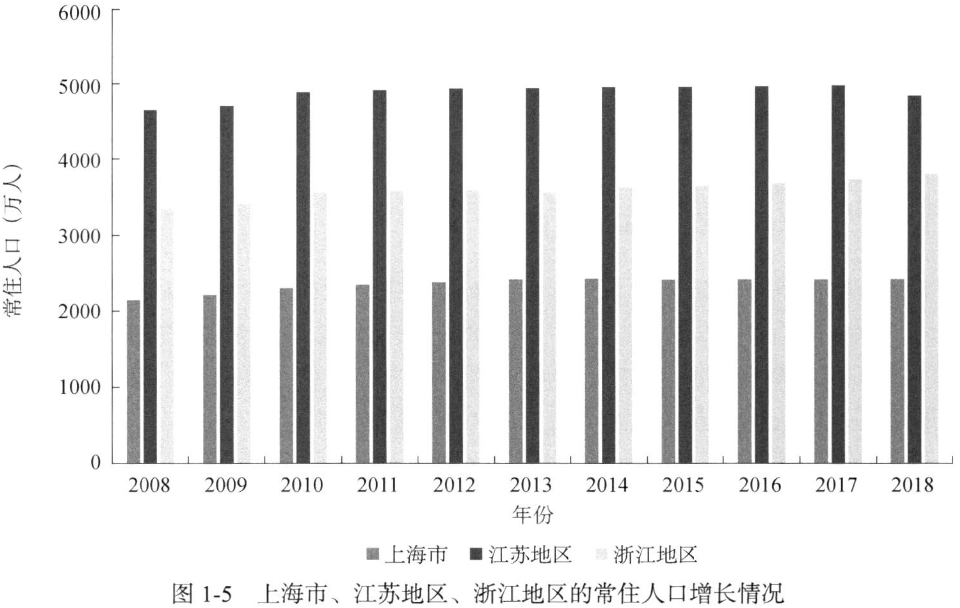

图 1-5　上海市、江苏地区、浙江地区的常住人口增长情况

图 1-6 为 2008～2018 年长三角核心区 16 个城市的常住人口年均增长率。图中显示，各城市的常住人口大多处于增长态势，仅有 1 个城市常住人口规模萎缩。杭州市、苏州市、宁波市、上海市、舟山市、嘉兴市、南京市列增速前七位，年均增速超过 1%。绍兴市、无锡市、常州市、台州市、湖州市、镇江市的年均增速达到 0.5%～1%。南通市和扬州市增速较低，泰州市出现负增长。

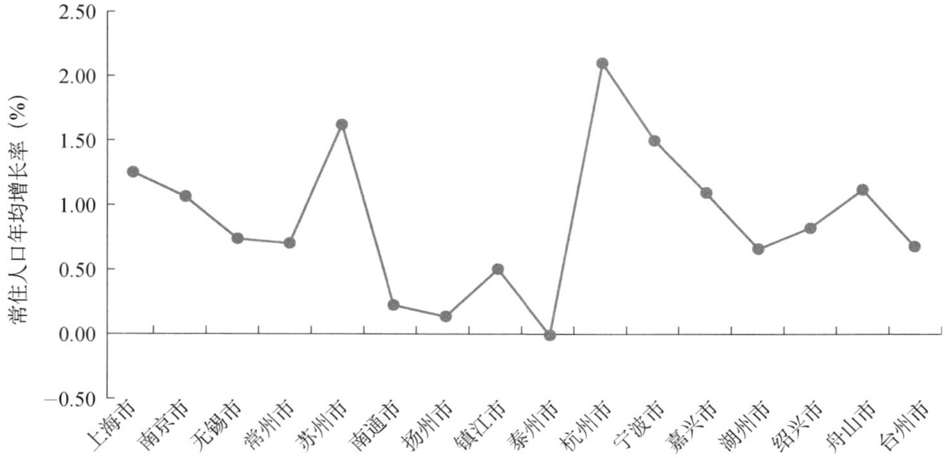

图 1-6　2008～2018 年长三角核心区 16 个城市的常住人口年均增长率

1.1.3　从构成看特征

1.1.3.1　户籍人口的变化因素

影响户籍人口变化的因素中，人口出生率和死亡率反映了户籍人口的自然增长能力。表 1-5 显示，长三角核心区 16 个城市的人口出生率、死亡率和自然增长率存在一定的差异。通过这些数据的比较，能够发现户籍人口变化主要是由人口出生率和死亡率，即出生人口或死亡人口的波动造成的（图 1-7～图 1-9）。

从 2018 年的数据来看，人口出生率最高的三个城市为杭州市、南京市和台州市，最低的三个城市为舟山市、南通市和上海市。人口死亡率最高的三个城市为南通市、泰州市和扬州市，最低的三个城市为上海市、南京市和杭州市。人口自然增长率最高的三个城市为杭州市、南京市和台州市，人口自然增长率为负值的城市为南通市、舟山市、扬州市和泰州市，见表 1-5。

与 2008 年相比，2018 年人口出生率上升最多的三个城市为杭州市、南京市和苏州市，下降最多的三个城市是扬州市、宁波市和台州市。人口死亡率上升最多的三个城市是泰州市、舟山市、湖州市，下降的是上海市和镇江市，南京市、绍兴市、无锡市、常州市、苏州市的人口死亡率趋于稳定。人口自然增长率显著上升的三个城市为杭州市、南京市和上海市，显著下降的三个城市为台州市、泰州市和舟山市。

表 1-5 2008 年、2013 年、2018 年长三角核心区 16 个城市人口变动情况 （‰）

城市	2008 年			2013 年			2018 年		
	人口出生率	人口死亡率	人口自然增长率	人口出生率	人口死亡率	人口自然增长率	人口出生率	人口死亡率	人口自然增长率
上海市	6.98	7.73	−0.75	7.62	8.16	−0.54	7.20	5.40	1.80
南京市	8.11	5.60	2.51	9.98	5.77	4.21	11.43	6.03	5.40
无锡市	7.05	7.05	0.00	8.78	6.80	1.98	8.50	7.50	1.00
常州市	7.03	6.88	0.15	9.20	7.80	1.40	8.90	7.20	1.70
苏州市	7.62	6.66	0.96	10.36	6.84	3.52	9.82	7.03	2.79
南通市	5.99	7.59	−1.60	7.10	8.00	−0.90	6.90	9.10	−2.20
扬州市	7.58	6.39	1.19	8.74	7.07	1.67	7.43	7.92	−0.49
镇江市	7.45	8.31	−0.86	7.43	6.45	0.98	8.05	7.02	1.03
泰州市	7.79	5.79	2.00	9.26	7.81	1.45	8.39	8.44	−0.06
杭州市	8.23	5.41	2.82	9.09	4.97	4.12	12.40	6.10	6.30
宁波市	8.71	5.38	3.33	8.88	4.77	4.11	8.51	6.68	1.83
嘉兴市	8.20	5.82	2.38	9.60	5.81	3.79	8.93	7.18	1.75
湖州市	8.17	5.65	2.52	7.98	6.35	1.63	9.37	7.49	1.89
绍兴市	8.08	6.82	1.26	7.94	6.39	1.55	8.38	7.32	1.06
舟山市	6.11	5.74	0.37	7.85	6.02	1.83	6.20	7.80	−1.57
台州市	11.96	5.15	6.81	11.15	5.30	5.85	10.72	6.48	4.24

图 1-7 2008 年、2013 年、2018 年长三角核心区 16 个城市的人口出生率比较

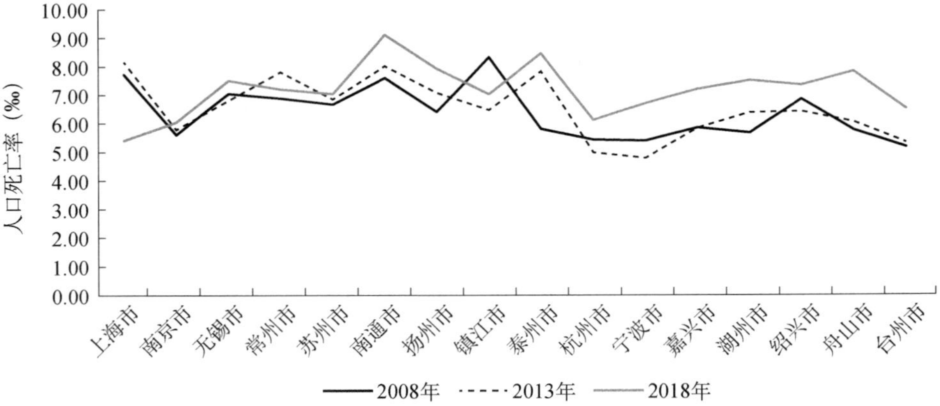

图 1-8　2008 年、2013 年、2018 年长三角核心区 16 个城市的人口死亡率比较

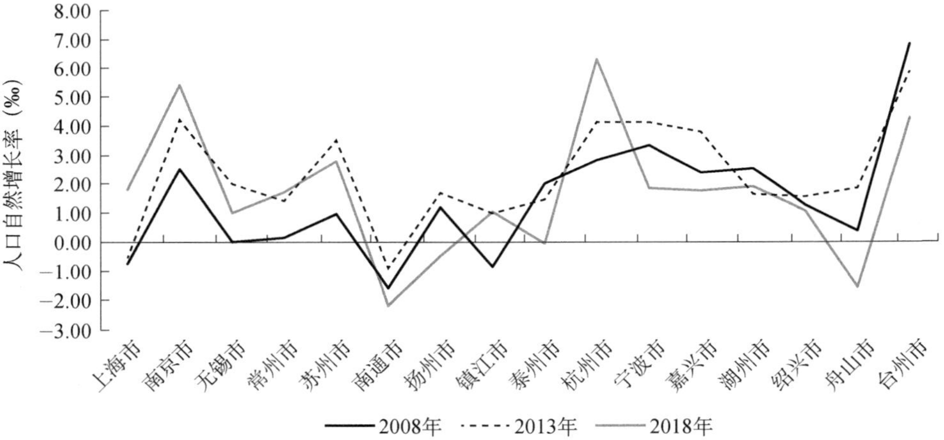

图 1-9　2008 年、2013 年、2018 年长三角核心区 16 个城市的人口自然增长率比较

1.1.3.2　常住人口与户籍人口之比

常住人口是促进区域社会发展的重要力量。常住人口和户籍人口之比，反映了一个地区吸引人口流入的能力。长三角地区是国内经济最为活跃的地区之一，吸引大量人口流入。2008～2018 年，长三角核心区 16 个城市整体上常住人口与户籍人口之比始终处于 1.2 以上（图 1-10）。

在长三角核心区 16 个城市中，吸引常住人口的能力也存在一定的差异。以 2018 年的数据为例：从地区差异来看，吸引常住人口能力最强的是上海市，浙江地区和江苏地区整体都低于平均水平；从城际差异来看，除上海市以外，常住人口与户籍人口之比明显高于平均水平的有江苏地区的苏州市、无锡市、常州市，以及浙江地区的宁波市和嘉兴市。两个省会城市南京市和杭州市也接近平均水平，杭州市略高于南京市。常住人口与户籍人口之比低于 1 的三个城市为南通市、扬州市、泰州市，另外台州市的常住人口与户籍人口基本相等（表 1-6）。

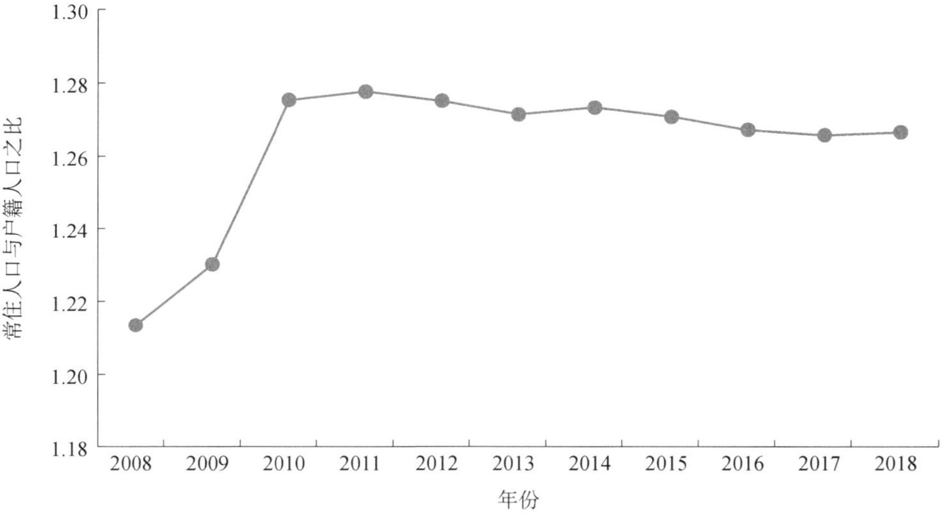

图 1-10 2008～2018 年长三角核心区常住人口与户籍人口之比

与 2008 年相比，2018 年常住人口与户籍人口之比有明显上升趋势的是杭州市、宁波市、上海市和舟山市，略有上升的是苏州市、绍兴市、镇江市、嘉兴市和湖州市，较为稳定的是南京市、无锡市、常州市、泰州市、扬州市、台州市，明显下降趋势的是南通市（图 1-11）。

表 1-6 2008 年、2013 年、2018 年长三角核心区 16 个城市常住人口和户籍人口的比较

地区	2008 年			2013 年			2018 年		
	常住人口（万人）	户籍人口（万人）	常住人口/户籍人口	常住人口（万人）	户籍人口（万人）	常住人口/户籍人口	常住人口（万人）	户籍人口（万人）	常住人口/户籍人口
上海市	2 141	1 391.0	1.54	2 415	1 432.3	1.69	2 423.8	1 447.6	1.67
南京市	759	624.5	1.22	819	643.1	1.27	843.6	696.9	1.21
无锡市	611	464.2	1.32	648	472.2	1.37	657.5	497.2	1.32
常州市	441	358.7	1.23	469	365.9	1.28	472.9	382.2	1.24
苏州市	913	629.8	1.45	1058	653.8	1.62	1072.2	703.6	1.52
南通市	715	714.8	1.00	730	766.5	0.95	731.0	762.5	0.96
扬州市	447	459.8	0.97	447	459.8	0.97	453.1	458.3	0.99

续表

地区	2008年			2013年			2018年		
	常住人口（万人）	户籍人口（万人）	常住人口/户籍人口	常住人口（万人）	户籍人口（万人）	常住人口/户籍人口	常住人口（万人）	户籍人口（万人）	常住人口/户籍人口
镇江市	304	268.8	1.13	317	271.8	1.17	319.6	270.8	1.18
泰州市	464	500.9	0.93	463	507.8	0.91	463.6	503.4	0.92
杭州市	797	677.6	1.18	884	706.6	1.25	980.6	774.1	1.27
宁波市	707	568.1	1.24	766	580.2	1.32	820.2	603.0	1.36
嘉兴市	424	338.1	1.25	456	345.9	1.32	472.6	360.4	1.31
湖州市	282	258.5	1.09	292	262.5	1.11	301.1	267.1	1.13
绍兴市	464	437.1	1.06	459	441.7	1.04	503.5	447.2	1.13
舟山市	105	96.7	1.09	114	97.3	1.17	117.3	96.9	1.21
台州市	574	574.1	1.00	601	594.0	1.01	613.9	605.4	1.01
上海市	2 141	1 391.0	1.54	2 415	1 432.3	1.69	2 423.8	1 447.6	1.67
江苏地区	4 654	4 021.5	1.16	4 951	4 140.9	1.20	5 013.45	4 274.9	1.17
浙江地区	3 353	2 950.2	1.14	3 572	3 028.2	1.18	3 809.2	3 154.1	1.21
总计	10 148	8 362.7	1.21	10 938	8 601.4	1.27	11 246.5	8 876.6	1.27

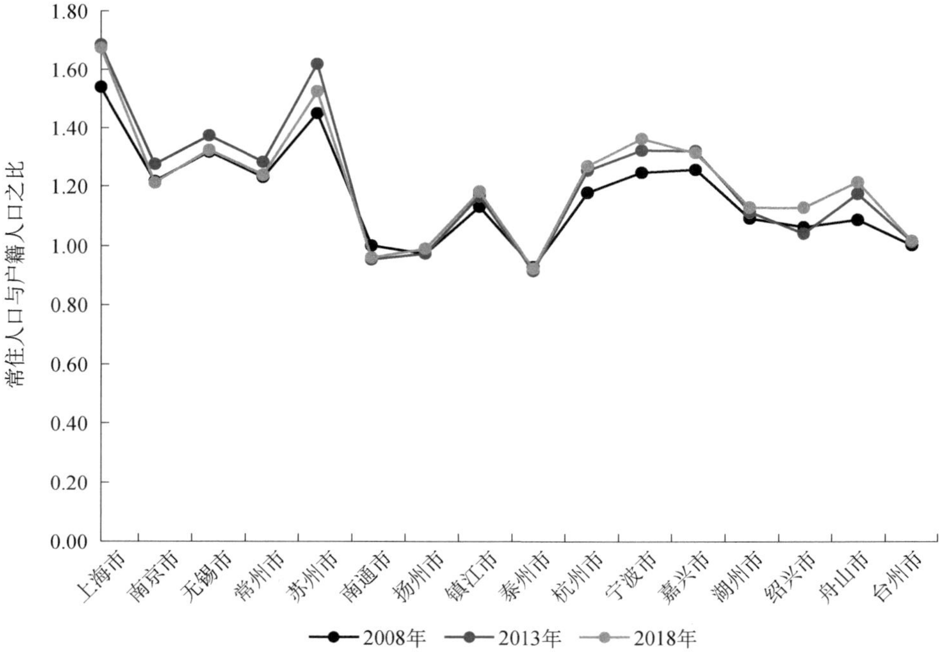

图 1-11　2008 年、2013 年、2018 年长三角核心区 16 个城市常住人口与户籍人口之比

1.2 人均期望寿命

由于个人体质、遗传因素、生活条件等差异，人们的寿命长短相差悬殊。不同的社会、不同的时期，人们的寿命长短也有着很大的差别。因此，虽然难以预测具体某个人的寿命有多长，但可以通过科学的方法计算出在一定的死亡水平下，预期每个人出生时平均可存活的年数。这就是人均期望寿命。

人均期望寿命和人的实际寿命不同，它是根据婴儿和各年龄段人口死亡的情况经计算后得出的，是指在现阶段出生的人在平均健康风险下应该存活到的年龄。人均期望寿命代表了一个地区在社会系统支持下生命个体可以期待的寿命，也代表了该地区经济条件水平、卫生医疗水平的高低，是重要的社会健康指标。

1.2.1 从数字看形势

2018 年长三角核心区 16 个城市的人均期望寿命都在 80 岁左右，均超过了 77.0 岁的全国水平（表 1-7、图 1-12）。其中，人均期望寿命最高的三个城市为上海市、苏州市、南京市，最低的三个城市为镇江市、扬州市、台州市。

表 1-7 2018 年长三角核心区 16 个城市人均期望寿命

城市	人均期望寿命（岁）	排序
上海市	83.63	1
南京市	83.32	3
无锡市	82.35	4
常州市	82.22	8
苏州市	83.54	2
南通市	82.61	5
扬州市	78.80	15
镇江市	78.00	16
泰州市	80.97	12
杭州市	82.55	6
宁波市	81.61	9
嘉兴市	82.43	7
湖州市	81.15	11

续表

城市	人均期望寿命（岁）	排序
绍兴市	81.43	10
舟山市	79.98	13
台州市	79.91	14

注：受限于数据可得性，常州市和扬州市为2015年公报数据；泰州市和湖州市为2017年公报数据。

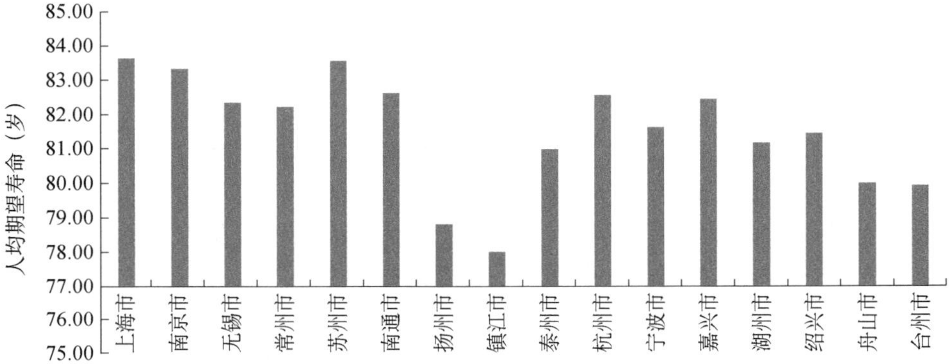

图1-12　2018年长三角核心区16个城市人均期望寿命的比较

1.1.2　从增速看发展

以人均期望寿命较高、数据较为齐全的上海市、南京市、苏州市和杭州市四市为例，2008～2018年，其人均期望寿命呈现增长态势，并且城市之间的差距在缩小（表1-8、图1-13）。

表1-8　2008～2018年上海市、南京市、苏州市和杭州市四市期望寿命　（单位：岁）

城市	2008年	2009年	2010年	2011年	2012年	2013年
上海市	81.28	81.73	82.13	82.51	82.41	82.47
南京市	77.42	76.60	76.84	79.31	—	—
苏州市	80.39	80.26	81.10	81.56	81.77	82.16
杭州市	79.78	80.26	80.67	80.89	80.96	80.98

城市	2014年	2015年	2016年	2017年	2018年
上海市	82.29	82.75	83.18	83.37	83.63
南京市	82.17	82.19	82.34	82.71	83.32
苏州市	82.74	82.87	82.90	83.04	83.54
杭州市	81.56	81.85	81.08	82.42	82.55

注：南京市缺少2008年、2012年和2013年数据，2008年一栏实为2005年公报数据。

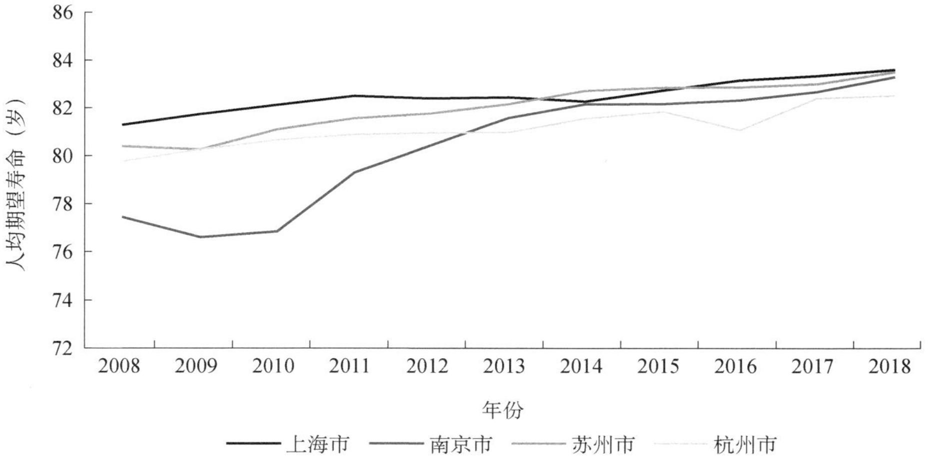

图 1-13　上海市、南京市、苏州市、杭州市四市的人均期望寿命增长情况

人均期望寿命的提高与长三角核心区相对发达的医疗卫生体系是分不开的，医疗环境大大改善，百姓就医更加方便，以及城乡基本公共卫生服务项目均等化水平提高，特别是健康生活方式逐步深入人心，这些都有力地提高了长三角核心区人民的健康水平。

1.3　妇幼保健

妇女和儿童是卫生健康事业的重点关注人群。妇幼健康是民族繁衍的基础，决定了未来几代甚至十几代人的身体素质。妇幼卫生水平的提高是社会文明进步和卫生健康事业发展的重要标志。做好各项妇幼保健工作是提高人民健康水平的重要保障。

妇幼保健以妇女和儿童为对象，重点关注学前儿童、孕产妇、更年期妇女。妇女儿童的健康状况受到社会、经济、文化及生理等因素的综合影响。妇幼保健工作主要依托公共卫生服务均等化推进。

1.3.1 学前儿童管理

1.3.1.1 从数字看形势

2018 年，长三角核心区 16 个城市的学前儿童总数为 606.45 万人（表 1-9）。从绝对数量看，学前儿童数量最多的三个城市为上海市、苏州市和杭州市，学前儿童数量最少的三个城市为舟山市、湖州市和镇江市。

表 1-9 2018 年长三角核心区 16 个城市学前儿童数量

地区	2018 年学前儿童		2018 年比 2008 年增长倍数（倍）	2008～2018 年年均增长率（%）
	总数（万人）	学前儿童数量占常住人口比例（%）		
上海市	111.60	4.60	0.27	3.07
南京市	50.33	5.97	0.83	6.25
无锡市	49.63	7.55	0.84	6.26
常州市	27.97	5.92	0.95	6.88
苏州市	79.76	7.44	0.78	5.92
南通市	36.54	5.00	0.24	2.17
扬州市	25.79	5.69	0.24	2.17
镇江市	16.08	5.03	0.52	4.26
泰州市	25.06	5.40	0.13	1.24
杭州市	56.28	5.74	0.64	5.09
宁波市	24.65	3.01	−0.17	−1.86
嘉兴市	21.44	4.54	0.35	3.06
湖州市	15.54	5.16	0.31	2.71
绍兴市	22.51	4.47	−0.08	−0.81
舟山市	3.98	3.39	−0.01	−0.13
台州市	39.28	6.40	−0.09	−0.89
上海市	111.60	4.60	0.27	3.07
江苏地区	311.16	6.21	0.58	4.69
浙江地区	183.69	4.82	0.13	1.19
总计	606.45	5.39	0.68	5.36

资料来源：学前儿童数量用学前儿童数指标表示，主要来源于上海市主要卫生计生统计数据、江苏省卫生健康统计资料汇编、浙江省卫生健康统计资料汇编。

注：上海市 2008 年、2009 年数据缺失，按 2010 年数据计算 2010～2018 年的增长倍数和年均增长率。

从相对数量看，学前儿童数量占常住人口比例最高的是无锡市、苏州市和台州市，学前儿童数量占常住人口比例最低的是宁波市、舟山市和绍兴市（图 1-14）。总体来看，江苏地区的学前儿童数量占常住人口比例明显高于浙江地区和上海市。

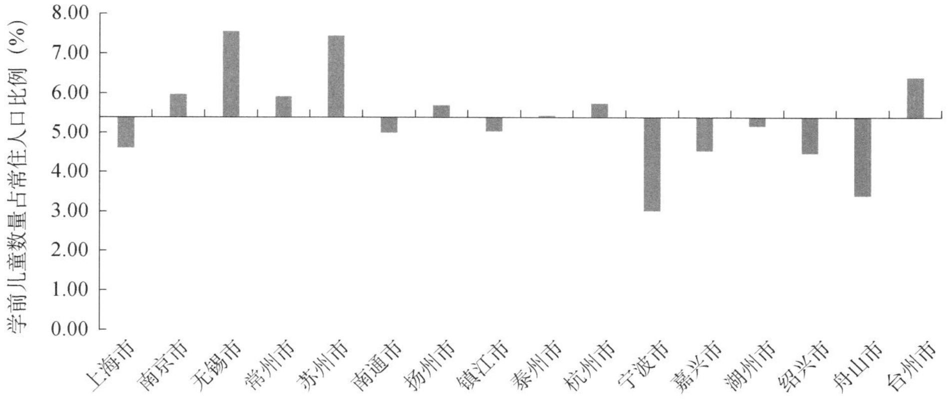

图 1-14　2018 年长三角核心区 16 个城市学前儿童数量占常住人口比例

1.3.1.2　从增速看发展

2008～2018 年，长三角核心区 16 个城市学前儿童数量变化情况如表 1-10 所示：12 个城市总体上呈现增长态势，4 个城市总体呈现下降态势。其中，增长最快的三个城市是南京市、无锡市和常州市，增速较慢的是泰州市、南通市和扬州市；下降最明显的城市是宁波市，下降较明显的有舟山市、绍兴市和台州市（图 1-15）。

表 1-10　2008～2018 年长三角核心区 16 个城市学前儿童数量　（单位：万人）

城市	2008 年	2009 年	2010 年	2011 年	2012 年	2013 年
上海市	—	—	87.65	92.87	97.53	109.05
南京市	27.44	29.64	31.72	33.90	35.59	37.57
无锡市	27.04	27.89	29.53	29.40	31.35	33.58
常州市	14.38	14.64	15.21	16.40	18.37	20.95
苏州市	44.85	45.14	46.28	47.40	50.15	55.52
南通市	29.48	29.39	29.64	30.15	31.19	32.10
扬州市	20.80	21.30	20.11	20.18	21.10	21.69
镇江市	10.60	10.81	10.77	11.41	11.98	12.84
泰州市	22.16	22.42	22.18	22.46	23.61	23.49
杭州市	34.25	35.59	36.90	38.62	41.35	43.92
宁波市	29.74	29.75	29.66	29.12	29.05	29.52
嘉兴市	15.86	15.53	15.85	16.19	17.30	19.02
湖州市	11.89	11.80	11.90	12.10	12.47	12.79
绍兴市	24.42	23.98	22.98	21.32	20.38	19.85
舟山市	4.03	3.99	3.89	3.85	3.96	4.03
台州市	42.97	43.78	43.52	42.64	41.74	40.50

续表

城市	2014 年	2015 年	2016 年	2017 年	2018 年
上海市	112.45	110.59	112.15	113.53	111.60
南京市	38.66	40.84	43.90	47.93	50.33
无锡市	36.28	38.15	42.96	47.71	49.63
常州市	21.71	22.95	25.04	26.63	27.97
苏州市	61.46	68.92	73.21	78.68	79.76
南通市	33.05	33.54	34.92	36.06	36.54
扬州市	22.99	24.03	24.92	25.75	25.79
镇江市	13.03	13.78	14.04	15.94	16.08
泰州市	22.98	24.21	24.45	24.69	25.06
杭州市	46.52	49.17	51.37	54.53	56.28
宁波市	29.46	30.30	31.21	32.67	24.65
嘉兴市	19.98	20.92	21.66	23.35	21.45
湖州市	13.33	13.67	14.14	15.15	15.54
绍兴市	19.90	20.06	20.47	21.94	22.51
舟山市	3.93	3.86	3.94	4.06	3.98
台州市	39.51	39.45	38.94	39.59	39.28

注："—"表示无数据，下同。

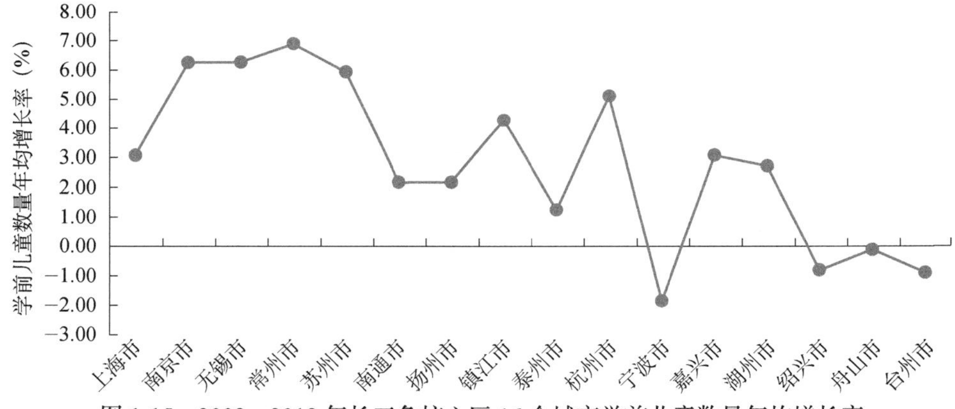

图 1-15　2008～2018 年长三角核心区 16 个城市学前儿童数量年均增长率

1.3.1.3　从指标看管理

对学前儿童的健康管理，主要包括：建立儿童保健册（表、卡），提供定期健康体检或生长监测、心理咨询等服务，做到正确评估和指导；按照国家免疫规划进行预防接种；对早产儿、低体重儿，以及患中重度营养不良、单纯性肥胖、中重度贫血、活动期佝偻病、先天性心血管病等的高危儿童进行专案管理，开展高危儿童筛查、监测、干预及转诊工作；开展儿童五官保健服务，重点对龋齿、听力障碍、弱视、屈光不正等疾病进行筛查和防治；采取综合措施预防儿童意外伤害的发生。

综合以上管理内容和江浙沪三地数据的可获得性，选择了7岁以下儿童保健管理率、5岁以下儿童低体重率和5岁以下儿童死亡率三个指标进行比较（表1-11）。

表1-11 2008年、2013年、2018年长三角核心区16个城市学前儿童保健指标比较

城市	2008年			2013年			2018年		
	7岁以下儿童保健管理率（%）	5岁以下儿童低体重率（%）	5岁以下儿童死亡率（‰）	7岁以下儿童保健管理率（%）	5岁以下儿童低体重率（%）	5岁以下儿童死亡率（‰）	7岁以下儿童保健管理率（%）	5岁以下儿童低体重率（%）	5岁以下儿童死亡率（‰）
上海市	94.40	—	—	98.82	—	3.44	99.39	0.17	2.67
南京市	96.94	0.33	6.55	99.19	0.25	6.43	99.20	0.32	4.14
无锡市	99.23	0.53	5.54	99.26	0.80	5.66	99.71	0.30	3.36
常州市	98.61	0.19	4.55	98.10	0.28	4.59	97.32	0.52	4.80
苏州市	97.26	0.57	7.44	99.30	0.66	5.56	96.75	0.35	3.35
南通市	97.82	1.14	8.42	99.23	0.79	6.12	98.02	0.46	3.56
扬州市	96.98	0.82	6.74	99.78	0.56	4.26	98.10	0.46	3.06
镇江市	96.84	0.86	7.08	99.43	0.32	3.92	98.59	0.24	3.52
泰州市	95.63	1.62	7.85	97.29	1.20	4.52	99.36	1.34	3.42
杭州市	98.53	0.94	6.20	98.67	0.50	3.47	98.21	0.60	2.48
宁波市	96.15	0.55	5.56	97.73	0.23	3.48	96.60	0.21	2.77
嘉兴市	97.57	0.45	7.12	98.89	0.43	4.53	99.04	0.80	2.89
湖州市	94.56	0.87	8.56	97.32	0.57	3.88	97.44	0.38	2.87
绍兴市	94.34	0.88	7.75	96.66	0.59	4.13	94.98	0.23	3.50
舟山市	97.35	0.28	7.02	97.54	0.14	6.64	99.11	0.57	4.29
台州市	94.33	0.67	7.88	96.47	0.67	5.22	96.45	0.40	4.03

（1）7岁以下儿童保健管理率是指7岁以下儿童保健覆盖人数与7岁以下儿童总数之比，一般以百分数表示。7岁以下儿童保健覆盖人数指7岁以下儿童当年实际接受1次及以上体格检查（身高和体重）的人数。

2008～2018年，长三角核心区16个城市中，7岁以下儿童保健管理率整体达到94%以上，呈现逐渐上升态势的有上海市、南京市、无锡市、泰州市、嘉兴市、湖州市、舟山市7个城市，呈先上升后下降态势的有苏州市、南通市、扬州市、镇江市、杭州市、宁波市、绍兴市、台州市8个城市，呈逐渐下降态势的只有常州市，见图1-16。

（2）5岁以下儿童中重度营养不良比重，包括5岁以下儿童低体重率和5岁以下儿童发育迟缓率两个指标。长三角地区大多统计了5岁以下儿童低体重率，5岁以下儿童低体重率即对照世界卫生组织各年龄段体重标准，5岁以下儿童体重低于同龄标准人群中位数减2个标准差的人数占5岁以下体检儿童总数的百分比。

2008～2018 年，长三角核心区 16 个城市 5 岁以下儿童低体重率整体呈现下降或低位徘徊态势，2008 年、2013 年、2018 年只有泰州市的指标均在 1%以上（图 1-17）。

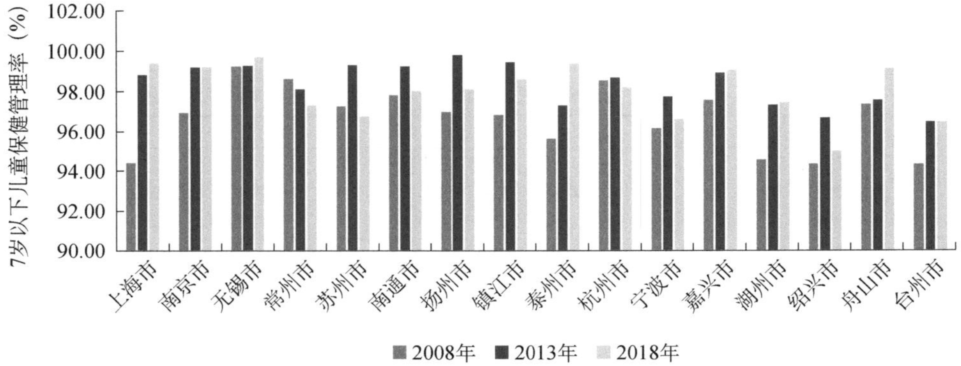

图 1-16　2008 年、2013 年、2018 年长三角核心区 16 个城市 7 岁以下儿童保健管理率

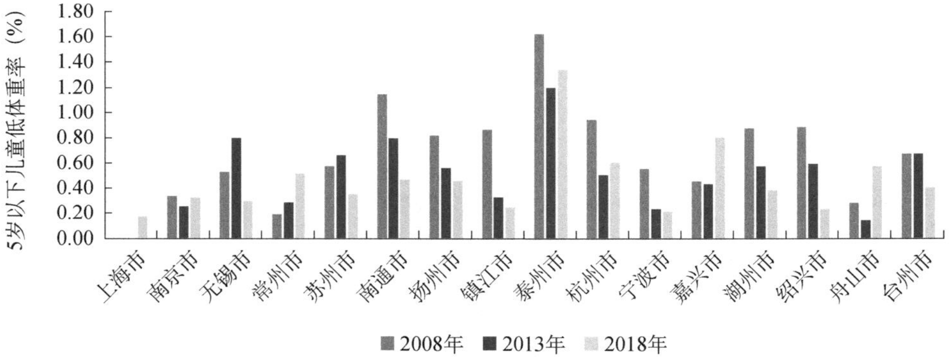

图 1-17　2008 年、2013 年、2018 年长三角核心区 16 个城市 5 岁以下儿童低体重率

（3）5 岁以下儿童死亡率指年内未满 5 岁儿童死亡人数与活产数之比，一般以千分数表示。

2008～2018 年，长三角核心区 16 个城市 5 岁以下儿童死亡率整体呈现明显下降趋势，仅有常州市略有上升，但 2018 年在 5‰以下（图 1-18）。

1.3.2　产妇和新生儿管理

为了保障母亲和婴儿健康，提高出生人口素质，全国人民代表大会常务委员会根据宪法制定了《中华人民共和国母婴保健法》。地方政府将母婴保健事业纳入区域经济和社会发展计划，提供必要条件和物质帮助，使常住人口中婴儿和孕产期的母亲获得医疗保健服务。孕产期保健包括下列服务内容：①母婴保健指导——对孕育健康后代以及严重遗传性疾病和碘缺乏病等地方病的发病原因、治疗和预防方法提供医学意见；②孕妇、产妇保健——为孕妇、产妇提供卫生、营养、心理等方面的咨询和指导以及产前定期检查等医疗保健服务；③胎儿保健——为胎儿生长发育进行监护，提供咨询和医学指导；④新生儿保健——为新生儿生长发育、哺乳和护理提供医疗保健服务。

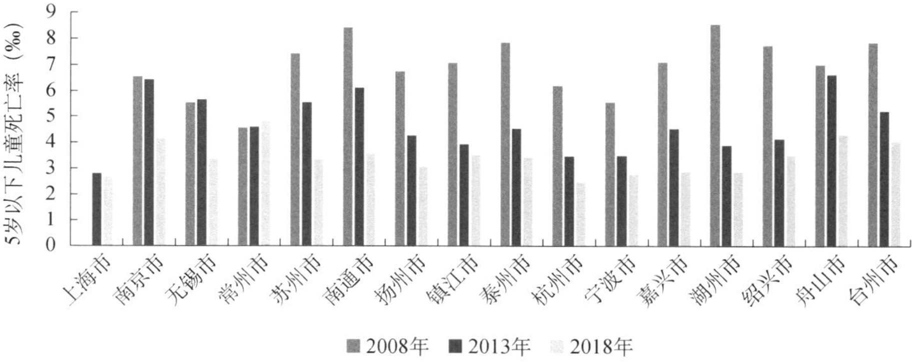

图 1-18　2008 年、2013 年、2018 年长三角核心区 16 个城市 5 岁以下儿童死亡率

针对长三角核心区的母婴保健服务普及情况和健康状况，本报告主要选择孕产妇系统管理率、高危孕产妇比例、孕产妇死亡率、低体重（即出生体重<2500 克）婴儿比重、围产儿死亡率这 5 个指标来比较（表 1-12、表 1-13）。

表 1-12　2008 年、2013 年、2018 年长三角核心区 16 个城市孕产妇保健指标比较

城市	2008 年			2013 年			2018 年		
	孕产妇系统管理率（%）	高危孕产妇比例（%）	孕产妇死亡率（/10 万）	孕产妇系统管理率（%）	高危孕产妇比例（%）	孕产妇死亡率（/10 万）	孕产妇系统管理率（%）	高危孕产妇比例（%）	孕产妇死亡率（/10 万）
上海市	73.08	16.28	7.79	95.20	28.40	9.3	96.20	48.80	1.15
南京市	90.56	27.17	15.48	98.52	34.21	6.53	94.21	51.74	9.25
无锡市	98.31	33.12	8.39	98.80	33.74	6.72	96.11	51.88	7.60
常州市	97.35	29.91	3.05	98.82	35.51	6.37	97.12	43.74	9.48
苏州市	83.00	26.59	4.57	98.10	27.15	3.40	96.28	42.86	8.94
南通市	81.63	31.28	3.72	99.15	41.04	5.58	97.34	52.08	12.80
扬州市	95.65	30.97	5.89	98.99	32.55	5.22	94.44	38.33	6.57
镇江市	97.14	28.81	0.00	99.17	33.55	13.05	97.35	52.55	9.40
泰州市	96.90	26.20	9.03	98.39	25.43	4.94	92.74	33.11	12.67

续表

城市	2008年			2013年			2018年		
	孕产妇系统管理率（%）	高危孕产妇比例（%）	孕产妇死亡率（/10万）	孕产妇系统管理率（%）	高危孕产妇比例（%）	孕产妇死亡率（/10万）	孕产妇系统管理率（%）	高危孕产妇比例（%）	孕产妇死亡率（/10万）
杭州市	97.47	49.89	7.77	97.01	50.78	4.55	96.68	69.61	6.64
宁波市	98.00	46.92	2.44	96.82	53.47	7.41	95.91	76.24	2.39
嘉兴市	99.57	35.27	0.00	97.69	37.53	0.00	93.60	71.48	0.00
湖州市	97.37	44.80	5.52	96.08	50.86	14.18	97.57	68.15	0.00
绍兴市	96.96	33.27	0.00	96.65	47.57	6.82	94.16	67.23	3.18
舟山市	88.34	60.07	0.00	91.99	44.98	0.00	93.01	76.92	0.00
台州市	94.85	51.44	13.74	97.31	56.38	3.83	96.26	75.62	7.9

表 1-13　2008 年、2013 年、2018 年长三角核心区 16 个城市围产儿保健指标比较

城市	2008年		2013年		2018年	
	低体重婴儿比重（%）	围产儿死亡率（‰）	低体重婴儿比重（%）	围产儿死亡率（‰）	低体重婴儿比重（%）	围产儿死亡率（‰）
上海市	3.45	2.8	4.03	2.44	5.51	2.38
南京市	2.91	7.52	3.62	5.97	3.37	4.15
无锡市	2.00	4.75	1.94	3.80	3.15	3.40
常州市	2.01	4.12	1.87	2.80	2.69	3.13
苏州市	3.36	7.93	2.69	4.34	3.74	2.90
南通市	1.92	4.96	1.81	4.24	2.84	2.58
扬州市	2.14	4.71	2.38	4.67	2.71	2.27
镇江市	1.90	7.95	1.72	1.78	2.48	2.40
泰州市	1.20	5.03	1.19	2.94	2.04	2.88
杭州市	2.91	6.15	3.29	5.35	4.42	3.24
宁波市	2.36	6.77	2.97	4.28	4.19	3.36
嘉兴市	2.76	6.88	3.24	5.14	4.17	3.38
湖州市	2.67	6.16	2.24	4.43	3.83	2.73
绍兴市	2.36	7.25	3.14	5.06	3.65	3.08
舟山市	2.59	6.31	2.94	4.48	4.16	2.23
台州市	2.24	7.26	3.12	5.03	4.38	5.25

1.3.2.1　孕产妇系统管理率

孕产妇系统管理率指年内孕产妇系统管理人数与活产数之比，一般用百分数表示。孕产妇系统管理人数指按系统管理程序要求，妊娠至产后 28 天内接受过早孕检查、至少 5 次产前检查、新法接生和产后访视的产妇人数。2018 年，长三角核心区 16 个城市的该项指标达到较高的水平，反映卫生机构普遍加强了孕产妇系统管理工作（图 1-19）。

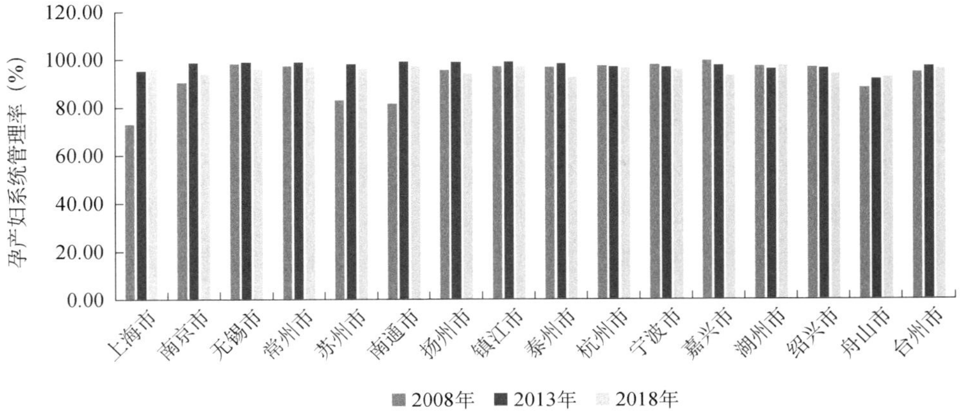

图 1-19　2008 年、2013 年、2018 年长三角核心区 16 个城市孕产妇系统管理率

1.3.2.2　高危产妇比例

高危产妇比例指高危产妇人数与活产数之比，一般用百分数表示。高危产妇是指在妊娠期有某种病理因素可能危害孕妇、胎儿、新生儿或导致难产的产妇。该项指标在各地之间存在明显差距，上海市和江苏地区明显低于浙江地区，但存在普遍上升的态势，如图 1-20 所示。2013 年与 2008 年相比、2018 年与 2013 年相比，大多数城市的高危产妇比例明显提高了，反映长三角核心区妇女生育潜力和母婴安全的形势不容乐观。

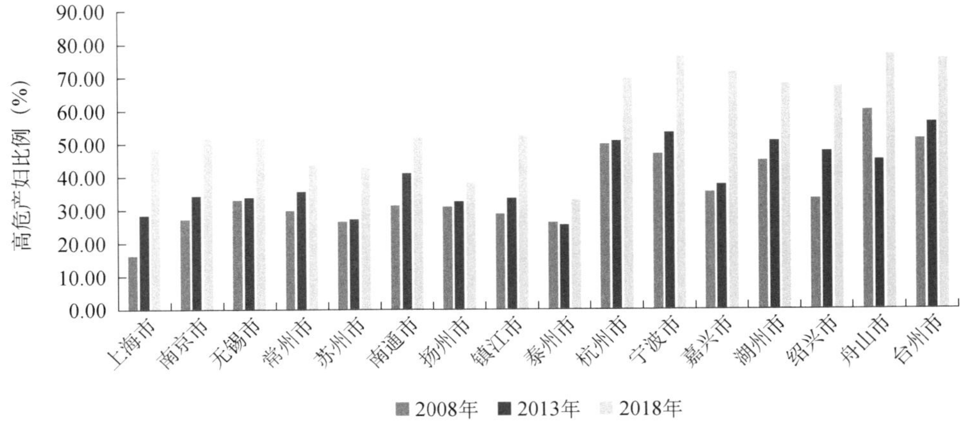

图 1-20　2008 年、2013 年、2018 年长三角核心区 16 个城市高危产妇比例

1.3.2.3 孕产妇死亡率

孕产妇死亡率指年内每 10 万名孕产妇的死亡人数。孕产妇死亡指从妊娠期至产后 42 天内，由任何妊娠或与妊娠处理有关原因导致的死亡，但不包括意外原因死亡者。按国际通用计算方法，“孕产妇总数”以“活产数”代替计算。2008 年、2013 年、2018 年全国孕产妇死亡率的平均水平分别为 34.4/10 万、23.3/10 万和 18.3/10 万，长三角核心区 16 个城市的孕产妇死亡率普遍低于全国水平，多个城市还保持了零死亡的记录，如图 1-21 所示，反映长三角地区对产妇安全实现了有效的医疗保障。同时，常州市、苏州市、南通市、泰州市等城市的孕产妇死亡率也呈现出上升态势，产妇安全形势也有偶然性和复杂化的可能。

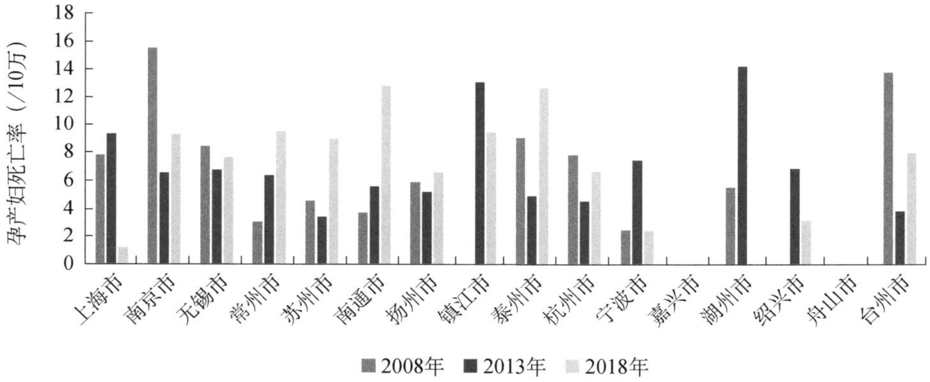

图 1-21　2008 年、2013 年、2018 年长三角核心区 16 个城市孕产妇死亡率

1.3.2.4 低体重婴儿比重

低体重婴儿比重指年内出生体重低于 2500 克的婴儿数与活产数之比。低体重婴儿往往是由孕母营养不良或严重的孕期疾病造成的，是母婴健康的重要指标。长三角核心区 16 个城市的低体重婴儿比重普遍存在上升的态势（图 1-22），反映了社会对创造优生优育的先天条件还存在认识不足。

1.3.2.5 围产儿死亡率

围产儿死亡率指孕满 28 周或出生体重≥1000 克的胎儿（含死胎、死产）至产后 7 天内新生儿死亡数与活产数（孕产妇）之比，一般用‰表示。围产儿死亡率与孕产妇健康状况、孕期保健和住院分娩等条件密切相关。2008～2018 年，长三角核心区 16 个城市的围产儿死亡率普遍有下降的趋势，反映该地区的围产医疗条件有提高的趋势，见图 1-23。

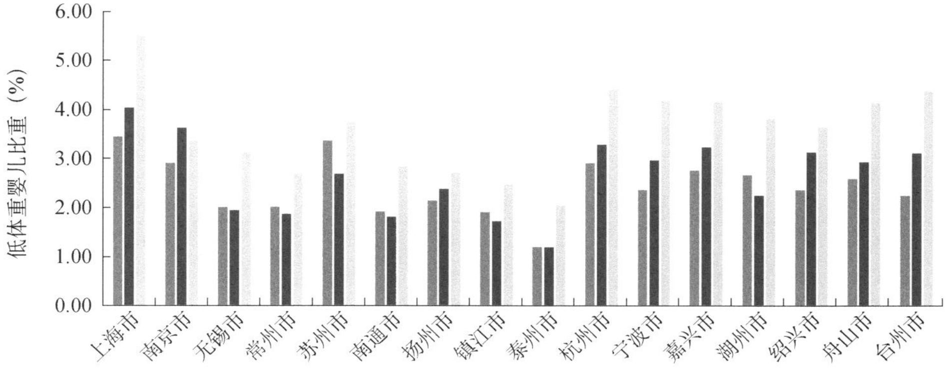

图 1-22　2008 年、2013 年、2018 年长三角核心区 16 个城市出生婴儿体重低比重

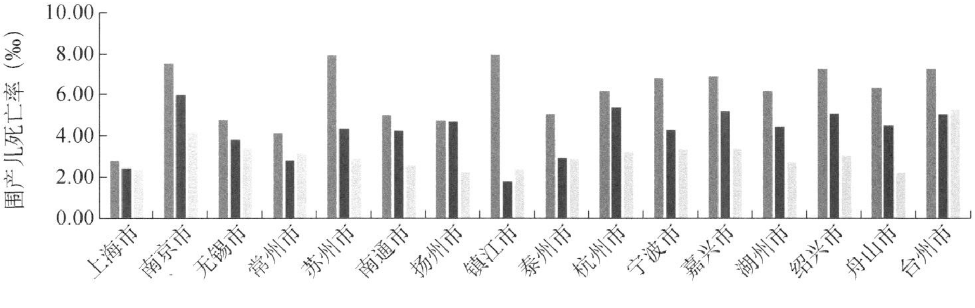

图 1-23　2008 年、2013 年、2018 年长三角核心区 16 个城市围产儿死亡率

1.3.3　妇女常见病普查

妇女常见病筛查是指对适龄妇女实施的至少每 3 年 1 次的生殖器官和乳腺常见病的专项检查，是一项以早期发现、早期诊断和早期治疗子宫颈癌与乳腺癌等妇女常见病为目的的重要措施。妇女 40 岁左右开始出现内分泌、生物学变化与临床表现直至绝经，此时间段称为绝经过渡期。65 岁以上为老年期。处于这些时期的妇女更容易患有各种身心疾病，对将要和已经进入这些时期的妇女进行定期体检和保健服务有助于帮助她们合理安排生活、保持心情舒畅、加强锻炼、听从医嘱、合理用药等。反映此项

工作的指标有妇女病检查率和查出妇女病率（表 1-14）。

表 1-14　2008 年、2013 年、2018 年长三角核心区 16 个城市妇女保健数据　（%）

城市	2008 年		2013 年		2018 年	
	妇女病检查率	查出妇女病率	妇女病检查率	查出妇女病率	妇女病检查率	查出妇女病率
上海市	58.50	30.80	66.70	29.40	88.90	34.80
苏南五市	84.38	14.43	93.00	13.05	89.68	17.51
苏中三市	82.39	14.43	91.20	15.7	85.24	16.50
杭州市	65.87	32.37	54.35	29.73	87.32	25.40
宁波市	54.78	33.33	41.24	30.12	88.29	26.13
嘉兴市	76.53	37.44	44.22	39.24	86.37	37.04
湖州市	78.07	34.27	15.27	36.69	85.97	24.60
绍兴市	60.05	23.00	32.62	24.83	86.10	17.06
舟山市	52.73	41.62	32.86	25.57	108.44	24.19
台州市	72.70	36.28	24.93	29.24	84.39	19.90

注：①江苏省缺少市级妇女保健数据，仅按照苏南和苏中、苏北分别汇总。苏南五市为南京市、无锡市、常州市、苏州市、镇江市。苏中三市为南通市、扬州市和泰州市。苏北无城市位于长三角核心区，未列入本表统计。②2008 年江苏省查出妇女病率仅有全省平均数据。

1.3.3.1　妇女病检查率

妇女病检查率指年内实际进行妇女病普查人数与 20～64 岁妇女数之比，一般用百分数表示。上海市和浙江地区的妇女病检查率近年来均有明显提高，2018 年达到 80%以上；2008～2018 年，苏南五市与苏中三市妇女病检查率始终在 80%以上，2013 年以后有一定的下降，但整体仍处于较高水平，见图 1-24。

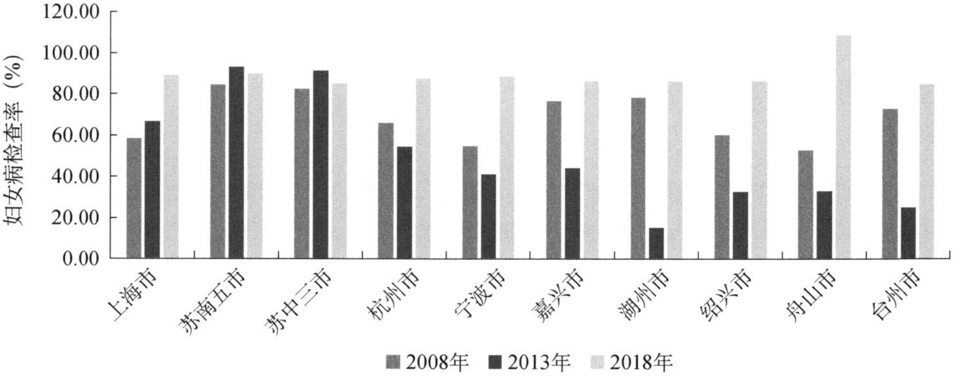

图 1-24　2008 年、2013 年、2018 年长三角核心区 16 个城市妇女病检查率

1.3.3.2 查出妇女病率

查出妇女病率指年内进行妇科病普查时查出的妇科病患病人数和实查人数之比，一般用百分数表示。上海市和嘉兴市的查出妇女病率偏高，2018 年数据仍然在 30%以上，且没有明显的下降态势。苏南五市和苏中三市总体处于比较低的水平，低于 20%。除嘉兴市外，浙江其他地区的数据则有明显下降的趋势，如图 1-25 所示。

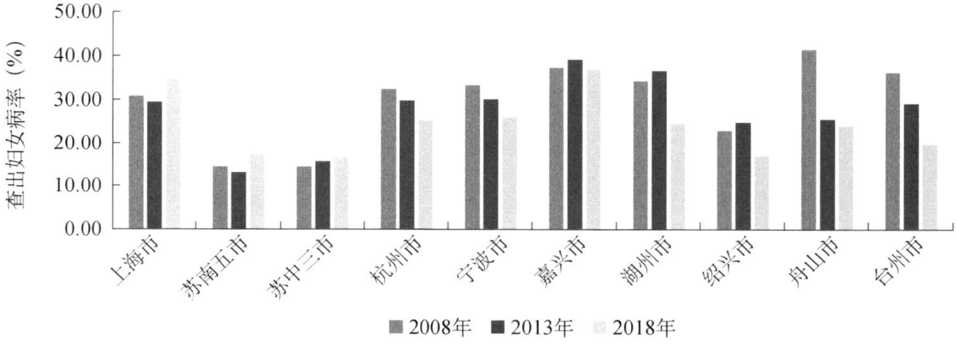

图 1-25 2008 年、2013 年、2018 年长三角核心区 16 个城市查出妇女病率

2 卫生资源

2.1 医疗卫生机构

医疗卫生机构是指从卫生健康行政部门取得医疗机构执业许可证或从民政、工商行政、机构编制管理部门取得法人单位登记证书，为社会提供医疗保健、疾病控制、卫生监督服务或从事医学科研和医学在职培训等工作的单位。医疗卫生机构包括医院、基层医疗卫生机构、专业公共卫生机构、其他医疗卫生机构。医疗卫生机构是承担区域卫生服务功能的职能机构，也是专业人员发挥专长的职业平台。医疗卫生机构的数量和结构直接反映了该地区医疗卫生事业的发展概况。

2.1.1 从数字看形势

2018 年，长三角核心区 16 个城市的医疗卫生机构总数为 43 024 个（表 2-1）。从数量上看，医疗卫生机构最多的三个城市为杭州市、上海市和宁波市；医疗卫生机构最少的三个城市为舟山市、镇江市、常州市（图 2-1）。

表 2-1 2018 年长三角核心区 16 个城市医疗卫生机构数量

地区	2018 年医疗卫生机构		2018 年比 2008 年增长	2008～2018 年年均
	总数（个）	占比（%）	倍数（倍）	增长率（%）
上海市	5 298	12.31	0.89	6.55
南京市	2 801	6.51	0.58	4.70
无锡市	2 480	5.76	0.37	3.18
常州市	1 401	3.26	1.55	9.82
苏州市	3 380	7.86	1.34	8.85
南通市	3 276	7.61	0.84	6.27
扬州市	1 813	4.21	0.78	5.94
镇江市	972	2.26	0.82	6.15
泰州市	1 997	4.64	2.24	12.48
杭州市	5 377	12.50	1.11	7.77
宁波市	4 252	9.88	0.87	6.45
嘉兴市	1 554	3.61	0.14	1.31
湖州市	1 460	3.39	0.16	1.47
绍兴市	2 559	5.95	0.83	6.22
舟山市	713	1.66	0.80	6.03

续表

地区	2018 年医疗卫生机构		2018 年比 2008 年增长倍数（倍）	2008～2018 年年均增长率（%）
	总数（个）	占比（%）		
台州市	3 691	8.58	1.68	10.35
上海市	5 298	12.31	0.89	6.88
江苏地区	18 120	42.12	0.90	6.63
浙江地区	19 606	45.57	0.85	6.32
总计	43 024	100.00	0.88	6.48

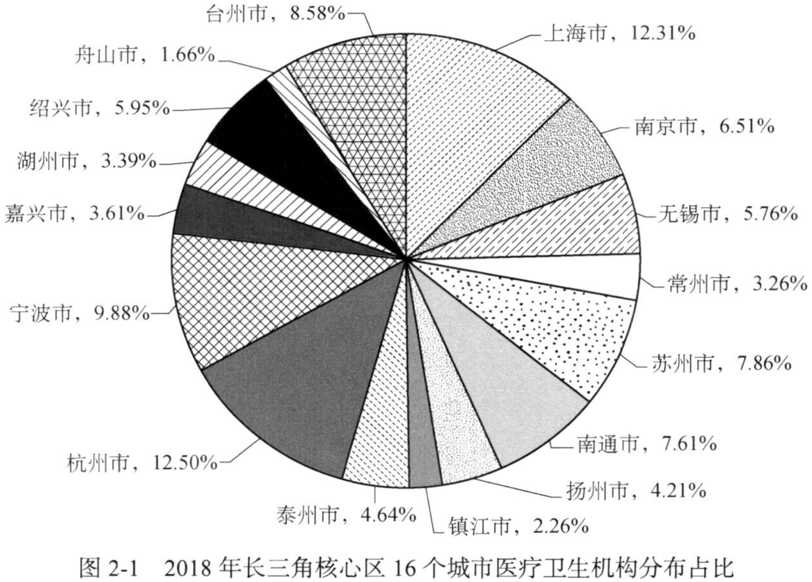

图 2-1　2018 年长三角核心区 16 个城市医疗卫生机构分布占比

2.1.2　从增速看发展

2008～2018 年，长三角核心区 16 个城市医疗卫生机构数量变化情况如表 2-2 所示。2008～2018 年，长三角核心区 16 个城市的医疗卫生机构数量都在增加，其中增长最快的三个城市是泰州市、台州市和常州市，最慢的三个城市是嘉兴市、湖州市和无锡市（图 2-2）。

表 2-2　2008～2018 年长三角核心区 16 个城市医疗卫生机构数量　（单位：个）

城市	2008 年	2009 年	2010 年	2011 年	2012 年	2013 年
上海市	2809	3013	3270	3358	3465	4929
南京市	1770	1764	2211	2268	2305	2315
无锡市	1813	1553	1997	1938	1951	2027
常州市	549	601	1103	1100	1128	1123
苏州市	1447	1512	2679	2856	2992	3007
南通市	1784	1817	3399	3283	3254	3187
扬州市	1018	1037	2028	1982	1903	1815
镇江市	535	501	877	868	906	897
泰州市	616	597	1900	1998	2017	1995
杭州市	2544	2687	2819	4142	4088	4139
宁波市	2276	2359	2377	4221	4035	4032
嘉兴市	1365	1370	1376	1364	1343	1340
湖州市	1262	1284	1321	1359	1348	1335
绍兴市	1400	1486	1453	2887	2635	2559
舟山市	397	385	406	666	618	632
台州市	1379	1394	1380	3061	3101	3096

城市	2014 年	2015 年	2016 年	2017 年	2018 年
上海市	4987	5016	5011	5144	5298
南京市	2383	2337	2383	2340	2801
无锡市	2155	2243	2308	2350	2480
常州市	1182	1196	1267	1326	1401
苏州市	3063	3121	3175	3160	3380
南通市	3262	3147	3131	3181	3276
扬州市	1782	1780	1787	1756	1813
镇江市	937	943	976	984	972
泰州市	1978	1953	1963	1981	1997
杭州市	4198	4428	4691	4933	5377
宁波市	4077	4069	4115	4157	4252
嘉兴市	1374	1411	1447	1510	1554
湖州市	1359	1377	1391	1393	1460
绍兴市	2499	2520	2531	2502	2559
舟山市	668	708	697	700	713
台州市	3260	3455	3540	3601	3691

注：从 2011 年起，浙江地区医疗卫生机构数量包含村卫生室数据。

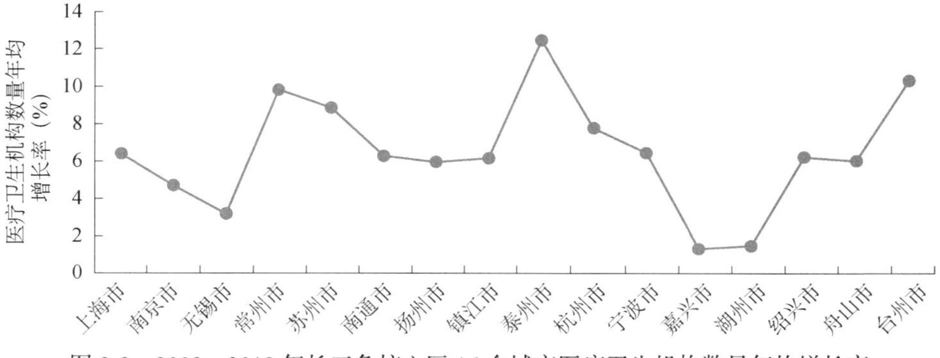

图 2-2　2008～2018 年长三角核心区 16 个城市医疗卫生机构数量年均增长率

2.1.3　从结构看职能

医疗卫生机构从职能上分为 4 个类别：①医院，承担复杂疾病或健康失衡状态的治疗，包括综合医院、中医医院、民族医院、各类专科医院、护理院，不包括专科疾病防治院、妇幼保健院和疗养院；②基层医疗卫生机构，承担周边居民的常见病诊疗、日常保健和公共卫生事务，包括社区卫生服务中心（站）、街道卫生院、乡镇卫生院、村卫生室、门诊部、诊所（医务室）；③专业公共卫生机构，承担辖区内公共卫生工作组织和相关资源的调配，包括疾病预防控制中心、专科疾病防治机构、妇幼保健机构、健康教育机构、急救中心（站）、采供血机构、卫生监督机构、卫生健康部门主管的计划生育服务机构；④其他医疗卫生机构，包括疗养院、临床检验中心、医学科研机构、医学在职教育机构、医学考试中心、人才交流中心、统计信息中心等卫生事业单位。长三角核心区 16 个城市医疗卫生机构均以基层医疗卫生机构占绝大部分，其次是医院（表 2-3、图 2-3）。

表 2-3　2008 年、2013 年、2018 年长三角核心区 16 个城市四类医疗卫生机构占比　（%）

城市	2008 年				2013 年				2018 年			
	医院	基层医疗卫生机构	专业公共卫生机构	其他医疗卫生机构	医院	基层医疗卫生机构	专业公共卫生机构	其他医疗卫生机构	医院	基层医疗卫生机构	专业公共卫生机构	其他医疗卫生机构
上海市	10.72	84.02	3.77	1.50	6.65	90.06	2.35	0.93	6.87	89.26	2.04	1.83
南京市	8.53	87.55	3.10	0.83	8.03	88.81	2.51	0.65	7.93	88.93	2.39	0.75
无锡市	3.47	94.44	1.60	0.48	6.51	91.12	1.63	0.74	7.46	90.04	1.53	0.97
常州市	5.51	87.95	3.96	2.58	4.01	92.34	2.76	0.89	5.57	89.01	4.71	0.71
苏州市	8.54	87.85	3.42	0.19	6.02	91.69	1.66	0.63	6.09	91.54	1.54	0.83

续表

城市	2008年				2013年				2018年			
	医院	基层医疗卫生机构	专业公共卫生机构	其他医疗卫生机构	医院	基层医疗卫生机构	专业公共卫生机构	其他医疗卫生机构	医院	基层医疗卫生机构	专业公共卫生机构	其他医疗卫生机构
南通市	2.99	94.51	1.85	0.65	6.28	92.28	1.04	0.41	7.51	89.71	1.56	1.22
扬州市	4.96	88.68	6.08	0.28	3.42	94.60	1.60	0.39	4.41	93.11	1.77	0.72
镇江市	5.14	87.94	4.96	1.95	4.46	92.31	2.90	0.33	5.14	91.15	3.19	0.51
泰州市	6.24	88.13	4.72	0.91	2.51	95.98	1.46	0.05	3.96	93.99	1.50	0.55
杭州市	5.26	90.31	2.05	2.39	5.03	92.58	1.52	0.87	5.88	92.23	1.10	0.80
宁波市	3.48	93.89	1.87	0.76	2.70	95.59	1.24	0.47	4.00	94.26	1.18	0.56
嘉兴市	2.99	93.89	2.06	1.07	3.36	92.61	2.31	1.72	5.28	91.25	2.06	1.42
湖州市	2.55	95.60	1.39	0.46	3.00	94.91	1.50	0.60	4.25	93.77	1.44	0.55
绍兴市	2.64	94.71	1.88	0.77	1.60	96.83	1.17	0.39	3.17	95.27	1.21	0.35
舟山市	4.57	90.14	4.09	1.20	3.48	92.72	3.16	0.63	4.63	92.01	2.81	0.56
台州市	4.24	92.15	2.50	1.11	2.29	96.12	1.16	0.42	3.31	95.26	0.95	0.49

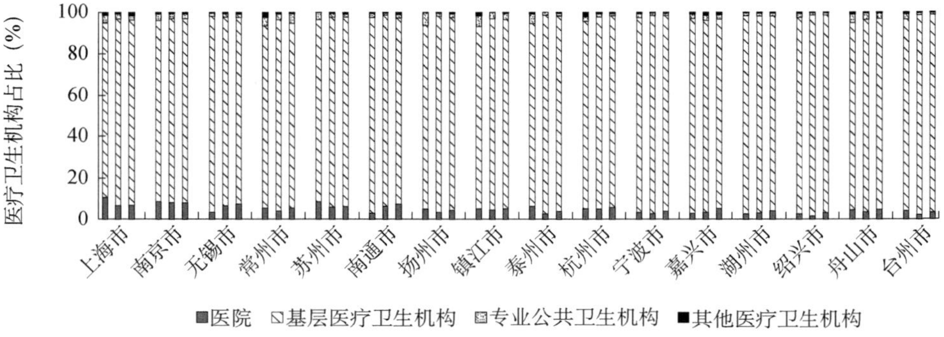

图 2-3　2008 年、2013 年、2018 年长三角核心区 16 个城市四类医疗卫生机构占比

2.2　医疗卫生机构床位

床位是医疗卫生机构安置病患的基本条件，也是最具标志性的医疗卫生设施。在进行床位数量统计时，床位数量指固定实有床位，包括正规床位、简易床位、正在消毒和修理的床位、因扩建或大修而停用的床位，不包括产科新生儿床位、接产室待产床位、库存床位、观察床位、临时加床的床位和患者家属陪侍床位。

2.2.1 从数字看形势

2018 年，长三角核心区 16 个城市的医疗卫生机构床位数量为 684 483 张。从绝对数量上看，床位数量最多的三个城市为上海市、杭州市和苏州市。其中上海市床位数量占比达 21.51%。床位数量最少的三个城市为舟山市、镇江市和湖州市。江苏地区总床位占比为 45.13%，浙江地区总床位占比为 33.36%（表 2-4、图 2-4）。

表 2-4　2018 年长三角核心区 16 个城市床位数量

地区	2018 年床位		2018 年比 2008 年增长	2008～2018 年年均
	总数（张）	占比（%）	倍数（倍）	增长率（%）
上海市	147 200	21.51	0.51	4.18
南京市	54 992	8.03	0.98	7.07
无锡市	46 970	6.86	0.97	7.00
常州市	26 649	3.89	0.76	5.84
苏州市	68 921	10.07	1.05	7.44
南通市	44 126	6.45	0.82	6.18
扬州市	23 355	3.41	0.67	5.24
镇江市	15 623	2.28	0.81	6.10
泰州市	28 275	4.13	1.16	8.00
杭州市	81 215	11.87	1.13	7.86
宁波市	38 718	5.66	0.75	5.74
嘉兴市	27 969	4.09	1.16	8.02
湖州市	16 873	2.47	0.82	6.14
绍兴市	27 329	3.99	0.95	6.91
舟山市	6 407	0.94	0.75	5.75
台州市	29 861	4.36	1.00	7.18
上海市	147 200	21.51	0.51	4.18
江苏地区	308 911	45.13	0.93	6.77
浙江地区	228 372	33.36	0.98	7.09
总计	684 483	100.00	0.83	6.25

2.2.2 从增速看发展

2008～2018 年，长三角核心区 16 个城市医疗卫生机构床位数量变化情况如表 2-5 所示：16 个城市均呈现增长态势。其中，增长最快的三个城市是嘉兴市、泰州市和杭州市，增速最慢的三个城市是上海市、扬州市和宁波市（图 2-5）。

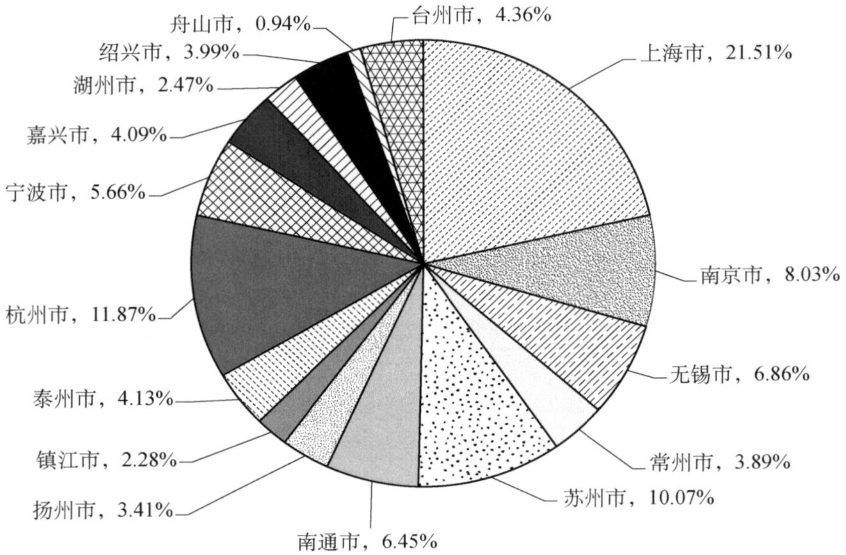

图 2-4　2018 年长三角核心区 16 个城市医疗卫生机构床位数量占比

表 2-5　2008～2018 年长三角核心区 16 个城市医疗卫生机构床位数量　（单位：张）

城市	2008 年	2009 年	2010 年	2011 年	2012 年	2013 年
上海市	97 780	99 704	105 183	107130	109612	114 314
南京市	27 768	29 883	31 090	34 503	37 775	41 760
无锡市	23 882	24 248	25 947	28 780	30 453	33 243
常州市	15 113	16 170	16 701	16 936	20 497	21 286
苏州市	33 631	37 240	39 204	42 972	46 070	51 633
南通市	24 223	24 944	26 293	29 058	31 495	33 234
扬州市	14 017	15 406	16 343	16 909	17 704	19 202
镇江市	8 644	8 726	9 204	10 940	12 574	14 311
泰州市	13 100	14 219	14 920	16 106	18 361	19 937
杭州市	38 114	40 226	42 828	45 291	49 471	52 056
宁波市	22 155	23 475	26 097	27 127	28 290	29 356
嘉兴市	12 929	13 697	14 927	16 272	17 992	19 412
湖州市	9 294	9 794	10 129	10 599	11 265	12 079
绍兴市	14 007	14 719	15 820	16 849	18 796	20 084
舟山市	3 663	3 755	4 059	4 044	4 562	4 621
台州市	14 927	15 563	16 528	17 536	18 729	20 072

城市	2014 年	2015 年	2016 年	2017 年	2018 年
上海市	117 510	122 813	129 166	134 607	147 200
南京市	43 688	46 643	49 857	52 244	54 992
无锡市	34 998	37 366	39 732	43 195	46 970
常州市	23 634	24 263	25 370	26 679	26 649

续表

城市	2014年	2015年	2016年	2017年	2018年
苏州市	55 218	59 304	63 241	66 640	68 921
南通市	35 136	36 031	39 147	42 336	44 126
扬州市	19 765	20 121	20 683	22 215	23 355
镇江市	14 490	14 637	14 585	15 169	15 623
泰州市	20 926	21 838	23 324	25 581	28 275
杭州市	55 779	63 632	69 452	75 948	81 215
宁波市	30 852	32 871	35 000	37 315	38 718
嘉兴市	21 038	23 214	24 467	26 453	27 969
湖州市	12 411	13 568	14 113	15 669	16 873
绍兴市	21 038	23 385	25 459	27 061	27 329
舟山市	5 050	5 500	5 510	5 723	6 407
台州市	22 267	24 784	26 845	28 257	29 861

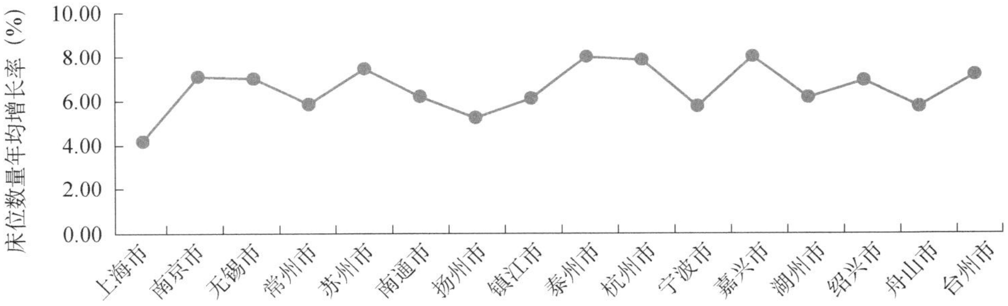

图 2-5　2008～2018 年长三角核心区 16 个城市医疗卫生机构床位数量年均增长率

2008～2018 年，长三角核心区 16 个城市的医疗卫生机构床位数量都在增加，其中床位增加最为突出的是杭州市，其增长率和占比均达到区域前列，反映了床位资源在杭州市更为迅速地汇集，以及该地区服务能力的提高。

2.2.3　从结构看职能

医院承担对复杂疾病或严重失衡状态的治疗，其主要服务内容是围绕床位开展的。因此，医院是医疗卫生床位分布的主要机构。基层医疗卫生机构是公共卫生和基本医疗服务体系的基础，是实现人人享有初级卫生保健的基本途径，也是促进社会公平、维护社会稳定、构建和谐社会的重要机构，承担社区预防、保健、医疗、康复、健康教育及计划生育技术指导等各种职能。基层医疗卫生机构的服务项目大多不是围绕床位开展的，但是床位数量仍然能够代表基层医疗卫生机构的服务能力。基层医疗卫生机构床位的占比在一定程度上反映了该地区发展双向转诊的潜力。

浙江地区中仅有杭州市的机构床位数据，另外补充了浙江省的统计数据作为参考。因此，这里对 11 组医院和基层医疗卫生机构的床位占比作比较（表 2-6）。

表 2-6 2008 年、2013 年、2018 年长三角核心区医疗卫生机构床位占比比较 （%）

地区	2008 年		2013 年		2018 年	
	医院	基层医疗卫生机构	医院	基层医疗卫生机构	医院	基层医疗卫生机构
上海市	79.61	18.50	82.90	15.11	87.64	10.87
南京市	82.34	15.41	87.89	9.75	89.92	8.03
无锡市	64.01	31.63	85.39	10.23	84.61	13.03
常州市	61.41	31.70	69.67	26.39	78.53	18.51
苏州市	78.67	20.48	87.61	12.00	84.19	15.78
南通市	53.11	45.98	76.05	23.46	80.28	19.54
扬州市	64.64	31.68	72.03	23.85	73.30	22.72
镇江市	68.72	28.34	74.15	23.39	73.07	20.88
泰州市	53.72	45.73	64.58	33.91	71.63	26.74
杭州市	82.43	10.89	89.59	6.43	92.58	4.78
浙江省	80.55	14.85	85.67	10.18	88.44	8.31

11 组床位占比数据中，2018 年医院床位占比最高的城市是杭州市、南京市和上海市，另外浙江省的平均水平也偏高。大部分城市的医院床位占比持续上升，仅有苏州市、无锡市和镇江市在 2013～2018 年有小幅回落。2018 年，基层医疗卫生机构床位占比最高的是泰州市、扬州市和镇江市。大部分城市的基层医疗卫生机构床位占比持续下降，反映了相比于迅速发展的医院，基层医疗卫生机构的发展空间受到一定的挤压。2013～2018 年，基层医疗卫生机构床位占比有所回升的是无锡市和苏州市，两地的基层医疗卫生机构显示了相对突出的发展势头（图 2-6）。

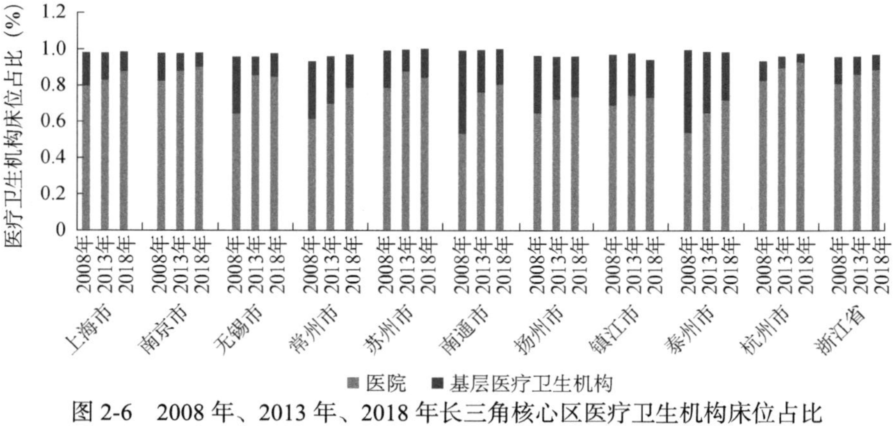

图 2-6 2008 年、2013 年、2018 年长三角核心区医疗卫生机构床位占比

2.3 卫生技术人员

卫生技术人员是医疗卫生事业的主要劳动者，是最重要的卫生人力资源。医疗服务行业从业存在较高的专业技术壁垒，除执业医师、注册护士之外，卫生技术人员还有药剂师（士）、技师（士）这样的技术类别，都必须具有相应的学历背景和专业资质才能上岗。这些卫生技术人员分别担任临床医疗的各种技术岗位职务。卫生技术人员接受的教育和在职培训周期较长，一定区域内卫生技术人员的存量代表了各自的技术实力和服务能力，卫生技术人员的增量和流动情况则反映了该区域对专业人才的吸引能力。

2.3.1 从数字看形势

2018 年，长三角核心区 16 个城市的卫生技术人员数量为 928 095 人。数量最多的三个城市为上海市、杭州市和苏州市。其中上海市卫生技术人员占比达 22.25%。卫生技术人员数量最少的三个城市为舟山市、镇江市和湖州市。江苏地区卫生技术人员占比为 41.47%，浙江地区卫生技术人员占比为 36.28%（表 2-7、图 2-7）。

表 2-7 2018 年长三角核心区 16 个城市卫生技术人员数量

地区	2018 年卫生技术人员		2018 年比 2008 年增长	2008～2018 年年均
	总数（人）	占比（%）	倍数（倍）	增长率（%）
上海市	206 468	22.25	0.62	4.92
南京市	84 097	9.06	0.99	7.10
无锡市	54 733	5.90	1.08	7.61
常州市	34 856	3.76	0.94	6.88
苏州市	85 188	9.18	1.11	7.76
南通市	48 041	5.18	0.72	5.54
扬州市	27 508	2.96	0.55	4.51
镇江市	21 080	2.27	0.74	5.68
泰州市	29 390	3.17	0.73	5.62
杭州市	117 425	12.65	1.24	8.41
宁波市	66 292	7.14	0.80	6.03
嘉兴市	35 209	3.79	0.79	6.01
湖州市	24 660	2.66	0.77	5.86
绍兴市	38 335	4.13	0.99	7.11

续表

地区	2018 年卫生技术人员		2018 年比 2008 年增长倍数（倍）	2008～2018 年年均增长率（%）
	总数（人）	占比（%）		
舟山市	9 984	1.08	0.79	5.98
台州市	44 797	4.83	0.83	6.23
上海市	206 468	22.25	0.62	4.92
江苏地区	384 893	41.47	0.91	6.67
浙江地区	336 702	36.28	0.95	6.93
总计	928 095	100.00	0.85	6.35

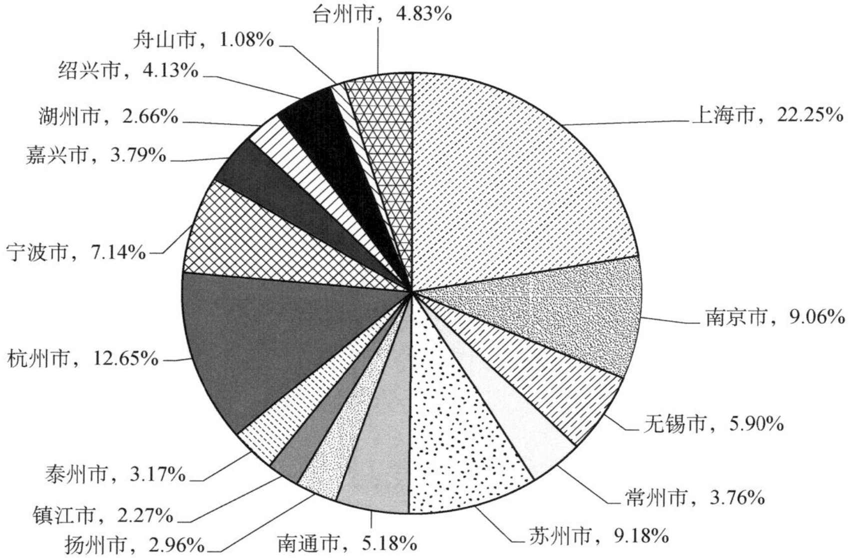

图 2-7　2018 年长三角核心区 16 个城市卫生技术人员数量占比

2.3.2　从增速看发展

2008～2018 年，长三角核心区 16 个城市卫生技术人员数量变化情况如表 2-8 所示：16 个城市均呈现增长态势。增长最快的三个城市是杭州市、苏州市和无锡市，增速较慢的三个城市是扬州市、上海市和南通市，同时泰州市、镇江市与南通市的年均增长率比较接近（图 2-8）。

表 2-8 2008～2018 年长三角核心区 16 个城市卫生技术人员数量 （单位：人）

城市	2008 年	2009 年	2010 年	2011 年	2012 年	2013 年
上海市	127 687	130 891	135 411	139 063	146 118	156 365
南京市	42 337	44 577	48 291	50 041	53 967	58 032
无锡市	26 274	27 173	29 189	31 735	35 105	38 940
常州市	17 926	18 955	20 596	21 668	25 274	26 733
苏州市	40 336	43 233	46 507	50 860	57 168	61 051
南通市	28 010	29 586	30 645	32 136	34 749	36 515
扬州市	17 704	18 753	19 171	19 891	21 087	22 464
镇江市	12 130	12 335	13 167	14 225	16 402	17 666
泰州市	17 018	17 482	17 947	18 970	21 053	21 794
杭州市	52 379	56 270	61 117	65 994	71 733	78 340
宁波市	36 918	40 020	43 094	46 652	49 188	51 510
嘉兴市	19 640	21 176	22 580	23 729	25 286	26 439
湖州市	13 949	15 199	15 973	16 240	17 695	18 236
绍兴市	19 295	20 899	22 155	23 931	25 722	27 854
舟山市	5 583	5 782	6 172	6 832	7 047	7 679
台州市	24 488	25 798	26 765	29 890	31 561	32 851

城市	2014 年	2015 年	2016 年	2017 年	2018 年
上海市	164 027	170 189	178 170	187 987	206 468
南京市	62 068	65 139	70 687	76 144	84 097
无锡市	41 563	44 707	47 549	51 015	54 733
常州市	28 090	29 616	31 194	32 498	34 856
苏州市	64 281	68 179	89 276	79 623	85 188
南通市	39 481	41 067	43 570	45 640	48 041
扬州市	23 338	24 326	27 213	28 608	27 508
镇江市	18 373	18 985	18 985	20 368	21 080
泰州市	22 965	24 215	26 094	27 309	29 390
杭州市	85 614	93 036	101 194	110 395	117 425
宁波市	54 109	56 624	58 351	62 382	66 292
嘉兴市	28 036	29 671	31 131	33 219	35 209
湖州市	19 027	20 556	21 407	22 762	24 660
绍兴市	29 176	31 658	41 441	36 977	38 335
舟山市	8 101	8 602	8 872	9 234	9 984
台州市	3 4836	37 841	40 588	42 582	44 797

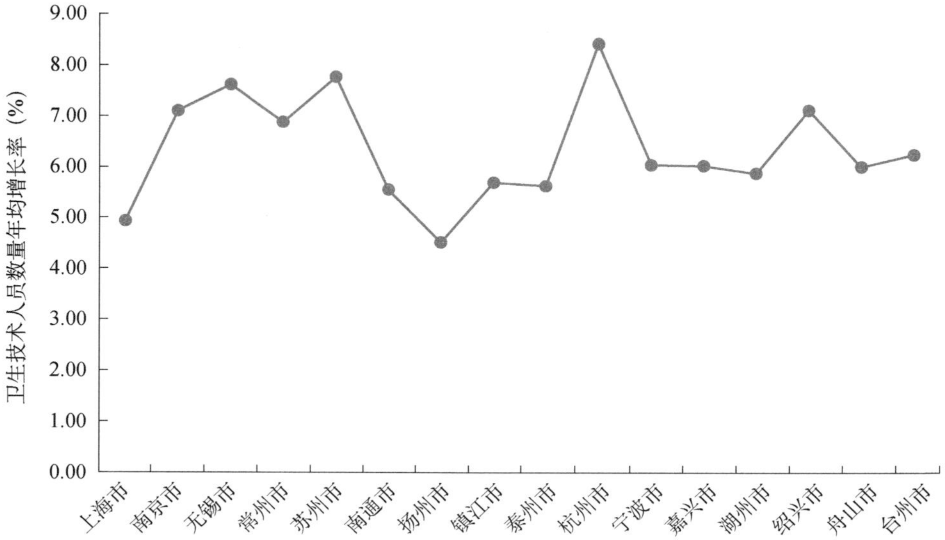

图 2-8　2008～2018 年长三角核心区 16 个城市卫生技术人员数量年均增长率

2008～2018 年，卫生技术人员数量增长最为突出的三个城市是杭州市、苏州市和无锡市，其年均增长率和占比均达到区域前列，反映了卫生技术人员在这些城市更为迅速地汇集。上海市因本身基数较大而增长较慢，其他大部分城市的增速与占比均不太高，反映了其对专业人才的吸引力不足。

在卫生技术人员中，医师和护士是直接面对患者来提供服务的人。其数量和与人口的比值决定了当地居民获得医疗服务的难易程度和等待时间，进而直接影响居民接受服务时的直观感受。因此执业医师和注册护士的人数也是重要的卫生统计数据。

2.3.2.1　执业医师

执业医师指取得医师执业证书，证书级别为“执业医师”或“执业助理医师”，且实际从事医疗、预防保健工作的人员，不包括实际从事管理工作的“执业医师”和“执业助理医师”。执业医师分为临床、中医、口腔和公共卫生四类。

2008～2018 年，长三角核心区 16 个城市执业医师数量变化情况如表 2-9 和图 2-9 所示：16 个城市均呈现增长态势。增长最快的三个城市是杭州市、苏州市和南京市，增速较慢的三个城市是上海市、扬州市和泰州市。

表 2-9 2008～2018 年长三角核心区 16 个城市执业医师数量 （单位：人）

城市	2008 年	2009 年	2010 年	2011 年	2012 年	2013 年
上海市	51 165	51 101	51 278	52 067	54 218	58 070
南京市	16 060	16 593	17 007	17 265	19 101	20 662
无锡市	11 317	11 286	11 751	12 265	13 092	14 767
常州市	7 091	7 597	7 933	8 360	10 094	10 850
苏州市	16 070	16 845	18 249	19 514	23 194	24 296
南通市	12 516	12 747	13 469	13 607	14 835	15 579
扬州市	7 355	7 841	7 881	8 066	8 818	9 276
镇江市	5 044	5 079	5 476	5 684	6 881	7 204
泰州市	7 829	7 949	8 228	8 620	9 461	9 567
杭州市	21 223	22 753	24 345	25 889	27 470	29 686
宁波市	15 127	16 160	17 237	18 351	19 055	19 949
嘉兴市	6 957	7 525	7 865	8 046	8 458	8 837
湖州市	5 204	5 690	5 871	5 942	6 262	6 569
绍兴市	8 901	9 298	9 593	10 091	10 638	11 605
舟山市	2 296	2 370	2 524	2 659	2 703	2 847
台州市	10 959	11 237	11 521	12 606	12 944	13 338

城市	2014 年	2015 年	2016 年	2017 年	2018 年
上海市	61 328	63 118	65 519	68 271	74 948
南京市	21 602	22 307	25 272	28 098	31 560
无锡市	15 562	16 632	18 107	19 610	21 004
常州市	11 381	12 009	12 447	13 094	14 087
苏州市	25 352	26 197	27 667	30 259	32 852
南通市	16 366	16 790	17 967	18 795	19 852
扬州市	9 491	9 826	10 405	10 872	11 209
镇江市	7 516	7 658	7 884	8 074	8 200
泰州市	9 708	10 176	11 287	11 629	12 251
杭州市	31 977	34 832	38 172	41 833	44 896
宁波市	20 984	21 937	22 941	24 268	25 850
嘉兴市	9 280	9 837	10 408	11 392	12 340
湖州市	6 819	7 370	7 619	8 080	8 847
绍兴市	12 012	12 911	14 171	15 195	15 662
舟山市	3 055	3 328	3 422	3 581	4 105
台州市	14 266	15 723	16 637	17 235	18 103

2.3.2.2 注册护士

注册护士指具有注册护士证书且实际从事护理工作的人员，不包括从事管理工作的护士。

2008～2018 年，长三角核心区 16 个城市注册护士数量变化情况如表 2-10 和图 2-10 所示：16 个城市均呈现增长态势。增长最快的三个城市是杭州市、苏州市和无锡市，增速较慢的三个城市是扬州市、上海市和舟山市。

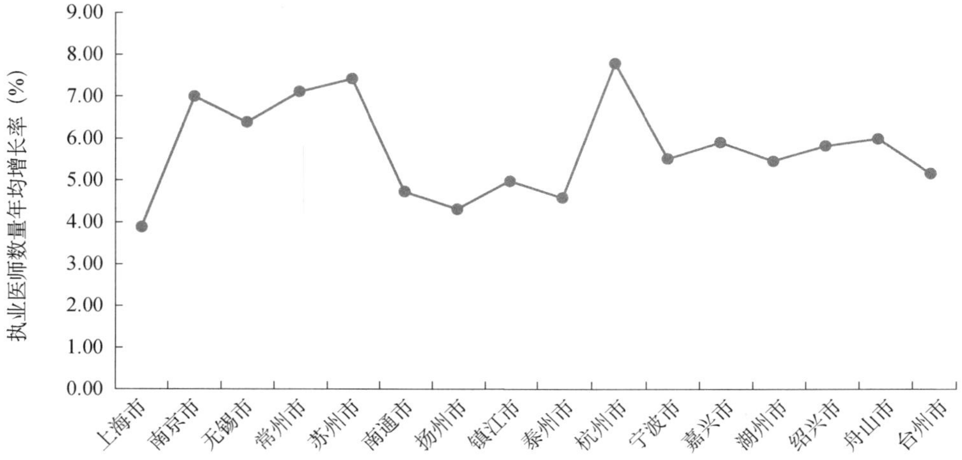

图 2-9　2008～2018 年长三角核心区 16 个城市执业医师数量年均增长率

表 2-10　2008～2018 年长三角核心区 16 个城市注册护士数量　　（单位：人）

城市	2008 年	2009 年	2010 年	2011 年	2012 年	2013 年
上海市	48 823	52 255	55 871	58 892	63 229	67 941
南京市	16 254	17 668	19 577	20 954	22 953	25 413
无锡市	9 416	10 141	11 426	12 869	14 873	16 757
常州市	6 472	7 233	7 777	8 550	10 192	11 108
苏州市	14 181	15 982	17 633	19 605	21 943	24 097
南通市	8 851	9 605	10 365	11 389	12 800	13 862
扬州市	6 097	6 717	7 257	7 735	8 240	8 924
镇江市	4 307	4 409	4 856	5 618	6 609	7 346
泰州市	5 237	5 557	5 820	6 383	7 174	7 945
杭州市	18 702	20 997	23 418	25 240	28 396	30 996
宁波市	12 173	13 728	15 079	16 575	18 280	19 668
嘉兴市	6 396	7 267	8 181	9 070	10 010	10 546
湖州市	4 052	4 722	4 966	5 626	6 148	6 698
绍兴市	6 188	7 112	7 772	8 536	9 504	10 537
舟山市	1 887	1 946	2 135	2 335	2 450	2 729
台州市	7 675	8 432	9 104	10 227	10 873	11 613

城市	2014 年	2015 年	2016 年	2017 年	2018 年
上海市	71 939	75 438	79 373	84 037	93 478
南京市	27 363	28 850	32 093	34 443	38 258
无锡市	17 866	19 342	20 523	22 489	24 368
常州市	11 706	12 531	13 540	14 331	15 392
苏州市	25 375	28 202	30 699	34 468	37 584

续表

城市	2014 年	2015 年	2016 年	2017 年	2018 年
南通市	15 637	16 738	18 187	19 376	20 423
扬州市	9 382	9 938	10 406	11 336	11 659
镇江市	7 630	7 965	8 278	8 688	9 183
泰州市	8 573	9 398	10 172	10 884	12 454
杭州市	34 724	38 182	42 011	46 343	49 911
宁波市	20 864	22 159	23 714	25 207	27 078
嘉兴市	11 384	12 097	13 246	13 946	15 083
湖州市	7 319	8 124	8 657	9 405	10 452
绍兴市	11 114	12 546	13 872	15 054	15 691
舟山市	2 958	3 168	3 348	3 512	3 827
台州市	12 731	14 666	16 180	17 150	18 493

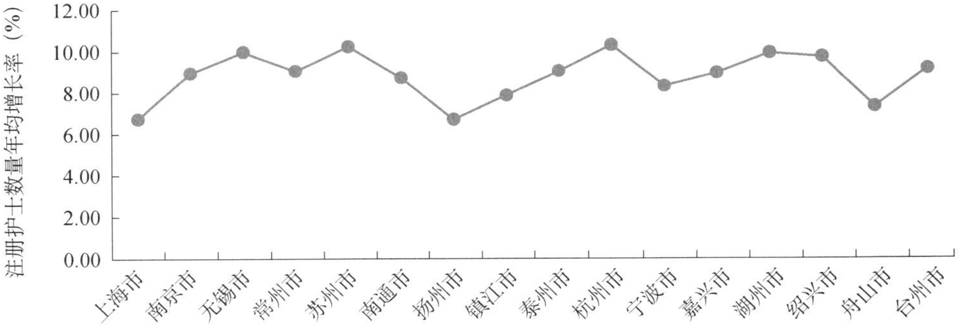

图 2-10　2008～2018 年长三角核心区 16 个城市注册护士数量年均增长率

2.3.3　从结构看效能

通过比较卫生技术人员在四类医疗卫生机构中的占比数据，可以了解各市的医疗资源在不同职能部门的配置侧重（表 2-11 和图 2-11）。

上海市、南京市、杭州市三个中心城市医院的卫生技术人员占比要超过其他城市。从 2008 年、2013 年、2018 年三个年份的数据变化来看：南京市占比最高且有企稳的态势；上海市和杭州市仍然有上升的趋势。其余城市中苏州市、无锡市占比较高。

2008 年、2013 年、2018 年三年中，基层医疗卫生机构的卫生技术人员占比较高的是扬州市和泰州市（35%以上）。上海市占比稳定在 25%～26%，南京市和杭州市占比为 20%～26%，其他城市占比为 25%～40%。从三个年度的变化来看，除上海市比较稳定、杭州市和苏州市有明显的增加以外，其他城市占比均呈现下降的趋势。

值得注意的是，从现有的地区数据来看，2008 年、2013 年、2018 年中，多数城市的专业公共卫生机构的卫生技术人员占比处于下降的态势，仅有镇江市占比在 2018 年高于 2008 年。其他城市占比偏高的有扬州市、常州市、上海市、泰州市，浙江省整体上占比也偏高。南京市、杭州市、无锡市、南通市的专业公共卫生机构的卫生技术人员占比均在 5%以下并且 2008 年、2013 年、2018 年三个年份呈现下降的态势。

表 2-11　2008 年、2013 年、2018 年长三角核心区四类机构卫生技术人员占比　（%）

地区	2008 年				2013 年				2018 年			
	医院	基层医疗卫生机构	专业公共卫生机构	其他医疗卫生机构	医院	基层医疗卫生机构	专业公共卫生机构	其他医疗卫生机构	医院	基层医疗卫生机构	专业公共卫生机构	其他医疗卫生机构
上海市	68.16	25.08	6.07	0.68	68.31	25.91	5.03	0.74	69.89	25.05	4.19	0.87
南京市	68.40	25.06	5.37	1.16	74.20	20.93	3.98	0.90	71.70	23.75	3.60	0.95
无锡市	54.16	40.41	4.15	1.28	69.96	25.46	3.39	1.18	66.06	30.08	2.76	1.10
常州市	56.48	35.30	7.65	0.58	60.09	33.02	6.50	0.39	61.68	32.61	5.48	0.24
苏州市	63.13	32.10	4.70	0.07	66.88	28.77	3.55	0.79	62.47	34.51	2.42	0.6
南通市	48.04	46.99	3.89	1.08	63.24	32.88	3.23	0.65	64.04	32.60	2.55	0.81
扬州市	50.88	37.71	11.14	0.27	54.43	37.12	8.24	0.21	56.62	35.20	7.82	0.36
镇江市	55.68	35.29	8.26	0.77	60.49	32.58	6.74	0.19	55.46	33.77	10.52	0.25
泰州市	49.99	42.97	6.81	0.23	55.04	39.32	5.43	0.21	58.13	36.55	5.02	0.30
杭州市	66.41	19.81	4.19	9.59	67.73	24.22	3.36	4.69	68.19	25.83	2.64	3.34
浙江省	59.70	32.78	6.65	0.87	62.48	31.02	5.98	0.53	63.57	30.42	5.40	0.61

注：浙江地区仅有杭州市的数据，另外补充了浙江省数据作比较，图 2-11 同。

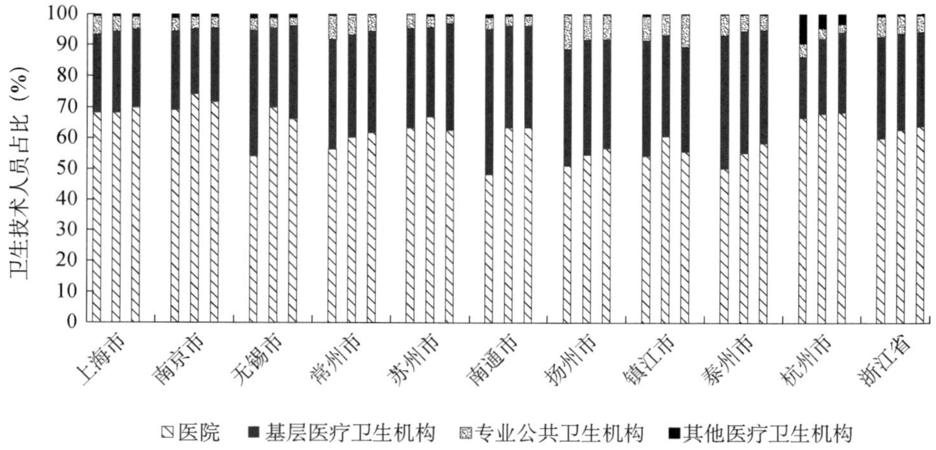

图 2-11　2008 年、2013 年、2018 年长三角核心区四类机构卫生技术人员占比

进行对比的卫生技术人员除执业医师和注册护士以外，还有药剂师（士）、技师（士）及其他卫生技术人员三类。药剂师（士）包括主任药师、副主任药师、主管药师、药师和药士，不包括药剂员。技师（士）包括主任检验技师、副主任检验技师、主管检验技师、检验技师、检验技士，不包括检验员。另外还存在其他卫生技术人员，他们是进入临床实践但尚未取得完整资质的专业人员。其他卫生技术人员包括见习医/药/护/技师（士）等卫生专业人员，不包括药剂员、检验员、护理员等，这个类别的人员数量代表了卫生技术人员的增长潜力。因此比较各个城市的执业医师、注册护士、药剂师（士）、技师（士）和其他卫生技术人员的数量能够更好地反映当地卫生人力资源的积累状况以及预测未来的变化趋势（表 2-12～表 2-14）。

从上海市和江苏地区、浙江地区 2008 年、2013 年、2018 年的数据来看（图 2-12），主要卫生技术人员的总量大多处于增长态势。从各类卫生技术人员的占比来看（图 2-13），从 2008 年到 2013 年再到 2018 年三地的执业医师占比均有所减少，而注册护士占比则明显增加，药剂师（士）、技师（士）和其他卫生技术人员的占比均有所下降。人口老龄化和医疗服务标准的提高一再推高护理服务需求。另外值得注意的是，上海市和浙江地区的其他卫生技术人员绝对数量连续增加，相对数量略微减少，但是江苏地区其他卫生技术人员数量呈明显下降态势，特别是 2013～2018 年的数据呈现绝对数量和相对数量同时下降态势。

从 2008 年、2013 年、2018 年长三角核心区 16 个城市的数据来看（图 2-14 和图 2-15），除其他卫生技术人员以外，各类卫生技术人员数量均呈增长态势。上海市和杭州市、无锡市、镇江市和绍兴市 5 个城市的其他卫生技术人员数量连续增长。南京市、苏州市、宁波市、舟山市、台州市 5 个城市的其他卫生技术人员数量先上升后下降，且 2018 年的数量高于 2008 年。南通市、泰州市和嘉兴市 3 个城市的其他卫生技术人员数量先上升后下降，且 2018 年的数量低于 2008 年。常州市、扬州市和湖州市 3 个城市的其他卫生技术人员数量连续下降。

从各类技术人员的占比来看（图 2-16），2008～2018 年，长三角核心区 16 个城市的注册护士数量占比连续上升，执业医师、药剂师（士）、技师（士）的数量占比均下降。在 16 个城市中有 14 个其他卫生技术人员数量占比连续下降。南京市、无锡市、南通市、宁波市、舟山市 5 个城市其他卫生技术人员数量占比先增加后下降，且 2018 年的数量低于 2008 年。

表 2-12　2008 年长三角核心区 16 个城市主要卫生技术人员分类占比

地区	执业医师		注册护士		药剂师（士）		技师（士）		其他卫生技术人员	
	数量（人）	占比（%）	数量（人）	占比（%）	数量（人）	占比（%）	数量（人）	占比（%）	数量（人）	占比（%）
上海市	51 047	40.05	48 758	38.25	7 236	5.68	8 176	6.41	12 254	9.61
南京市	16 060	37.93	16 254	38.39	2 725	6.44	2 828	6.68	4 470	10.56
无锡市	11 317	43.07	9 416	35.84	1 640	6.24	1 458	5.55	2 443	9.30
常州市	7 091	39.56	6 472	36.10	1 064	5.94	959	5.35	2 340	13.05
苏州市	16 070	39.84	14 181	35.16	2 625	6.51	2 311	5.73	5 149	12.77
南通市	12 516	44.68	8 851	31.60	2 235	7.98	1 820	6.50	2 588	9.24
扬州市	7 355	41.54	6 097	34.44	1 245	7.03	1 098	6.20	1 909	10.78
镇江市	5 044	41.58	4 307	35.51	885	7.30	804	6.63	1 090	8.99
泰州市	7 829	46.00	5 237	30.77	1 414	8.31	926	5.44	1 612	9.47
杭州市	21 223	40.52	18 702	35.71	3 815	7.28	3 332	6.36	5 307	10.13
宁波市	15 127	40.97	12 173	32.97	2 502	6.78	2 095	5.67	5 021	13.60
嘉兴市	6 957	35.42	6 396	32.57	1 220	6.21	986	5.02	4 081	20.78
湖州市	5 204	37.31	4 052	29.05	889	6.37	644	4.62	3 160	22.65
绍兴市	8 901	46.13	6 188	32.07	1 268	6.57	1 089	5.64	1 849	9.58
舟山市	2 296	41.12	1 887	33.80	378	6.77	339	6.07	683	12.23
台州市	10 959	44.75	7 675	31.34	1 744	7.12	1 247	5.09	2 863	11.69
上海市	51 047	40.05	48 758	38.25	7 236	5.68	8 176	6.41	12 254	9.61
江苏地区	83 282	41.28	70 815	35.10	13 833	6.86	12 204	6.05	21 601	10.71
浙江地区	70 667	41.03	57 073	33.13	11 816	6.86	9 732	5.65	22 964	13.33
总计	204 996	40.88	176 646	35.23	32 885	6.56	30 112	6.00	56 819	11.33

表 2-13　2013 年长三角核心区 16 个城市主要卫生技术人员分类占比

地区	执业医师		注册护士		药剂师（士）		技师（士）		其他卫生技术人员	
	数量（人）	占比（%）	数量（人）	占比（%）	数量（人）	占比（%）	数量（人）	占比（%）	数量（人）	占比（%）
上海市	58 070	37.13	67 941	43.44	8 800	5.63	9 100	5.82	12 500	7.99
南京市	20 662	35.60	25 413	43.79	3 334	5.75	3 487	6.01	5 136	8.85
无锡市	14 767	37.92	16 757	43.03	2 134	5.48	1 978	5.08	3 304	8.48
常州市	10 850	40.59	11 108	41.55	1 378	5.15	1 283	4.80	2 114	7.91
苏州市	24 296	39.80	24 097	39.47	3 667	6.01	3 092	5.06	5 899	9.66
南通市	15 579	42.66	13 862	37.96	2 502	6.85	1 847	5.06	2 725	7.46
扬州市	9 276	41.29	8 924	39.73	1 320	5.88	1 188	5.29	1 756	7.82
镇江市	7 204	40.78	7 346	41.58	1 030	5.83	892	5.05	1 194	6.76
泰州市	9 567	43.90	7 945	36.45	1 492	6.85	1 023	4.69	1 767	8.11
杭州市	29 686	37.89	30 996	39.57	5 467	6.98	4 492	5.73	7 699	9.83
宁波市	19 949	38.73	19 668	38.18	3 398	6.60	2 720	5.28	5 775	11.21
嘉兴市	8 837	33.42	10 546	39.89	1 651	6.24	1 247	4.72	4 158	15.73
湖州市	6 569	36.02	6 698	36.73	1 168	6.40	835	4.58	2 966	16.26

续表

地区	执业医师		注册护士		药剂师（士）		技师（士）		其他卫生技术人员	
	数量（人）	占比（%）	数量（人）	占比（%）	数量（人）	占比（%）	数量（人）	占比（%）	数量（人）	占比（%）
绍兴市	11 605	41.66	10 537	37.83	1 791	6.43	1 319	4.74	2 602	9.34
舟山市	2 847	37.08	2 729	35.54	512	6.67	431	5.61	1 160	15.11
台州市	13 338	40.60	11 613	35.35	2 140	6.51	1 520	4.63	4 240	12.91
上海市	58 070	37.13	67 941	43.44	8 800	5.63	9 100	5.82	12 500	7.99
江苏地区	112 201	39.62	115 452	40.77	16 857	5.95	14 790	5.22	23 895	8.44
浙江地区	92 831	38.22	92 787	38.20	16 127	6.64	12 564	5.17	28 600	11.77
总计	263 102	38.55	276 180	40.47	41 784	6.12	36 454	5.34	64 995	9.52

表 2-14　2018 年长三角核心区 16 个城市主要卫生技术人员分类占比

地区	执业医师		注册护士		药剂师（士）		技师（士）		其他卫生技术人员	
	数量（人）	占比（%）	数量（人）	占比（%）	数量（人）	占比（%）	数量（人）	占比（%）	数量（人）	占比（%）
上海市	74 948	36.27	93 478	45.28	10 700	5.18	12 400	6.00	15 000	7.26
南京市	31 560	37.53	38 258	45.49	4 338	5.16	4 981	5.92	4 960	5.90
无锡市	21 004	38.38	24 368	44.52	2 830	5.17	2 863	5.23	3 668	6.70
常州市	14 087	40.41	15 392	44.16	1 756	5.04	1 660	4.76	1 961	5.63
苏州市	32 852	38.56	37 584	44.12	4 734	5.56	4 295	5.04	5 723	6.72
南通市	19 852	41.32	20 423	42.51	2 876	5.99	2 388	4.97	2 502	5.21
扬州市	11 209	40.75	11 659	42.38	1 501	5.46	1 486	5.40	1 653	6.01
镇江市	8 200	38.90	9 183	43.56	1 239	5.88	1 208	5.73	1 250	5.93
泰州市	12 251	41.68	12 454	42.37	1 720	5.85	1 367	4.65	1 598	5.44
杭州市	44 896	38.23	49 911	42.50	7 241	6.17	6 372	5.43	9 005	7.67
宁波市	25 850	38.99	27 078	40.85	4 174	6.30	3 647	5.50	5 543	8.36
嘉兴市	12 340	35.05	15 083	42.84	2 126	6.04	1 726	4.90	3 934	11.17
湖州市	8 847	35.88	10 452	42.38	1 481	6.01	1 048	4.25	2 832	11.48
绍兴市	15 662	40.86	15 691	40.93	2 244	5.85	1 756	4.58	2 982	7.78
舟山市	4 105	41.12	3 827	38.33	587	5.88	516	5.17	949	9.51
台州市	18 103	40.41	18 493	41.28	2 599	5.80	1 947	4.35	3 655	8.16
上海市	74 948	36.27	93 478	45.28	10 700	5.18	12 400	6.00	15 000	7.26
江苏地区	151 015	39.24	169 321	43.99	20 994	5.45	20 248	5.26	23 315	6.06
浙江地区	129 803	38.55	140 535	41.74	20 452	6.07	17 012	5.05	28 900	8.58
总计	355 718	38.33	403 356	43.46	52 146	5.62	49 660	5.35	67 215	7.24

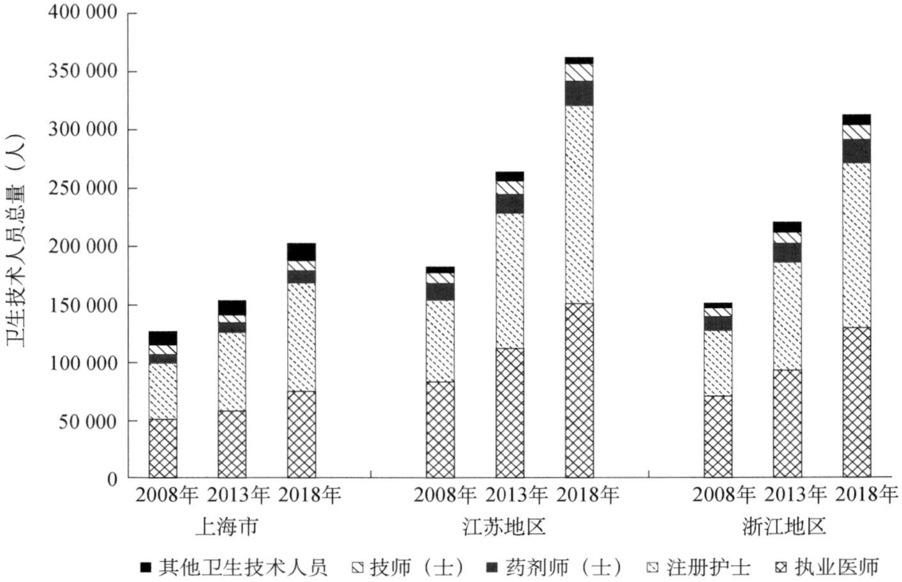

图 2-12　2008 年、2013 年、2018 年各地区主要卫生技术人员总量的比较

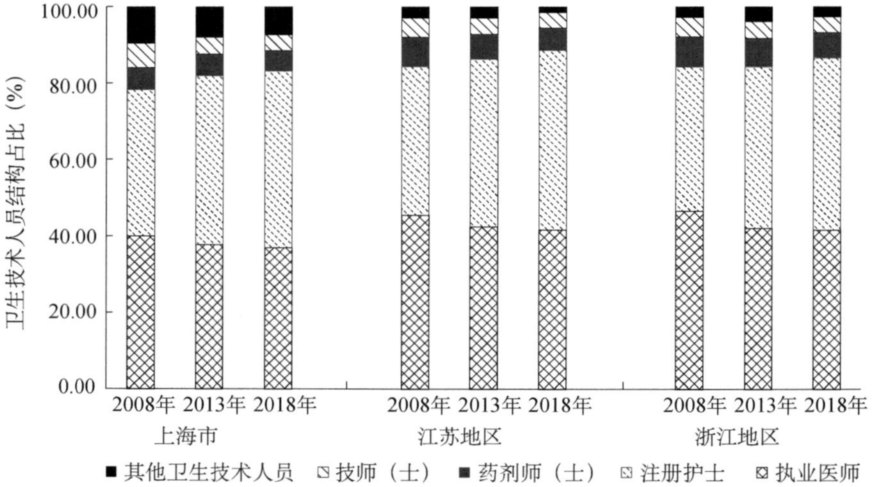

图 2-13　2008 年、2013 年、2018 年各地区主要卫生技术人员结构占比

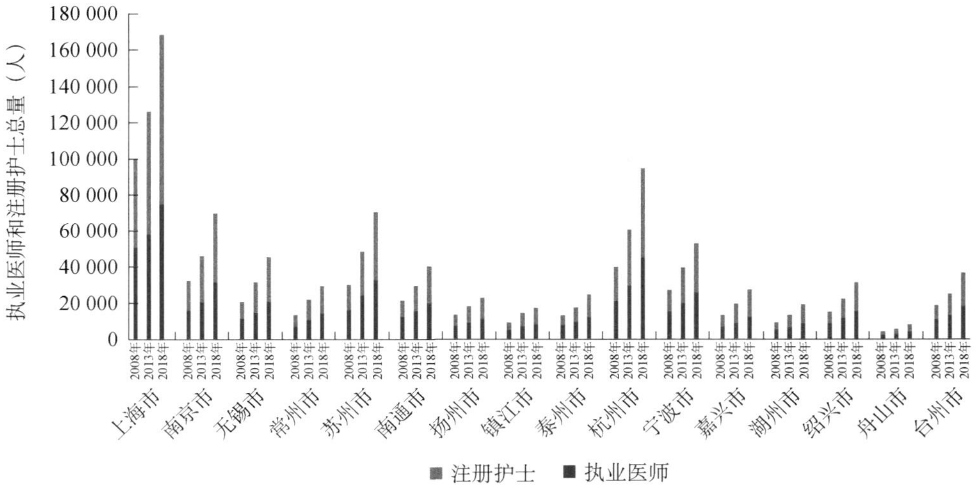

图 2-14　2008 年、2013 年、2018 年长三角核心区 16 个城市执业医师和注册护士总量

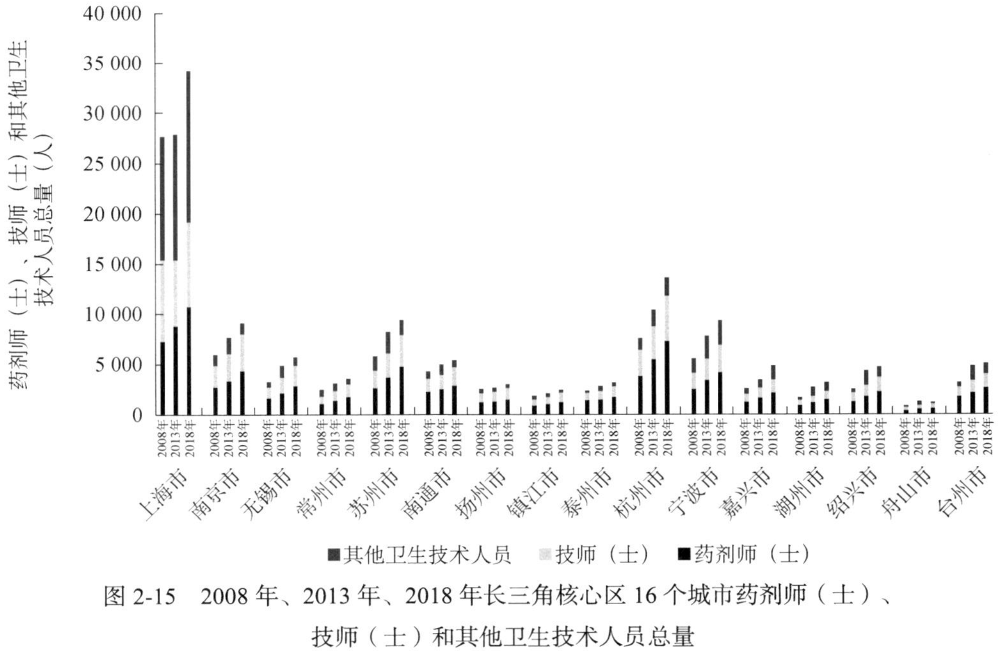

图 2-15　2008 年、2013 年、2018 年长三角核心区 16 个城市药剂师（士）、技师（士）和其他卫生技术人员总量

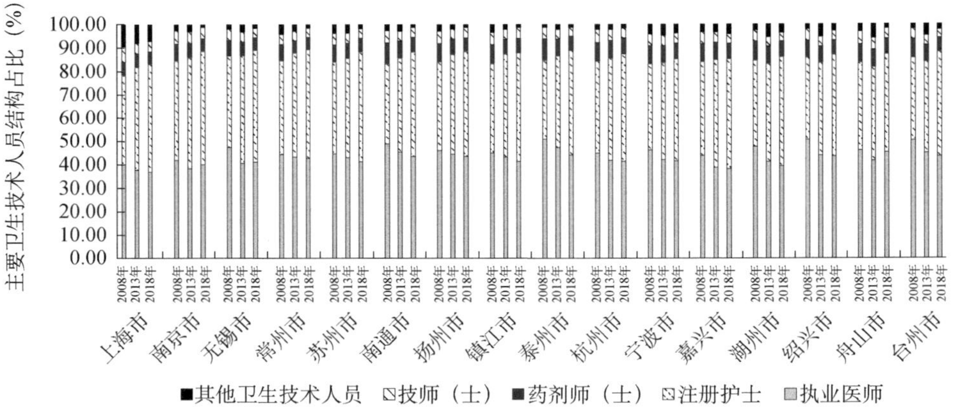

图 2-16　2008 年、2013 年、2018 年长三角核心区 16 个城市主要卫生技术人员结构占比

2.4　卫生资源配置

除各种卫生资源绝对数量能体现卫生事业的发展水平以外，卫生资源的相对配置关系能够更加直观和简洁地衡量区域范围内卫生资源的多寡。使用的统计方法通常是将卫生资源与人口进行比较，或是将各种类别的卫生资源进行比较。常见的统计指标为千人口床位（平均每一千人拥有的床位数量，可以分为总床位、医院床位或其他特种床位等，本报告比较的是总床位数量）、千人口执业医师（平均每一千人拥有的执业医师数量，可以分为含执业助理医师，或不含助理执业医师，本报告比较的是含执业助理医师的数据）、千人口注册护士（平均每一千人拥有的注册护士数量），另外还有床护比（床位和注册护士的比值）、医护比（执业医师与注册护士的比值）。

2.4.1　从数字看形势

2.4.1.1　按户籍人口计算

2018 年，长三角核心区 16 个城市按户籍人口计算的卫生资源配置情况如表 2-15

所示。长三角核心区 16 个城市总体千人口床位平均数为 7.71 张，明显高于平均值水平的有上海市、无锡市、苏州市、杭州市 4 个城市。另有略高于均值的 2 个城市：南京市和嘉兴市。千人口床位数最低的是台州市的 4.93 张，还不到最高值（杭州市，10.49 张）的一半。

2018 年，长三角核心区 16 个城市总体千人口执业医师平均数为 4.01 人，明显高于平均值水平的有上海市、南京市、苏州市、杭州市 4 个城市。另有略高于均值的 3 个城市：无锡市、宁波市、舟山市。千人口执业医师数最低的是泰州市的 2.43 人，仅为最高值（杭州市，5.80 人）的 41.90%。

2018 年，长三角核心区 16 个城市总体千人口注册护士平均数为 4.54 人，明显高于平均值水平的有上海市、南京市、苏州市、杭州市 4 个城市。另有略高于均值的 1 个城市：无锡市。千人口注册护士数最低的是泰州市的 2.47 人，仅为最高值（上海市，6.46 人）的 38.24%。

2018 年，长三角核心区 16 个城市总体床护比均值为 1：0.59，明显高于这个配置水平的有上海市、南京市、宁波市 3 个城市。另有略高于均值的 4 个城市——杭州市、湖州市、舟山市、台州市，以及和均值持平的镇江市。床护比配置最低的是泰州市，为 1：0.44。

2018 年，长三角核心区 16 个城市总体医护比均值为 1：1.13，明显高于这个配置水平的有上海市、南京市、嘉兴市 3 个城市。另有略高于均值的 2 个城市：苏州市、无锡市。医护比配置最低的是舟山市，为 1：0.93。

2018 年，长三角核心区 16 个城市中，上海市、南京市和杭州市是卫生资源配置的高地（图 2-17）。上海市有千人口注册护士和医护比两项指标排名首位，南京市有一项床护比指标排名首位，杭州市有千人口床位和千人口执业医师两项指标排名首位。另外，还有苏州市、无锡市也是卫生资源配置相对集中的城市，四项指标中仅有床护比指标略低于均值、医护比略高于均值，其他三项指标明显高于均值。江苏地区和浙江地区相比较，江苏地区仅有医护比指标高于浙江地区，其余四项指标均低于浙江地区，因此在整体资源配置水平上，江苏地区略低。

表 2-15　2018 年长三角核心区 16 个城市卫生资源配置（按户籍人口计算）

地区	千人口床位（张）	千人口执业医师（人）	千人口注册护士（人）	床护比（1：）	医护比（1：）
上海市	10.17	5.17	6.46	0.64	1.25
南京市	7.89	4.53	5.49	0.70	1.21
无锡市	9.45	4.22	4.90	0.52	1.16

续表

地区	千人口床位（张）	千人口执业医师（人）	千人口注册护士（人）	床护比（1：）	医护比（1：）
常州市	6.97	3.69	4.03	0.58	1.09
苏州市	9.80	4.67	5.34	0.55	1.14
南通市	5.79	2.60	2.68	0.46	1.03
扬州市	5.10	2.45	2.54	0.50	1.04
镇江市	5.77	3.03	3.39	0.59	1.12
泰州市	5.62	2.43	2.47	0.44	1.02
杭州市	10.49	5.80	6.45	0.61	1.11
宁波市	6.42	4.29	4.49	0.70	1.05
嘉兴市	7.76	3.42	4.19	0.54	1.22
湖州市	6.32	3.31	3.91	0.62	1.18
绍兴市	6.11	3.50	3.51	0.57	1.00
舟山市	6.61	4.24	3.95	0.60	0.93
台州市	4.93	2.99	3.05	0.62	1.02
上海市	10.17	5.17	6.46	0.64	1.25
江苏地区	7.23	3.53	3.96	0.55	1.12
浙江地区	7.24	4.12	4.46	0.62	1.08
总计	7.71	4.01	4.54	0.59	1.13

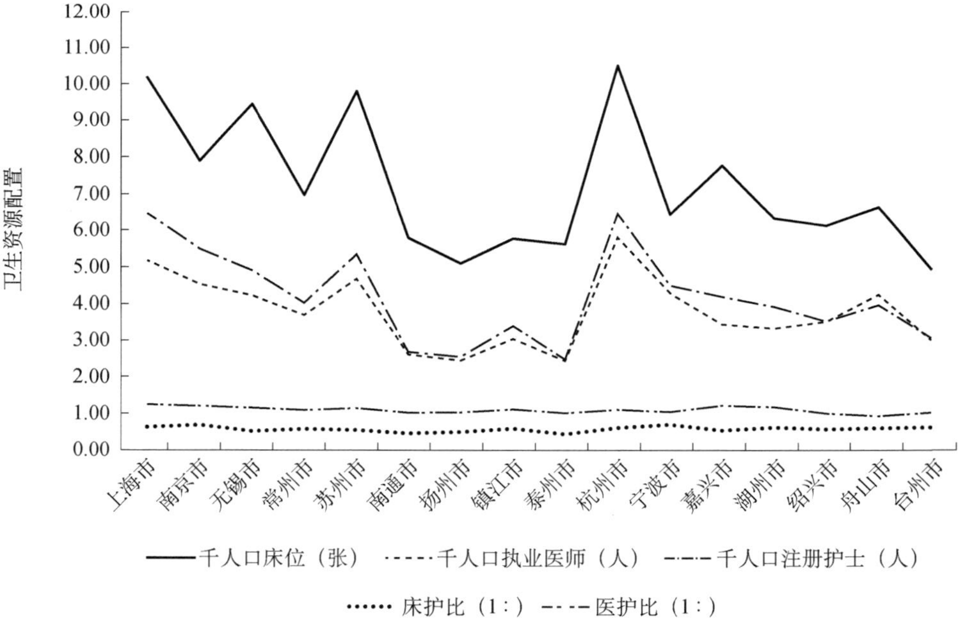

图 2-17　2018 年长三角核心区 16 个城市卫生资源配置（按户籍人口计算）

2.4.1.2 按常住人口计算

2018 年，长三角核心区 16 个城市按常住人口计算的卫生资源配置情况如表 2-16 所示。长三角核心区 16 个城市总体千人口床位平均数为 6.09 张，明显高于均值的有杭州市、无锡市、南京市、苏州市 4 个城市。另有略高于均值的泰州市和略低于均值的上海市和南通市。千人口床位数最低的是宁波市的 4.72 张，是最高值（杭州市，8.28 张）的 57.00%。

2018 年，长三角核心区 16 个城市总体千人口执业医师平均数为 3.16 人，明显高于均值的有南京市、杭州市和舟山市 3 个城市。另有略高于均值的 1 个城市：无锡市。千人口执业医师数最低的是扬州市的 2.47 人，仅为最高值（杭州市，4.58 人）的 53.93%。

表 2-16　2018 年长三角核心区 16 个城市卫生资源配置（按常住人口计算）

地区	千人口床位（张）	千人口执业医师（人）	千人口注册护士（人）	床护比（1：）	医护比（1：）
上海市	6.07	3.09	3.86	0.64	1.25
南京市	6.52	3.74	4.53	0.70	1.21
无锡市	7.14	3.19	3.71	0.52	1.16
常州市	5.64	2.98	3.26	0.58	1.09
苏州市	6.43	3.06	3.51	0.55	1.14
南通市	6.04	2.72	2.79	0.46	1.03
扬州市	5.15	2.47	2.57	0.50	1.04
镇江市	4.89	2.57	2.87	0.59	1.12
泰州市	6.10	2.64	2.69	0.44	1.02
杭州市	8.28	4.58	5.09	0.61	1.11
宁波市	4.72	3.15	3.30	0.70	1.05
嘉兴市	5.92	2.61	3.19	0.54	1.22
湖州市	5.60	2.94	3.47	0.62	1.18
绍兴市	5.43	3.11	3.12	0.57	1.00
舟山市	5.46	3.50	3.26	0.60	0.93
台州市	4.86	2.95	3.01	0.62	1.02
上海市	6.07	3.09	3.86	0.64	1.25
江苏地区	6.16	3.01	3.38	0.55	1.12
浙江地区	6.00	3.41	3.69	0.62	1.08
总计	6.09	3.16	3.59	0.59	1.13

2018 年，长三角核心区 16 个城市总体千人口注册护士平均数为 3.59 人，明显高于均值的有上海市、南京市、无锡市、杭州市 4 个城市。其余城市千人口注册护士数

都低于均值。千人口注册护士数最低的是扬州市的 2.57 人，仅为最高值（杭州市，5.09 人）的 50.49%。

床护比和医护比数值不受人口计算方式影响，同前文所述，此处不再赘述。

按常住人口计算的卫生资源配置指标中，2018 年长三角核心区 16 个城市中的杭州市和南京市是卫生资源配置的高地（图 2-18）。特别是杭州市，每千人口卫生资源的三项指标排名均为首位。南京市每千人口卫生资源的三项指标全部高于均值。上海市仅有千人口注册护士的数量高于均值，其余两项指标都低于均值，说明按照常住人口来计算，上海市的卫生资源的人均数量偏低。类似的城市还有苏州市，每千人口卫生资源的三项指标中仅有千人口床位数高于均值，另外两项都低于均值，说明按常住人口计算，上海市和苏州市在卫生资源配置方面的优势不再明显。对于按常住人口计算的每千人口卫生资源三项指标，江苏地区和浙江地区相比较，江苏地区只有千人口床位数高于浙江地区。所以从整体资源配置水平上来说，依然是江苏地区略低，但差距比按户籍人口计算的要小一些。按常住人口计算的指标中，上海市同江苏地区、浙江地区的对比已经没有明显优势了，除了与注册护士数量有关的千人口注册护士、医护比、床护比三项指标领先两个地区，上海市的其余两项指标均低于长三角核心区 16 个城市的总体平均水平。

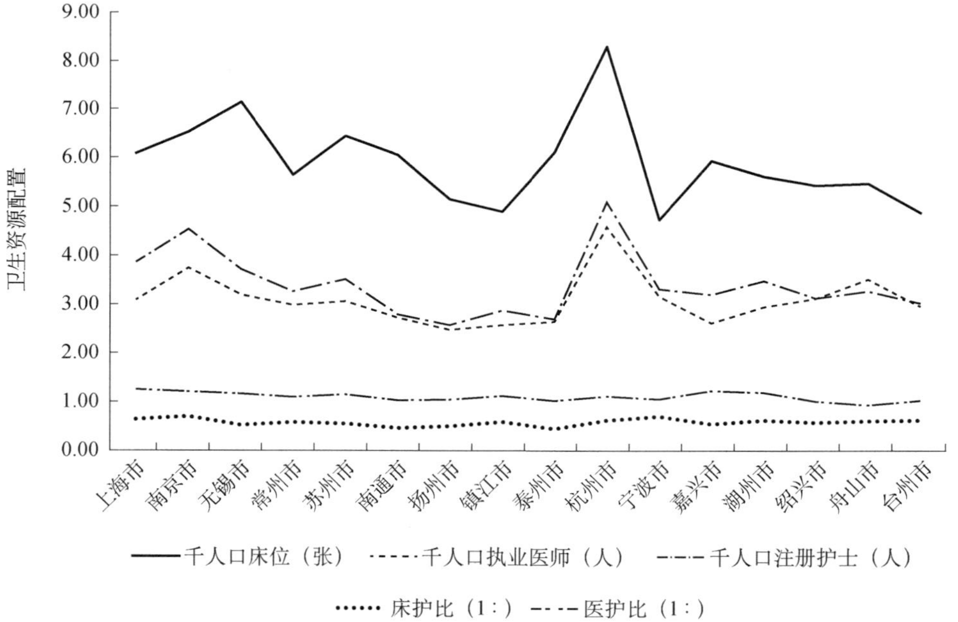

图 2-18　2018 年长三角核心区 16 个城市卫生资源配置（按常住人口计算）

2.4.2 从增速看发展

2.4.2.1 千人口床位

2008～2018 年，长三角核心区 16 个城市按户籍人口计算的千人口床位数据如表 2-17 和图 2-19 所示。

表 2-17 2008～2018 年长三角核心区 16 个城市千人口床位变化情况（按户籍人口计算） （单位：张）

城市	2008 年	2009 年	2010 年	2011 年	2012 年	2013 年	2014 年	2015 年	2016 年	2017 年	2018 年
上海市	7.03	7.12	7.45	7.55	7.68	7.98	8.17	8.51	8.91	9.31	10.17
南京市	4.45	4.74	4.92	5.42	5.92	6.49	6.73	7.14	7.52	7.68	7.89
无锡市	5.14	5.21	5.56	6.15	6.48	7.04	7.34	7.77	8.17	8.76	9.45
常州市	4.21	4.49	4.63	4.67	5.62	5.82	6.41	6.54	6.77	7.04	6.97
苏州市	5.34	5.88	6.15	6.69	7.11	7.90	8.35	8.89	9.32	9.64	9.80
南通市	3.39	3.49	3.69	3.99	4.12	4.34	4.58	4.70	5.11	5.54	5.79
扬州市	3.05	3.36	3.56	3.68	3.86	4.18	4.28	4.36	4.48	4.83	5.10
镇江市	3.22	3.23	3.40	4.02	4.63	5.27	5.33	5.39	5.36	5.62	5.77
泰州市	2.62	2.82	2.96	3.18	3.63	3.93	4.12	4.30	4.59	5.06	5.62
杭州市	5.62	5.89	6.22	6.51	7.06	7.37	7.79	8.79	9.44	10.07	10.49
宁波市	3.90	4.11	4.55	4.71	4.90	5.06	5.28	5.60	5.92	6.25	6.42
嘉兴市	3.82	4.03	4.37	4.74	5.22	5.61	6.04	6.64	6.95	7.42	7.76
湖州市	3.60	3.78	3.90	4.06	4.31	4.60	4.70	5.15	5.33	5.89	6.32
绍兴市	3.20	3.36	3.60	3.83	4.26	4.55	4.75	5.28	5.73	6.06	6.11
舟山市	3.79	3.88	4.19	4.17	4.69	4.75	5.18	5.65	5.66	5.89	6.61
台州市	2.60	2.69	2.83	2.99	3.17	3.38	3.73	4.15	4.47	4.68	4.93

2008～2018 年，长三角核心区除了个别地区和个别年份，以户籍人口计算的千人口床位数量呈现连续上升的趋势。千人口床位增加最多的三个城市是杭州市（4.87 张）、苏州市（4.46 张）和无锡市（4.30 张），增加最少的三个城市是扬州市（2.05 张）、台州市（2.33 张）和南通市（2.40 张）。与 2008 年相比，2018 年的千人口床位增长率最高的三个城市是泰州市（114.77%）、嘉兴市（102.94%）和绍兴市（90.70%），增长率最低的三个城市是上海市（44.65%）、宁波市（64.65%）和常州市（65.49%）。

2008～2018 年，长三角核心区 16 个城市按常住人口计算的千人口床位数据如表 2-18 和图 2-20 所示。

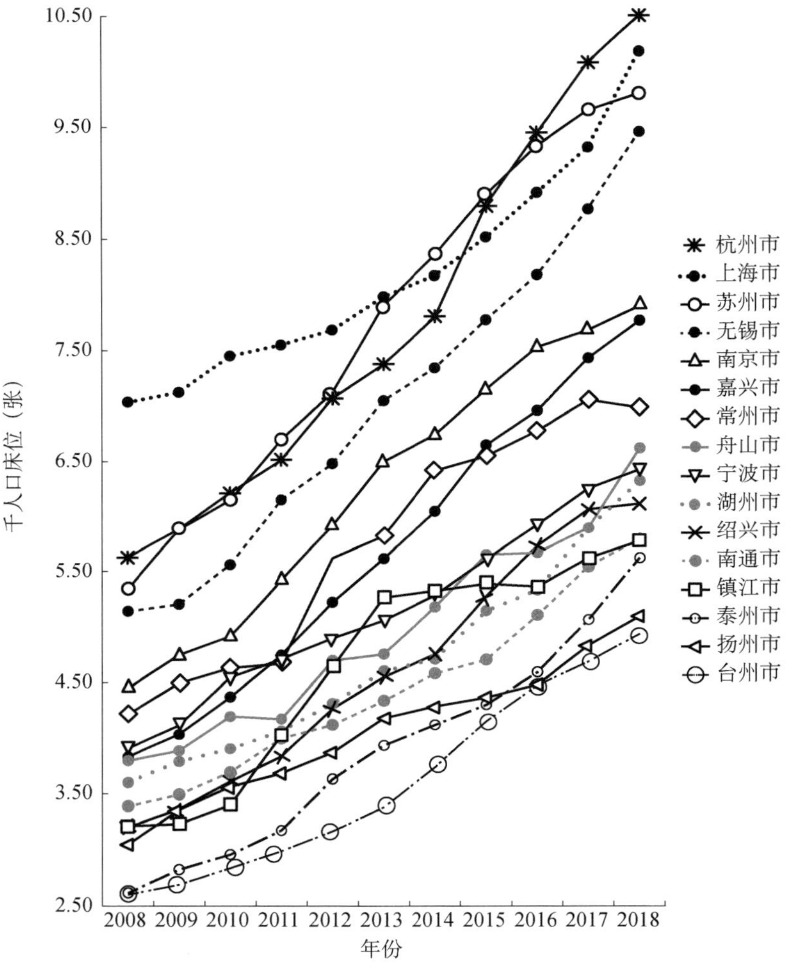

图 2-19　2008～2018 年长三角核心区 16 个城市千人口床位变化情况（按户籍人口计算）

表 2-18　2008～2018 年长三角核心区 16 个城市千人口床位变化情况（按常住人口计算）　（单位：张）

城市	2008 年	2009 年	2010 年	2011 年	2012 年	2013 年	2014 年	2015 年	2016 年	2017 年	2018 年
上海市	4.57	4.51	4.57	4.56	4.61	4.73	4.84	5.09	5.34	5.57	6.07
南京市	3.17	3.37	3.88	4.25	4.63	5.1	5.32	5.66	6.03	6.27	6.52
无锡市	3.36	3.24	4.07	4.47	4.71	5.13	5.38	5.74	6.09	6.59	7.14
常州市	3.16	3.31	3.64	3.64	4.37	4.54	5.03	5.16	5.39	5.66	5.64
苏州市	3.57	3.78	3.74	4.09	4.37	4.88	5.21	5.59	5.94	6.24	6.43

续表

城市	2008 年	2009 年	2010 年	2011 年	2012 年	2013 年	2014 年	2015 年	2016 年	2017 年	2018 年
南通市	3.30	3.40	3.61	3.99	4.32	4.55	4.81	4.94	5.36	5.8	6.04
扬州市	2.98	3.22	3.66	3.79	3.96	4.3	4.41	4.49	4.61	4.93	5.15
镇江市	2.70	2.73	2.96	3.49	3.99	4.52	4.57	4.61	4.58	4.76	4.89
泰州市	2.75	2.98	3.23	3.48	3.97	4.3	4.51	4.7	5.02	5.5	6.1
杭州市	4.78	4.97	4.92	5.18	5.62	5.89	6.27	7.05	7.56	8.02	8.28
宁波市	3.13	3.26	3.43	3.56	3.70	3.83	3.95	4.20	4.44	4.66	4.72
嘉兴市	3.05	3.17	3.32	3.59	3.96	4.26	4.60	5.06	5.31	5.68	5.92
湖州市	3.30	3.44	3.50	3.65	3.87	4.14	4.24	4.60	4.74	5.23	5.60
绍兴市	3.02	3.07	3.22	3.42	3.80	4.38	4.24	4.71	5.10	5.40	5.43
舟山市	3.49	3.44	3.62	3.55	4.00	4.05	4.39	4.78	4.75	4.90	5.46
台州市	2.60	2.68	2.77	2.92	3.12	3.34	3.70	4.10	4.42	4.62	4.86

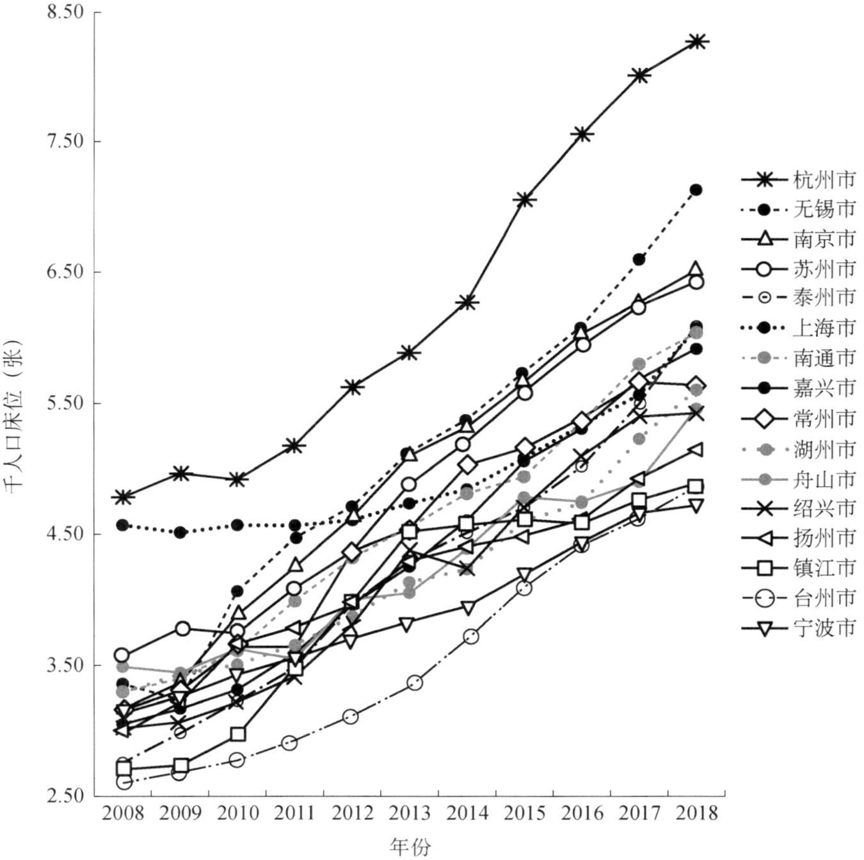

图 2-20　2008～2018 年长三角核心区 16 个城市千人口床位变化情况（按常住人口计算）

2008～2018 年，长三角核心区 16 个城市除了个别城市和个别年份，按常住人口计算的千人口床位数量呈现连续上升的态势。千人口床位增加最多的前三位城市是无锡市（3.78 张）、杭州市（3.50 张）、南京市（3.35 张）和泰州市（3.35 张），增加最少的三个城市是上海市（1.51 张）、宁波市（1.59 张）和舟山市（1.97 张）。与 2008 年相比，2018 年的千人口床位的增长率最高的三个城市是泰州市（121.82%）、无锡市（112.50%）和南京市（105.68%），增长率最低的三个城市是上海市（32.98%）、宁波市（50.64%）和舟山市（56.57%）。

2.4.2.2　千人口执业医师

2008～2018 年，长三角核心区 16 个城市按户籍人口计算的千人口执业医师数据如表 2-19 和图 2-21 所示。

表 2-19　2008～2018 年长三角核心区 16 个城市千人口执业医师变化情况（按户籍人口计算）

（单位：人）

城市	2008 年	2009 年	2010 年	2011 年	2012 年	2013 年	2014 年	2015 年	2016 年	2017 年	2018 年
上海市	3.68	3.65	3.63	3.67	3.80	4.05	4.26	4.37	4.52	4.72	5.17
南京市	2.57	2.63	2.69	2.71	2.99	3.21	3.33	3.41	3.81	4.13	4.53
无锡市	2.44	2.42	2.52	2.62	2.78	3.13	3.26	3.46	3.72	3.98	4.22
常州市	1.98	2.11	2.20	2.30	2.77	2.97	3.09	3.24	3.32	3.46	3.69
苏州市	2.55	2.66	2.86	3.04	3.58	3.72	3.83	3.93	4.08	4.38	4.67
南通市	1.75	1.78	1.89	1.87	1.94	2.03	2.13	2.19	2.34	2.46	2.60
扬州市	1.60	1.71	1.72	1.75	1.92	2.02	2.06	2.13	2.25	2.36	2.45
镇江市	1.88	1.88	2.02	2.09	2.54	2.65	2.76	2.82	2.90	2.99	3.03
泰州市	1.56	1.58	1.63	1.70	1.87	1.88	1.91	2.00	2.22	2.30	2.43
杭州市	3.13	3.33	3.53	3.72	3.92	4.20	4.47	4.81	5.19	5.55	5.80
宁波市	2.66	2.83	3.00	3.18	3.30	3.44	3.59	3.74	3.88	4.07	4.29
嘉兴市	2.06	2.22	2.30	2.35	2.46	2.55	2.67	2.81	2.96	3.20	3.42
湖州市	2.01	2.20	2.26	2.28	2.40	2.50	2.58	2.79	2.88	3.04	3.31
绍兴市	2.04	2.12	2.19	2.29	2.41	2.63	2.71	2.91	3.19	3.40	3.50
舟山市	2.37	2.45	2.61	2.74	2.78	2.93	3.13	3.42	3.52	3.67	4.24
台州市	1.91	1.94	1.98	2.15	2.19	2.25	2.39	2.63	2.77	2.86	2.99

2008～2018 年，长三角核心区 16 个城市除了个别城市和个别年份，按户籍人口计算的千人口执业医师数量呈现连续上升的态势。千人口执业医师增加最多的三个城市是杭州市（2.67 人）、苏州市（2.12 人）和南京市（1.96 人），增加最少的三个城市是扬州市（0.85 人）、南通市（0.85 人）和泰州市（0.87 人）。与 2008 年相比，2018 年的千人口执业医师的增长率最高的三个城市是杭州市（86.45%）、常州市（85.17%）和苏州市（82.99%），增长率最低的三个城市是上海市（40.67%）、南通市（48.69%）和扬州市（52.90%）。

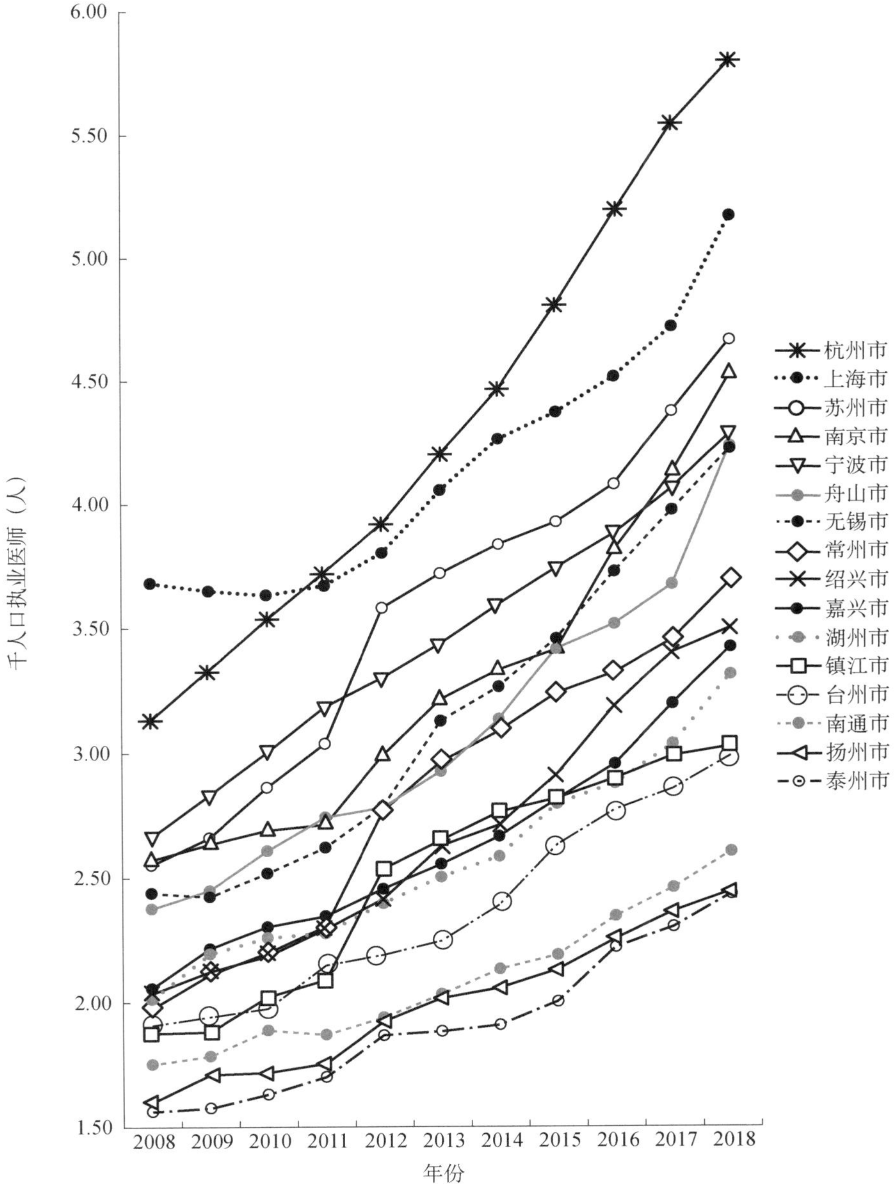

图 2-21　2008～2018 年长三角核心区 16 个城市千人口执业医师变化情况（按户籍人口计算）

2008～2018 年，长三角核心区 16 个城市按常住人口计算的千人口执业医师数据如表 2-20 和图 2-22 所示。

表 2-20　2008～2018 年长三角核心区 16 个城市千人口执业医师变化情况（按常住人口计算）　（单位：人）

城市	2008 年	2009 年	2010 年	2011 年	2012 年	2013 年	2014 年	2015 年	2016 年	2017 年	2018 年
上海市	2.39	2.31	2.23	2.22	2.28	2.40	2.53	2.61	2.71	2.82	3.09
南京市	2.12	2.15	2.12	2.13	2.34	2.52	2.63	2.71	3.06	3.37	3.74
无锡市	1.85	1.82	1.84	1.91	2.02	2.28	2.39	2.55	2.77	2.99	3.19
常州市	1.61	1.71	1.73	1.80	2.15	2.31	2.42	2.55	2.64	2.78	2.98
苏州市	1.76	1.80	1.74	1.86	2.20	2.30	2.39	2.47	2.60	2.83	3.06
南通市	1.75	1.79	1.85	1.87	2.03	2.13	2.24	2.30	2.46	2.57	2.72
扬州市	1.64	1.74	1.77	1.81	1.97	2.08	2.12	2.19	2.32	2.41	2.47
镇江市	1.66	1.65	1.76	1.81	2.18	2.28	2.37	2.41	2.48	2.53	2.57
泰州市	1.69	1.70	1.78	1.86	2.04	2.06	2.09	2.19	2.43	2.50	2.64
杭州市	2.66	2.81	2.80	2.96	3.12	3.36	3.60	3.86	4.15	4.42	4.58
宁波市	2.14	2.25	2.27	2.41	2.49	2.60	2.69	2.80	2.91	3.03	3.15
嘉兴市	1.64	1.74	1.75	1.78	1.86	1.94	2.03	2.14	2.26	2.45	2.61
湖州市	1.85	2.00	2.03	2.05	2.15	2.25	2.33	2.50	2.56	2.70	2.94
绍兴市	1.92	1.94	1.95	2.05	2.15	2.34	2.42	2.60	2.84	3.03	3.11
舟山市	2.19	2.17	2.25	2.33	2.37	2.50	2.66	2.89	2.95	3.07	3.50
台州市	1.91	1.93	1.93	2.10	2.15	2.22	2.37	2.60	2.74	2.82	2.95

2008～2018 年，长三角核心区 16 个城市除了个别城市和个别年份，按常住人口计算的千人口执业医师数量呈现连续上升的态势。千人口执业医师增加最多的三个城市是杭州市（1.92 人）、南京市（1.62 人）和常州市（1.37 人），增加最少的三个城市是上海市（0.70 人）、扬州市（0.83 人）和镇江市（0.91 人）。与 2008 年相比，2018 年的千人口执业医师的增长率最高的三个城市是常州市（85.09%）、南京市（76.42%）和苏州市（73.86%），增长率最低的三个城市是上海市（29.31%）、宁波市（47.30%）和扬州市（50.61%）。

2.4.2.3　千人口注册护士

2008～2018 年，长三角核心区 16 个城市按户籍人口计算的千人口注册护士数据如表 2-21 和图 2-23 所示。

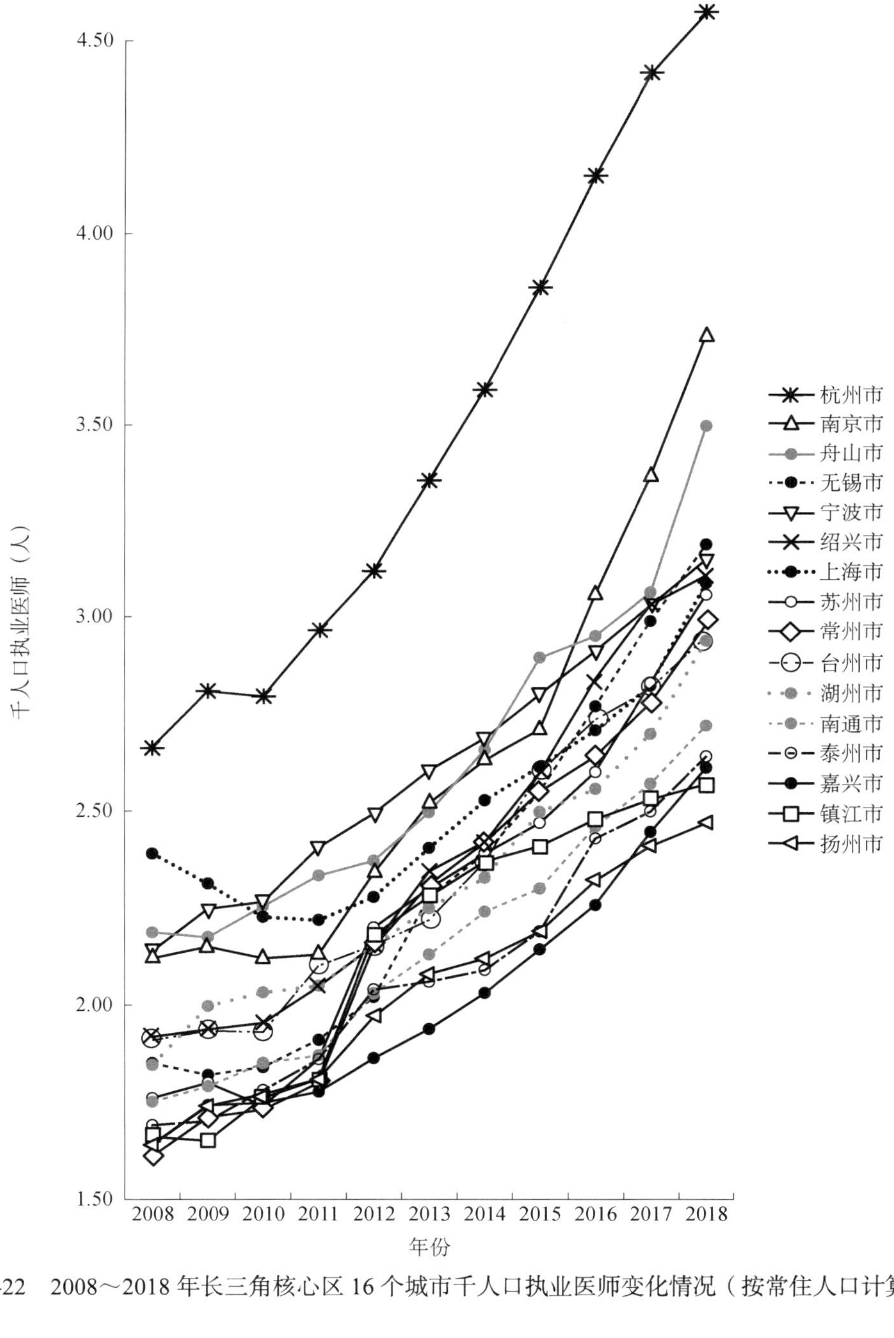

图 2-22　2008～2018 年长三角核心区 16 个城市千人口执业医师变化情况（按常住人口计算）

表 2-21　2008～2018 年长三角核心区 16 个城市千人口注册护士变化情况（按户籍人口计算）（单位：人）

城市	2008 年	2009 年	2010 年	2011 年	2012 年	2013 年	2014 年	2015 年	2016 年	2017 年	2018 年
上海市	3.51	3.73	3.96	4.15	4.43	4.74	5.00	5.23	5.48	5.81	6.46
南京市	2.60	2.81	3.10	3.29	3.59	3.95	4.22	4.42	4.84	5.06	5.49
无锡市	2.03	2.18	2.45	2.75	3.16	3.55	3.74	4.02	4.22	4.56	4.90
常州市	1.80	2.01	2.16	2.36	2.79	3.04	3.18	3.38	3.61	3.78	4.03
苏州市	2.25	2.52	2.77	3.05	3.39	3.69	3.84	4.23	4.53	4.99	5.34
南通市	1.24	1.34	1.45	1.56	1.67	1.81	2.04	2.18	2.37	2.53	2.68
扬州市	1.33	1.46	1.58	1.68	1.80	1.94	2.03	2.16	2.25	2.46	2.54
镇江市	1.60	1.63	1.79	2.07	2.44	2.70	2.80	2.93	3.04	3.22	3.39
泰州市	1.05	1.10	1.15	1.26	1.42	1.56	1.69	1.85	2.00	2.15	2.47
杭州市	2.76	3.07	3.40	3.63	4.05	4.39	4.85	5.28	5.71	6.15	6.45
宁波市	2.14	2.40	2.63	2.88	3.16	3.39	3.57	3.78	4.01	4.22	4.49
嘉兴市	1.89	2.14	2.39	2.64	2.91	3.05	3.27	3.46	3.76	3.91	4.19
湖州市	1.57	1.82	1.91	2.16	2.35	2.55	2.77	3.08	3.27	3.53	3.91
绍兴市	1.42	1.62	1.77	1.94	2.16	2.39	2.51	2.83	3.12	3.37	3.51
舟山市	1.95	2.01	2.21	2.41	2.52	2.80	3.03	3.25	3.44	3.60	3.95
台州市	1.34	1.46	1.56	1.74	1.84	1.96	2.13	2.45	2.70	2.84	3.05

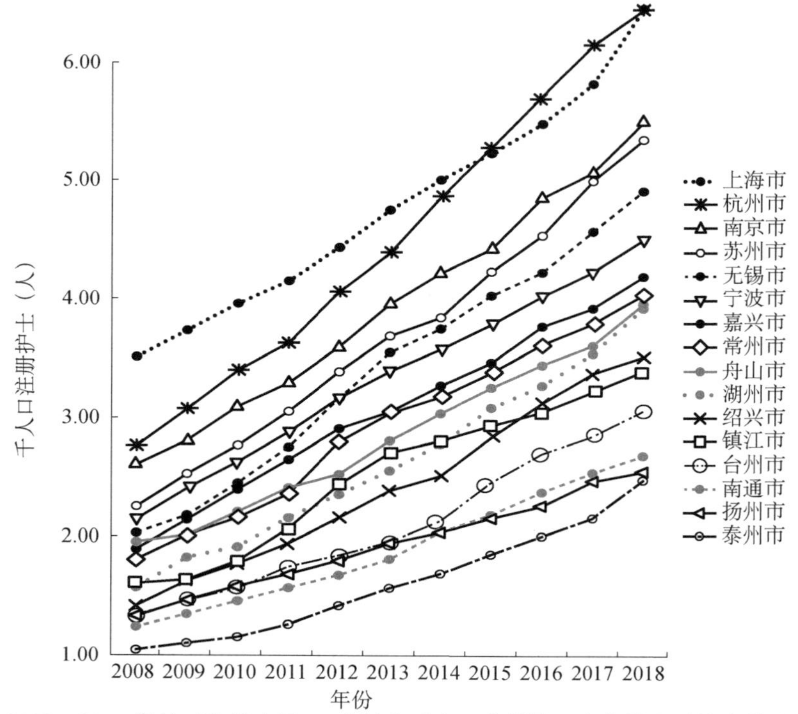

图 2-23　2008～2018 年长三角核心区 16 个城市千人口注册护士变化情况（按户籍人口计算）

2008～2018 年，长三角核心区 16 个城市除了个别城市和个别年份，按户籍人口计算的千人口注册护士数量呈现连续上升的态势。千人口注册护士增加最多的三个城市是杭州市（3.69 人）、苏州市（3.09 人）和上海市（2.95 人），增加最少的三个城市是扬州市（1.22 人）、泰州市（1.43 人）和南通市（1.44 人）。与 2008 年相比，2018 年的千人口注册护士的增长率最高的三个城市是湖州市（149.64%）、绍兴市（147.84%）和无锡市（141.62%），增长率最低的三个城市是上海市（84.02%）、扬州市（91.85%）和舟山市（102.39%）。

2008～2018 年，长三角核心区 16 个城市按常住人口计算的千人口注册护士变化情况如表 2-22 和图 2-24 所示。

表 2-22　2008～2018 年长三角核心区 16 个城市千人口注册护士变化情况（按常住人口计算）　（单位：人）

城市	2008 年	2009 年	2010 年	2011 年	2012 年	2013 年	2014 年	2015 年	2016 年	2017 年	2018 年
上海市	2.28	2.36	2.43	2.51	2.66	2.81	2.97	3.12	3.28	3.47	3.86
南京市	2.14	2.29	2.45	2.58	2.81	3.10	3.33	3.5	3.88	4.13	4.53
无锡市	1.54	1.64	1.79	2.00	2.3	2.58	2.75	2.97	3.14	3.43	3.71
常州市	1.47	1.62	1.69	1.84	2.17	2.37	2.49	2.67	2.88	3.04	3.26
苏州市	1.55	1.71	1.68	1.86	2.08	2.28	2.39	2.66	2.88	3.23	3.51
南通市	1.24	1.35	1.42	1.56	1.75	1.90	2.14	2.29	2.49	2.65	2.79
扬州市	1.36	1.49	1.63	1.73	1.84	2.00	2.10	2.22	2.32	2.51	2.57
镇江市	1.42	1.44	1.56	1.79	2.09	2.32	2.41	2.51	2.6	2.73	2.87
泰州市	1.13	1.19	1.26	1.38	1.55	1.71	1.85	2.02	2.19	2.33	2.69
杭州市	2.35	2.59	2.69	2.89	3.23	3.51	3.91	4.23	4.57	4.89	5.09
宁波市	1.72	1.91	1.98	2.17	2.39	2.57	2.67	2.83	3.01	3.15	3.30
嘉兴市	1.51	1.68	1.82	2.00	2.20	2.31	2.49	2.64	2.87	3.00	3.19
湖州市	1.44	1.66	1.72	1.94	2.11	2.29	2.50	2.75	2.91	3.14	3.47
绍兴市	1.33	1.48	1.58	1.73	1.92	2.13	2.24	2.52	2.78	3.00	3.12
舟山市	1.80	1.79	1.91	2.05	2.15	2.39	2.57	2.75	2.89	3.01	3.26
台州市	1.34	1.45	1.52	1.70	1.81	1.93	2.11	2.42	2.66	2.80	3.01

2008～2018 年，长三角核心区 16 个城市除了个别城市和个别年份，按常住人口计算的千人口注册护士数量呈现连续上升的态势。千人口注册护士增加最多的前三位城市是杭州市（2.74 人）、南京市（2.39 人）和无锡市（2.17 人），增加最少的三个城市是扬州市（1.21 人）、镇江市（1.45 人）和舟山市（1.47 人）。与 2008 年相比，2018

年的千人口注册护士的增长率最高的三个城市是湖州市（141.58%）、无锡市（140.91%）和泰州市（138.05%），增长率最低的三个城市是上海市（69.16%）、舟山市（81.54%）和扬州市（88.97%）。

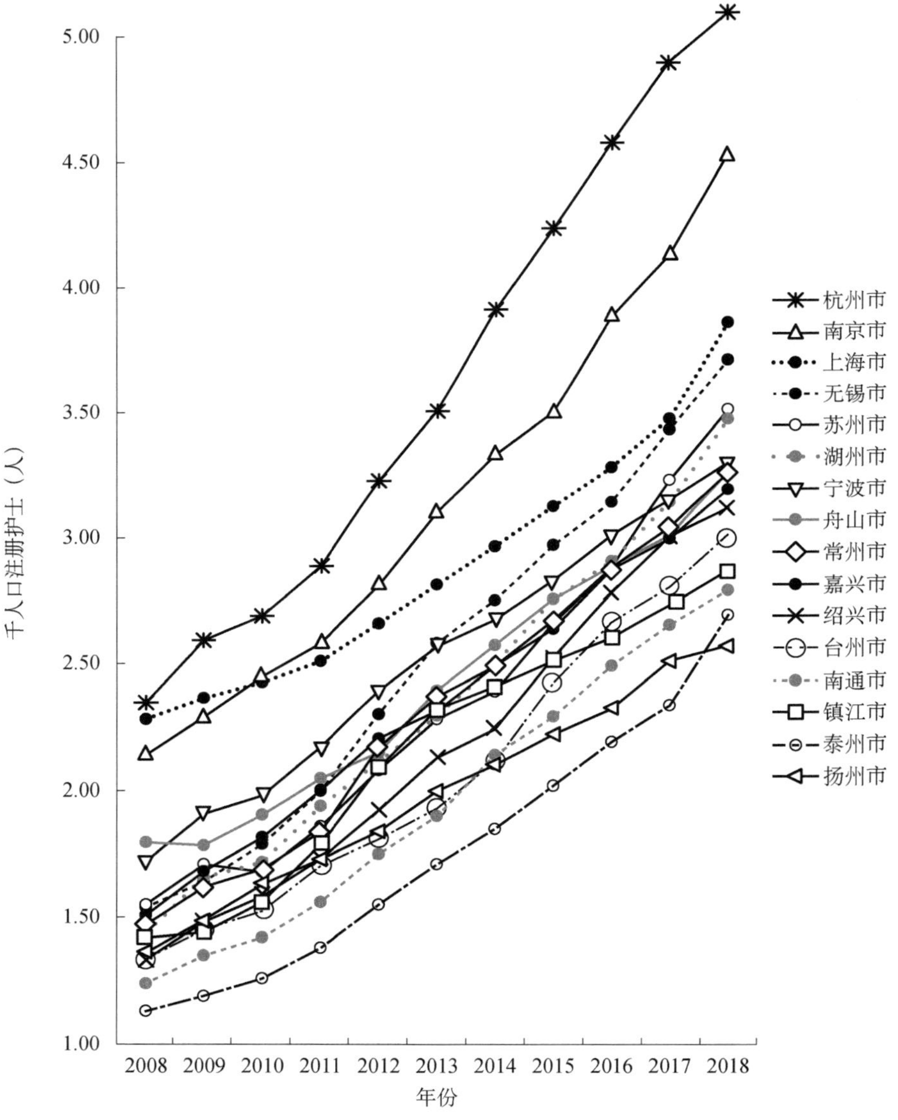

图 2-24　2008～2018 年长三角核心区 16 个城市千人口注册护士变化情况（按常住人口计算）

2.4.2.4 床护比

2008～2018 年，长三角核心区 16 个城市床护比①数据如表 2-23 和图 2-25 所示。

表 2-23　2008～2018 年长三角核心区 16 个城市床护比变化情况

城市	2008 年	2009 年	2010 年	2011 年	2012 年	2013 年	2014 年	2015 年	2016 年	2017 年	2018 年
上海市	0.50	0.52	0.53	0.55	0.58	0.59	0.61	0.61	0.61	0.62	0.64
南京市	0.68	0.68	0.63	0.61	0.61	0.61	0.63	0.62	0.64	0.66	0.70
无锡市	0.46	0.51	0.44	0.45	0.49	0.50	0.51	0.52	0.52	0.52	0.52
常州市	0.47	0.49	0.46	0.51	0.50	0.52	0.50	0.52	0.53	0.54	0.58
苏州市	0.43	0.45	0.45	0.45	0.48	0.47	0.46	0.48	0.48	0.52	0.55
南通市	0.38	0.40	0.39	0.39	0.41	0.42	0.44	0.46	0.46	0.46	0.46
扬州市	0.46	0.46	0.44	0.46	0.46	0.47	0.48	0.49	0.50	0.51	0.50
镇江市	0.53	0.53	0.53	0.51	0.52	0.51	0.53	0.54	0.57	0.57	0.59
泰州市	0.41	0.40	0.39	0.40	0.39	0.40	0.41	0.43	0.44	0.42	0.44
杭州市	0.49	0.52	0.55	0.56	0.57	0.60	0.62	0.60	0.60	0.61	0.61
宁波市	0.55	0.58	0.58	0.61	0.65	0.67	0.68	0.67	0.68	0.68	0.70
嘉兴市	0.49	0.53	0.55	0.56	0.56	0.54	0.54	0.52	0.54	0.53	0.54
湖州市	0.44	0.48	0.49	0.53	0.55	0.55	0.59	0.60	0.61	0.60	0.62
绍兴市	0.44	0.48	0.49	0.51	0.51	0.49	0.53	0.54	0.54	0.56	0.57
舟山市	0.52	0.52	0.53	0.58	0.54	0.59	0.59	0.58	0.61	0.61	0.60
台州市	0.51	0.54	0.55	0.58	0.58	0.58	0.57	0.59	0.60	0.61	0.62

2008～2018 年，长三角核心区 16 个城市的床护比均呈现波动上升的趋势。床护比增加最多的前三位城市是湖州市（0.18）、宁波市（0.15）和上海市（0.14），增加最少的三个城市是南京市（0.02）、泰州市（0.03）和扬州市（0.04）。

2.4.2.5 医护比

2008～2018 年，长三角核心区 16 个城市医护比②数据如表 2-24 和图 2-26 所示。

① 本小节床护比数据表示在床位数为 1 的情况下护士的数量。
② 本小节医护比数据表示在医生数为 1 的情况下护士的数量。

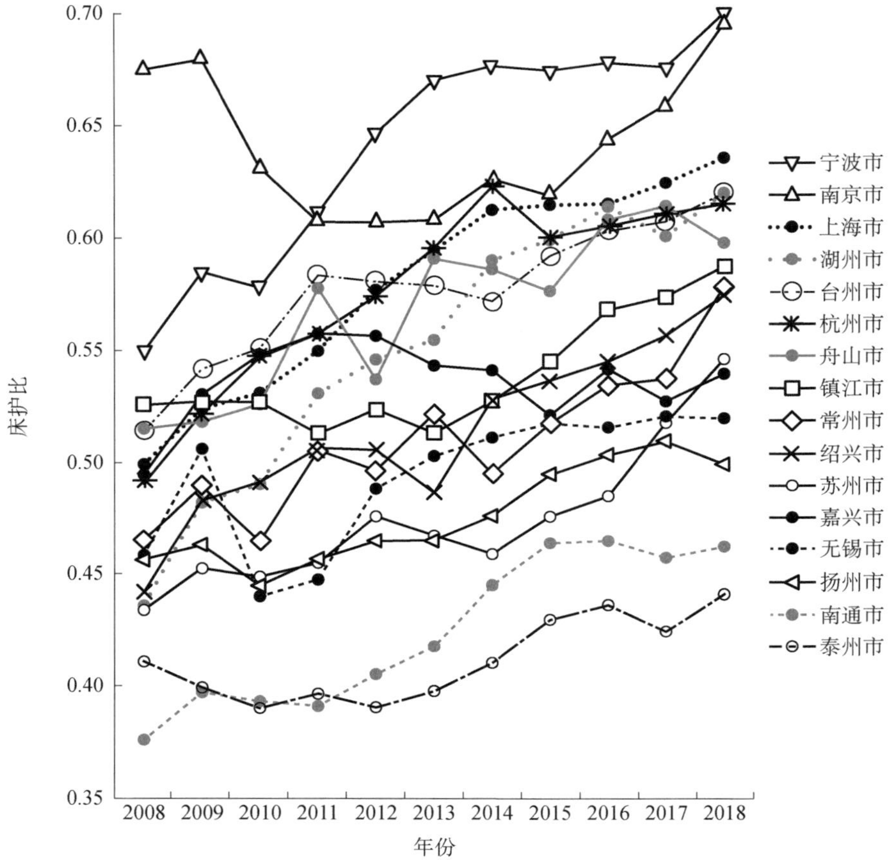

图 2-25　2008～2018 年长三角核心区 16 个城市床护比变化情况

表 2-24　2008～2018 年长三角核心区 16 个城市医护比变化情况

城市	2008 年	2009 年	2010 年	2011 年	2012 年	2013 年	2014 年	2015 年	2016 年	2017 年	2018 年
上海市	0.95	1.02	1.09	1.13	1.17	1.17	1.17	1.20	1.21	1.23	1.25
南京市	1.01	1.07	1.16	1.21	1.20	1.23	1.27	1.29	1.27	1.23	1.21
无锡市	0.83	0.90	0.97	1.05	1.14	1.13	1.15	1.16	1.13	1.15	1.16
常州市	0.91	0.95	0.98	1.02	1.01	1.03	1.03	1.05	1.09	1.09	1.09
苏州市	0.88	0.95	0.97	1.00	0.95	0.99	1.00	1.08	1.11	1.14	1.14
南通市	0.71	0.75	0.77	0.83	0.86	0.89	0.96	1.00	1.01	1.03	1.03
扬州市	0.83	0.86	0.92	0.96	0.93	0.96	0.99	1.01	1.00	1.04	1.04

续表

城市	2008 年	2009 年	2010 年	2011 年	2012 年	2013 年	2014 年	2015 年	2016 年	2017 年	2018 年
镇江市	0.86	0.87	0.89	0.99	0.96	1.02	1.02	1.04	1.05	1.08	1.12
泰州市	0.67	0.70	0.71	0.74	0.76	0.83	0.89	0.92	0.90	0.93	1.02
杭州市	0.88	0.92	0.96	0.97	1.03	1.04	1.09	1.10	1.10	1.11	1.11
宁波市	0.80	0.85	0.87	0.90	0.96	0.99	0.99	1.01	1.03	1.04	1.05
嘉兴市	0.92	0.97	1.04	1.13	1.18	1.19	1.23	1.23	1.27	1.22	1.22
湖州市	0.78	0.83	0.85	0.95	0.98	1.02	1.07	1.10	1.14	1.16	1.18
绍兴市	0.70	0.76	0.81	0.85	0.89	0.91	0.93	0.97	0.98	0.99	1.00
舟山市	0.82	0.82	0.85	0.88	0.91	0.96	0.97	0.95	0.98	0.98	0.93
台州市	0.70	0.75	0.79	0.81	0.84	0.87	0.89	0.93	0.97	1.00	1.02

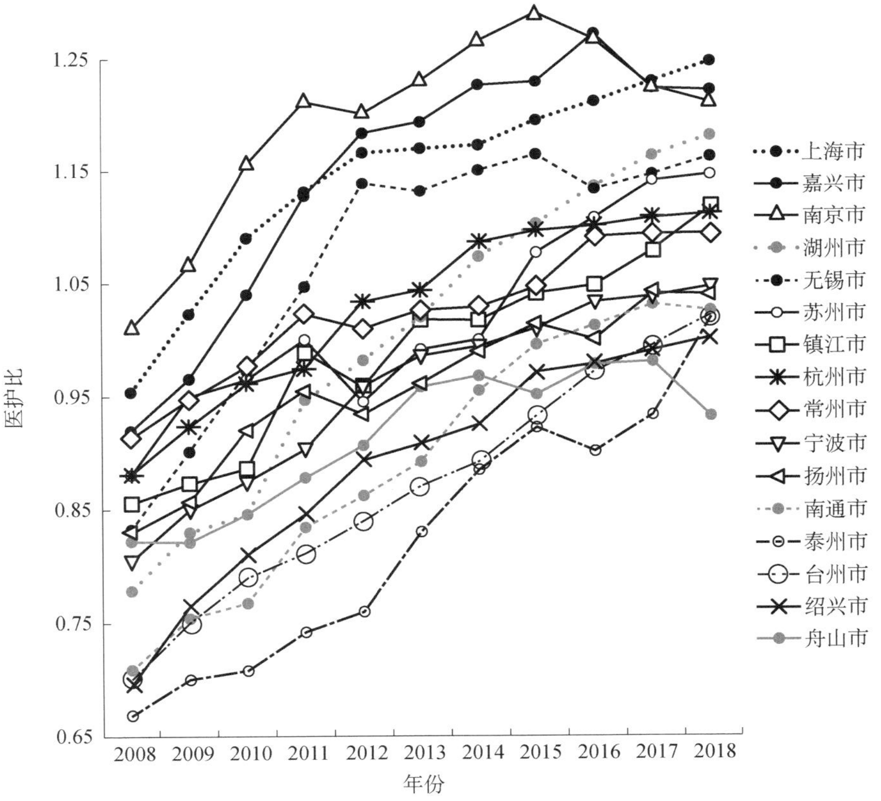

图 2-26　2008～2018 年长三角核心区 16 个城市医护比变化情况

2008～2018 年，长三角核心区 16 个城市的医护比均呈现波动上升的趋势。医护比增加最多的前三位城市是湖州市（0.40）、泰州市（0.35）和无锡市（0.33），增加最少的三个城市是舟山市（0.11）、常州市（0.18）和南京市（0.20）。

3 医疗服务

3.1 诊疗服务

诊疗服务是指医疗卫生机构对患者提供的无床位、不过夜的问诊治疗服务，通常以挂号数量来统计。总诊疗人次包括：①患者来院就诊的门诊、急诊人次；②出诊人次；③单项健康检查及健康咨询指导人次。其中，未挂号就诊、本单位职工就诊及外出诊疗不收取挂号费的，按实际诊疗人次统计；患者一次就诊多次挂号，按实际诊疗次数进行统计；不包括根据医嘱进行的各项检查、治疗、处置工作量。诊疗服务实施简便、快捷、适应性广，其人员和设施占用少，是健康维护和疾病筛查、治疗的基本方法。一定区域内诊疗人次也反映了基础的医疗保健能力。

3.1.1 从诊疗人次总数看形势

2018 年长三角核心区 16 个城市的诊疗服务总数为 1 109 593 735 人次（表 3-1）。从数量看，诊疗人次最多的三个城市为上海市、杭州市和宁波市，诊疗人次最少的三个城市为舟山市、镇江市和泰州市。浙江地区的城市总体诊疗人次普遍较高，浙江地区诊疗人次要大于江苏地区（表 3-1，图 3-1）。

表 3-1 2018 年长三角核心区 16 个城市诊疗人次

地区	2018 年诊疗人次		2018 年比 2008 年增长倍数（倍）	2008～2018 年年均增长率（%）
	总数（人次）	占比（%）		
上海市	276 377 800	24.91	0.81	6.13
南京市	87 132 763	7.85	1.14	7.89
无锡市	55 875 431	5.04	1.10	7.73
常州市	32 075 801	2.89	1.04	7.40
苏州市	99 074 334	8.93	1.11	7.74
南通市	42 260 915	3.81	1.45	9.38
扬州市	25 933 606	2.34	1.06	7.49
镇江市	24 459 591	2.20	1.16	8.01
泰州市	25 676 397	2.31	1.09	7.63

续表

地区	2018 年诊疗人次		2018 年比 2008 年增长倍数（倍）	2008～2018 年年均增长率（%）
	总数（人次）	占比（%）		
杭州市	138 744 283	12.50	1.25	8.46
宁波市	105 799 057	9.53	0.99	7.14
嘉兴市	42 399 740	3.82	1.01	7.24
湖州市	28 930 520	2.61	1.29	8.62
绍兴市	51 046 824	4.60	1.29	8.64
舟山市	13 460 310	1.21	1.30	8.69
台州市	60 346 363	5.44	1.47	9.46
上海市	276 377 800	24.91	0.81	6.13
江苏地区	392 488 838	35.37	1.14	7.90
浙江地区	440 727 097	39.72	1.19	8.17
总计	1 109 593 735	100.00	1.07	7.53

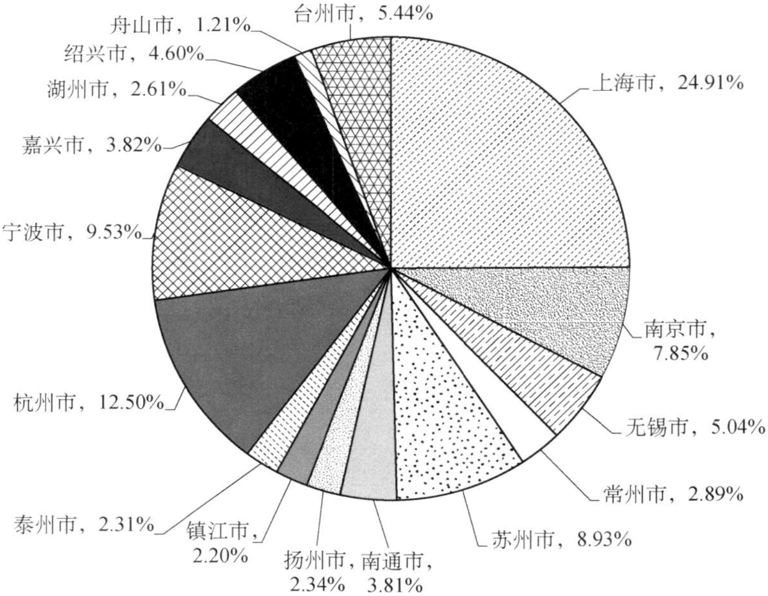

图 3-1　2018 年长三角核心区 16 个城市诊疗人次分布占比

2008～2018 年，长三角核心区 16 个城市诊疗人次年均增长率如图 3-2 所示，16 个城市的诊疗人次均呈现增长态势。其中，增长最快的三个城市是台州市（9.46%）、南通市（9.38%）、舟山市（8.69%），增速较慢的是上海市（6.13%）、宁波市（7.14%）和嘉兴市（7.24%）。

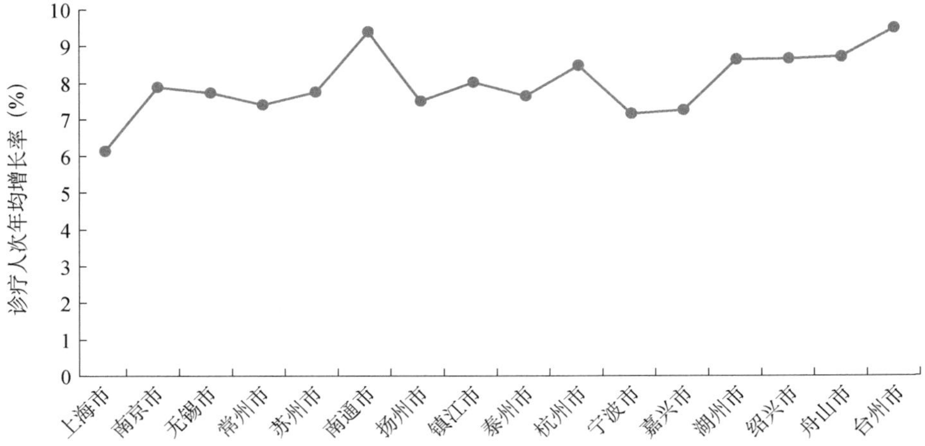

图 3-2　2008～2018 年长三角核心区 16 个城市诊疗人次年均增长率

3.1.2　从门急诊人次的增速看发展

医院门急诊服务是面向公众承担医疗救护功能的主要方式，也是成本最低、可及性最好的服务项目。门急诊人次反映了各个地区医疗资源的开放程度和利用情况，2008～2018 年长三角核心区 16 个城市医院门急诊人次如表 3-2 所示。

表 3-2　2008～2018 年长三角核心区 16 个城市医院门急诊人次　（单位：人次）

城市	2008 年	2009 年	2010 年	2011 年	2012 年	2013 年
上海市	150 351 400	171 116 700	188 585 000	199 649 700	211 142 900	224 235 300
南京市	39 879 569	45 231 100	47 392 991	49 923 790	56 524 010	60 523 344
无锡市	25 627 194	28 078 830	30 530 465	31 831 073	37 033 778	41 234 843
常州市	14 891 362	18 117 800	17 310 810	18 758 684	23 123 108	25 023 108
苏州市	46 156 727	52 706 700	58 582 355	62 496 792	71 272 975	77 373 334
南通市	16 876 762	18 193 500	18 989 102	20 711 086	31 486 951	36 100 502
扬州市	12 359 610	13 984 500	14 617 224	15 841 588	22 457 231	23 834 518
镇江市	10 835 994	12 524 600	15 031 040	16 740 372	19 729 819	21 576 941

续表

城市	2008 年	2009 年	2010 年	2011 年	2012 年	2013 年
泰州市	12 005 878	10 445 412	13 300 766	15 047 945	21 912 024	23 621 242
杭州市	59 889 424	69 719 923	76 579 498	92 069 872	104 258 104	104 407 341
宁波市	51 860 299	59 959 468	62 018 479	72 551 091	78 880 856	80 598 215
嘉兴市	20 954 073	23 916 897	25 188 562	28 279 790	30 621 014	32 459 878
湖州市	12 464 889	14 832 075	16 051 497	19 207 397	21 270 529	23 095 348
绍兴市	17 178 600	21 237 049	24 563 256	30 798 834	34 557 523	36 491 250
舟山市	5 714 729	6 248 452	6 858 294	8 662 673	9 220 430	9 796 182
台州市	24 063 915	27 156 307	27 535 867	37 238 235	42 386 052	42 648 822

城市	2014 年	2015 年	2016 年	2017 年	2018 年
上海市	240 432 600	247 488 300	249 400 700	257 282 200	260 822 000
南京市	67 038 217	70 099 313	72 766 658	80 889 988	85 085 894
无锡市	46 761 451	48 559 028	49 755 726	53 850 927	54 906 017
常州市	28 215 944	28 035 125	27 682 864	29 437 392	30 533 619
苏州市	85 967 673	89 679 065	91 447 696	94 737 864	96 800 626
南通市	39 356 584	39 075 099	39 407 501	40 639 134	41 616 876
扬州市	25 664 968	25 918 158	25 715 758	27 502 718	25 239 367
镇江市	22 844 793	23 263 826	22 805 728	23 715 124	23 882 071
泰州市	24 830 081	24 045 167	23 775 909	24 289 837	24 832 713
杭州市	111 820 870	114 621 366	118 398 489	125 239 863	134 888 727
宁波市	87 026 432	88 948 293	92 151 478	98 301 218	104 451 745
嘉兴市	34 942 332	36 007 602	39 901 257	47 863 773	41 529 306
湖州市	25 538 654	26 376 341	27 767 752	28 362 832	28 454 330
绍兴市	40 985 319	42 796 501	44 483 257	46 692 965	50 072 293
舟山市	10 882 473	11 158 517	11 738 381	12 711 068	13 333 633
台州市	46 697 613	46 498 295	50 880 415	54 466 674	59 083 188

注：从 2011 年起，浙江 7 市数据范围包含村卫生室。

2008～2018 年，长三角核心区 16 个城市的门急诊人次均呈明显上升态势。其中，增长量最大的三个城市是上海市、杭州市和宁波市，年均增长率最高的三个城市是绍兴市、南通市、台州市。增长量最小的三个城市是舟山市、泰州市和扬州市，年均增长率最低的三个城市是上海市、嘉兴市和宁波市（图 3-3、图 3-4）。

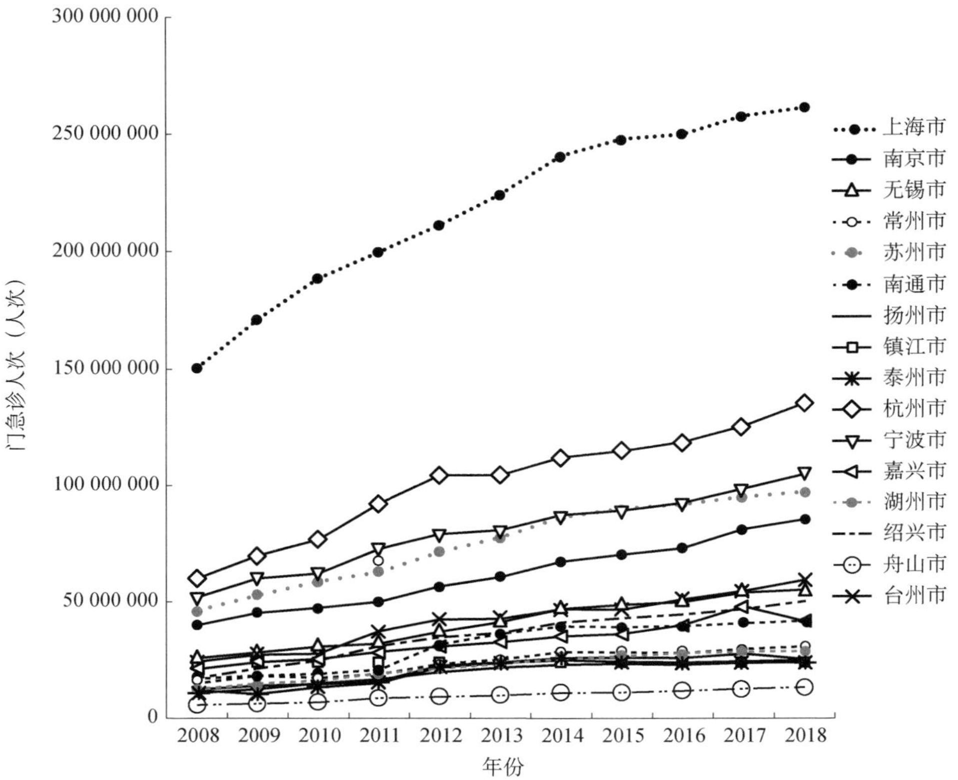

图 3-3　2008～2018 年长三角核心区 16 个城市门急诊人次

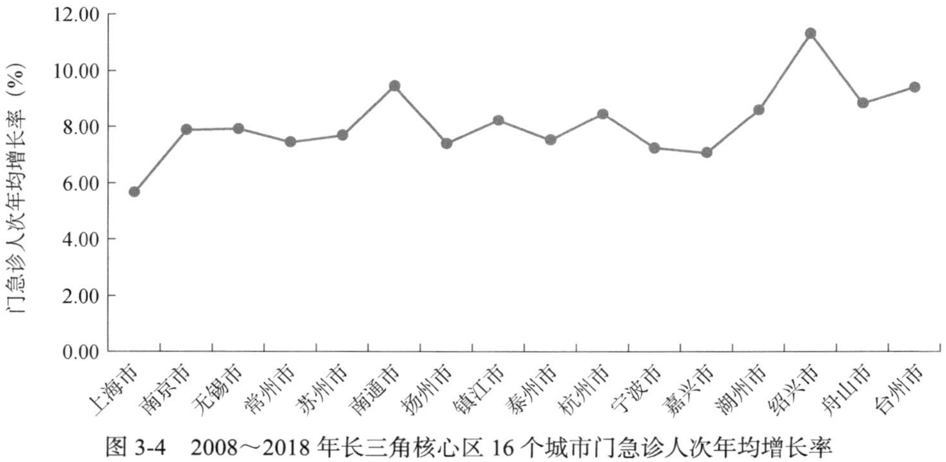

图 3-4　2008～2018 年长三角核心区 16 个城市门急诊人次年均增长率

3.1.3 从诊疗服务结构看效能

按时间地点区分，诊疗服务主要可以分为门诊服务、急诊服务和家庭卫生服务和其他服务。门急诊服务是医疗卫生机构在固定的行医场所内提供的诊疗服务，其中门诊服务时间覆盖正常工作日的办公时间，急诊是24小时全覆盖的服务。家庭卫生服务是指医生赴患者家中提供医疗、预防和保健服务，服务地点分散。门诊服务可以让患者择期预约，急诊则需要备班应对突发情况，家庭卫生服务还要考虑巡访线路。三种主要类型的服务反映了针对不同类型患者的服务数量，其他服务则包含体检、宣教、咨询等更加多样化的项目。比较这几个类型服务数量，可以了解各地医疗资源的配置特点和医疗卫生机构的运营效能。2008年、2013年、2018年长三角核心区16个城市分类诊疗人次见表3-3至表3-5。

表3-3　2008年长三角核心区16个城市分类诊疗人次　　（单位：人次）

城市	诊疗服务	门诊服务	急诊服务	家庭卫生服务	其他服务
上海市	191 389 200	176 479 000	12 106 000	1 212 200	1 592 000
南京市	40 787 974	36 980 397	2 899 199	284 016	624 362
无锡市	26 548 520	23 673 696	1 953 498	368 120	553 206
常州市	15 715 457	13 267 713	1 623 649	5 645	818 450
苏州市	46 988 878	43 342 191	2 814 536	113 516	718 635
南通市	17 238 509	15 953 317	923 445	75 500	286 247
扬州市	12 592 759	11 552 042	807 568	45 949	187 200
镇江市	11 315 262	10 102 307	733 687	43 701	435 567
泰州市	12 306 397	11 329 046	676 832	113 018	187 501
杭州市	61 577 112	55 732 200	4 157 224	434 997	1 252 691
宁波市	53 065 471	48 551 921	3 308 378	243 285	961 887
嘉兴市	21 071 374	19 638 411	1 315 662	13 695	103 606
湖州市	12 659 054	11 490 405	974 484	74 939	119 226
绍兴市	22 296 568	15 683 258	1 495 342	139 988	4 977 980
舟山市	5 849 821	5 327 804	386 925	75 236	59 856
台州市	24 446 307	21 844 427	2 219 488	74 953	307 439

注：缺少上海市2008年细分数据，用2010年数据代替，本节余同。

表 3-4 2013 年长三角核心区 16 个城市分类诊疗人次 （单位：人次）

城市	诊疗服务	门诊服务	急诊服务	家庭卫生服务	其他服务
上海市	240 932 800	209 692 900	14 542 400	1 395 700	15 301 800
南京市	62 006 497	55 946 176	4 577 168	534 970	948 183
无锡市	42 533 975	37 924 004	3 310 839	593 603	705 529
常州市	26 440 174	22 454 510	2 568 598	146 397	1 270 669
苏州市	79 727 683	71 516 863	5 856 471	744 849	1 609 500
南通市	37 186 440	34 341 631	1 758 871	75 572	1 010 366
扬州市	24 429 712	22 491 978	1 342 540	41 456	553 738
镇江市	22 361 176	20 260 380	1 316 561	280 461	503 774
泰州市	24 940 896	22 576 548	1 044 694	86 130	1 233 524
杭州市	106 625 049	96 987 977	7 419 364	410 780	1 806 928
宁波市	82 182 495	75 184 777	5 413 438	157 190	1 427 090
嘉兴市	32 899 148	30 211 372	2 248 506	39 234	400 036
湖州市	23 664 436	20 329 501	2 765 847	259 778	309 310
绍兴市	37 667 758	33 307 243	3 184 007	127 298	1 049 210
舟山市	10 043 027	9 027 449	768 733	36 915	209 930
台州市	43 301 993	38 724 617	3 924 205	31 784	621 387

表 3-5 2018 年长三角核心区 16 个城市分类诊疗人次 （单位：人次）

城市	诊疗服务	门诊服务	急诊服务	家庭卫生服务	其他服务
上海市	276 377 800	243 071 300	17 750 700	740 838	14 814 962
南京市	87 132 763	78 340 510	6 745 384	816 734	1 230 135
无锡市	55 875 431	49 510 715	5 395 302	311 442	657 972
常州市	32 075 801	26 835 564	3 698 055	291 728	1 250 454
苏州市	99 074 334	88 353 468	8 447 158	1 080 772	1 192 936
南通市	42 260 915	39 032 992	2 583 884	42 503	601 536
扬州市	25 933 606	23 504 375	1 734 992	144 844	549 395
镇江市	24 459 591	22 289 507	1 592 564	98 791	478 729
泰州市	25 676 397	23 427 713	1 405 000	285 700	557 984
杭州市	138 744 283	125 645 943	9 242 784	287 172	3 568 384
宁波市	105 799 057	97 502 822	6 948 923	132 534	1 214 778
嘉兴市	42 399 740	38 341 235	3 188 071	22 983	847 451
湖州市	28 930 520	25 820 491	2 633 839	32 160	444 030
绍兴市	51 046 824	45 673 984	4 398 309	31 677	942 854
舟山市	13 460 310	12 357 198	976 435	10 929	115 748
台州市	60 346 363	54 917 843	4 165 345	10 034	1 253 141

比较 2008 年、2013 年、2018 年长三角核心区 16 个城市的门诊人次（图 3-5），各城市的门诊人次均连续上升，其中南通市、扬州市、镇江市、泰州市在 2013～2018

年的增长率较低，增速明显放缓。

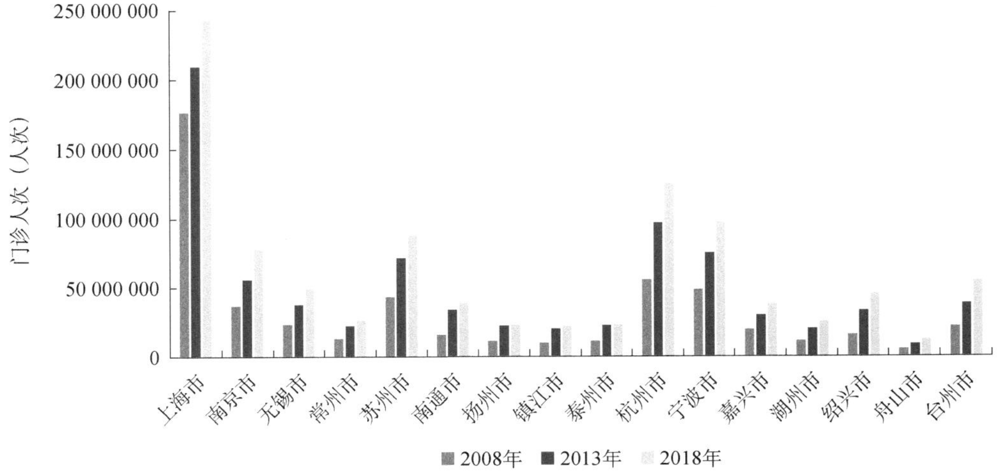

图 3-5　2008 年、2013 年、2018 年长三角核心区 16 个城市门诊人次

比较 2008 年、2013 年、2018 年长三角核心区 16 个城市的急诊人次（图 3-6），各城市的急诊人次大多连续上升，其中台州市 2013～2018 年增长率较低，增速明显放缓。只有湖州市 2018 年急诊人次低于 2013 年。

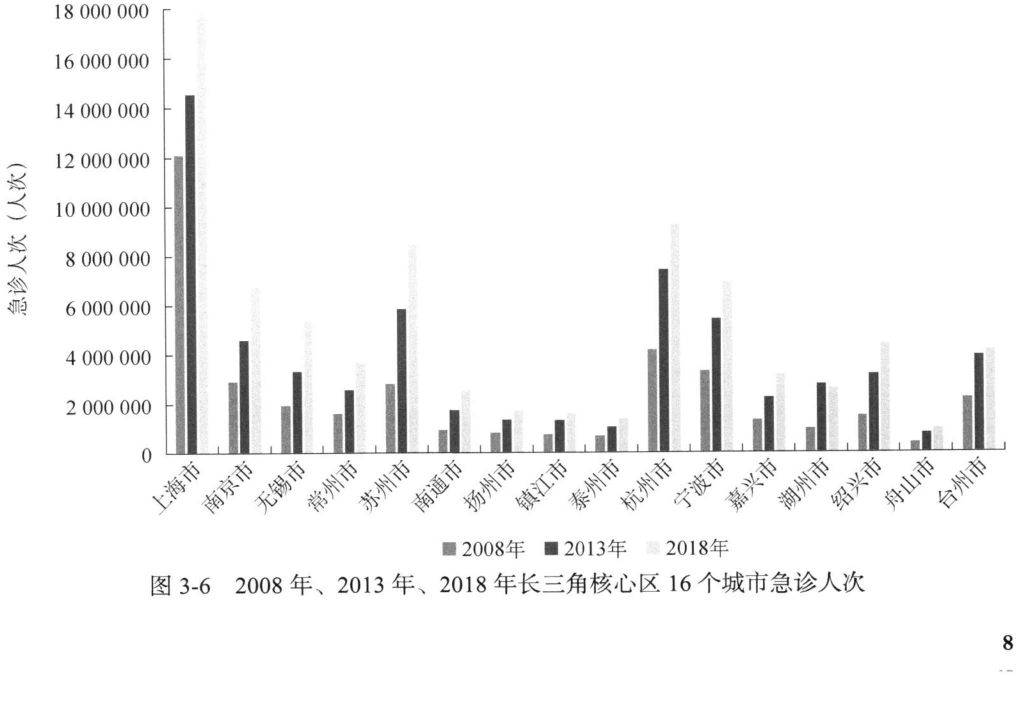

图 3-6　2008 年、2013 年、2018 年长三角核心区 16 个城市急诊人次

比较 2008 年、2013 年、2018 年长三角核心区 16 个城市的享受家庭卫生服务人次情况（图 3-7）。其中，家庭卫生服务人次连续上升的城市有：南京市、常州市、苏州市。家庭卫生服务人次先上升后下降的城市有：上海市、无锡市、南通市、镇江市、嘉兴市、湖州市。家庭卫生服务人次连续下降的城市有：杭州市、宁波市、绍兴市、舟山市、台州市。家庭卫生服务人次先下降后上升的城市有：扬州市、泰州市。

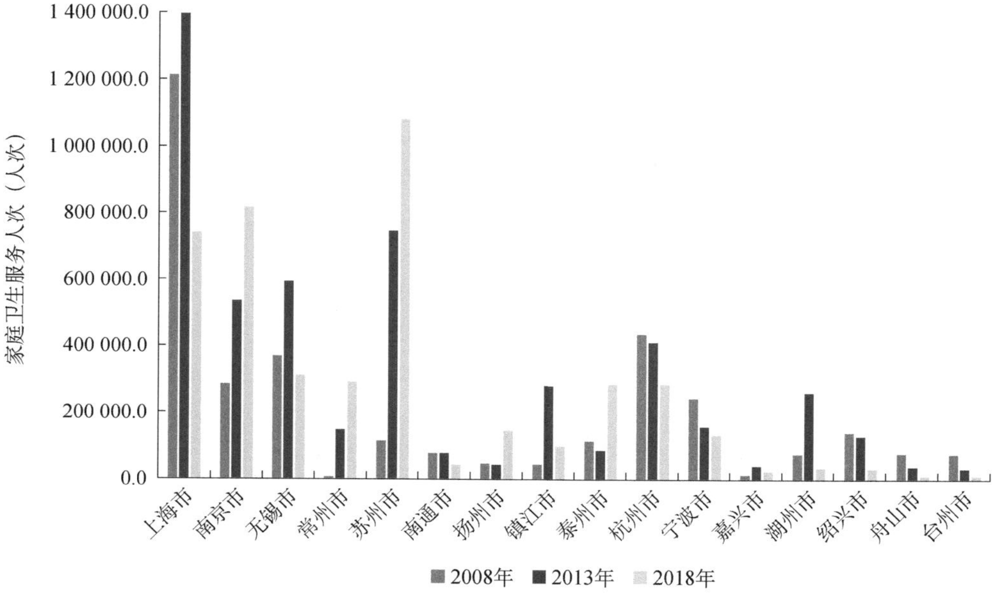

图 3-7　2008 年、2013 年、2018 年长三角核心区 16 个城市家庭卫生服务人次

门诊服务、急诊服务和家庭卫生服务满足不同的诊疗服务需求：绝大多数的诊疗服务需求可以通过择期的门诊服务来满足，少数急症患者需要 24 小时值守的急诊服务，极少数不方便外出的患者需要家庭卫生服务。2008 年、2013 年、2018 年长三角核心区 16 个城市分类诊疗人次占比数据见表 3-6 至表 3-8。

表 3-6　2008 年长三角核心区 16 个城市分类诊疗人次占比　（%）

城市	诊疗服务	门诊服务	急诊服务	家庭卫生服务	其他服务
上海市	100.00	92.21	6.33	0.63	0.83
南京市	100.00	90.66	7.11	0.70	1.53
无锡市	100.00	89.17	7.36	1.39	2.08
常州市	100.00	84.42	10.33	0.04	5.21
苏州市	100.00	92.24	5.99	0.24	1.53

续表

城市	诊疗服务	门诊服务	急诊服务	家庭卫生服务	其他服务
南通市	100.00	92.54	5.36	0.44	1.66
扬州市	100.00	91.74	6.41	0.36	1.49
镇江市	100.00	89.28	6.48	0.39	3.85
泰州市	100.00	92.06	5.50	0.92	1.52
杭州市	100.00	90.51	6.75	0.71	2.03
宁波市	100.00	91.49	6.23	0.46	1.81
嘉兴市	100.00	93.20	6.24	0.06	0.49
湖州市	100.00	90.77	7.70	0.59	0.94
绍兴市	100.00	70.34	6.71	0.63	22.33
舟山市	100.00	91.08	6.61	1.29	1.02
台州市	100.00	89.36	9.08	0.31	1.26

表 3-7　2013 年长三角核心区 16 个城市分类诊疗人次占比　（%）

城市	诊疗服务	门诊服务	急诊服务	家庭卫生服务	其他服务
上海市	100.00	87.03	6.04	0.58	6.35
南京市	100.00	90.23	7.38	0.86	1.53
无锡市	100.00	89.16	7.78	1.40	1.66
常州市	100.00	84.93	9.71	0.55	4.81
苏州市	100.00	89.70	7.35	0.93	2.02
南通市	100.00	92.35	4.73	0.20	2.72
扬州市	100.00	92.07	5.50	0.17	2.27
镇江市	100.00	90.61	5.89	1.25	2.25
泰州市	100.00	90.52	4.19	0.35	4.95
杭州市	100.00	90.96	6.96	0.39	1.69
宁波市	100.00	91.49	6.59	0.19	1.74
嘉兴市	100.00	91.83	6.83	0.12	1.22
湖州市	100.00	85.91	11.69	1.10	1.31
绍兴市	100.00	88.42	8.45	0.34	2.79
舟山市	100.00	89.89	7.65	0.37	2.09
台州市	100.00	89.43	9.06	0.07	1.44

表 3-8　2018 年长三角核心区 16 个城市分类诊疗人次占比　（%）

城市	诊疗服务	门诊服务	急诊服务	家庭卫生服务	其他服务
上海市	100.00	87.95	6.42	0.27	5.36
南京市	100.00	89.91	7.74	0.94	1.41
无锡市	100.00	88.61	9.66	0.56	1.18
常州市	100.00	83.66	11.53	0.91	3.90
苏州市	100.00	89.18	8.53	1.09	1.20
南通市	100.00	92.36	6.11	0.10	1.42
扬州市	100.00	90.63	6.69	0.56	2.12

续表

城市	诊疗服务	门诊服务	急诊服务	家庭卫生服务	其他服务
镇江市	100.00	91.13	6.51	0.40	1.96
泰州市	100.00	91.24	5.47	1.11	2.17
杭州市	100.00	90.56	6.66	0.21	2.57
宁波市	100.00	92.16	6.57	0.13	1.15
嘉兴市	100.00	90.43	7.52	0.05	2.00
湖州市	100.00	89.25	9.10	0.11	1.53
绍兴市	100.00	89.47	8.62	0.06	1.85
舟山市	100.00	91.80	7.25	0.08	0.86
台州市	100.00	91.00	6.90	0.02	2.08

比较 2008 年、2013 年、2018 年长三角核心区 16 个城市的门诊服务占比，大多数城市的门诊服务占比在 90%以上（图 3-8）。常州市、2018 年的无锡市和 2013 年的湖州市急诊服务占比较高，在 10%左右。其余市各年份的急诊服务占比在 10%以下（图 3-9）。

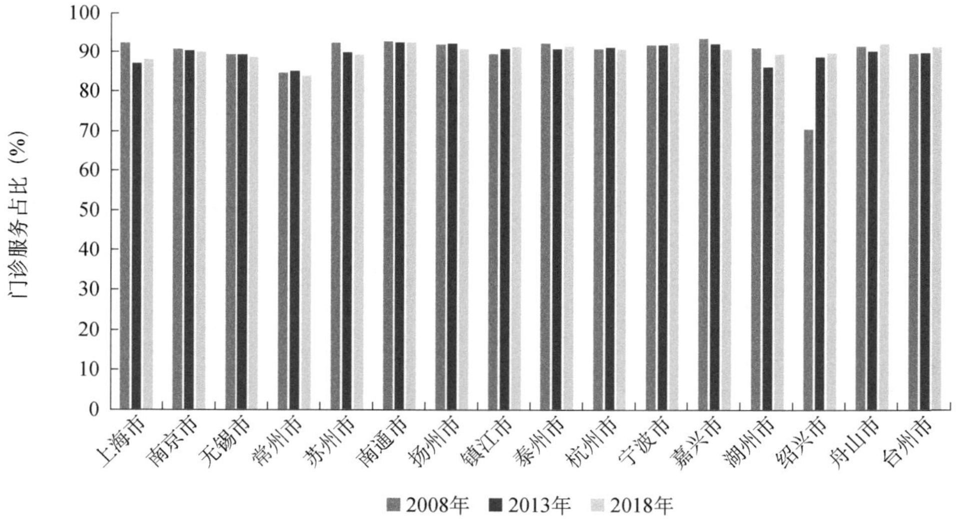

图 3-8　2008 年、2013 年、2018 年长三角核心区 16 个城市门诊服务占比

家庭卫生服务占比普遍较低，最高的占比为无锡市 2013 年的 1.40%。2008 年、2013 年、2018 年家庭卫生服务占比连续上升的城市有南京市、常州市、苏州市；家庭卫生服务占比先上升后下降，但 2018 年占比高于 2008 年的城市有镇江市；家庭卫生服务占比先上升后下降，但 2018 年占比低于 2008 年的城市有无锡市、嘉兴市、湖州市；家庭卫生服务占比连续下降的城市有上海市、南通市、杭州市、宁波市、绍兴市、舟山市、台州市（图 3-10）。

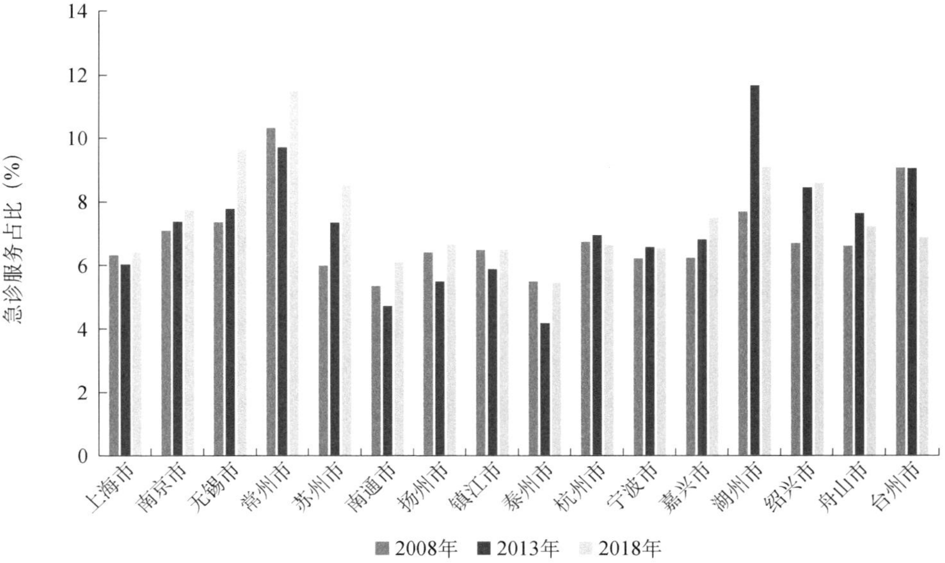

图 3-9　2008 年、2013 年、2018 年长三角核心区 16 个城市急诊服务占比

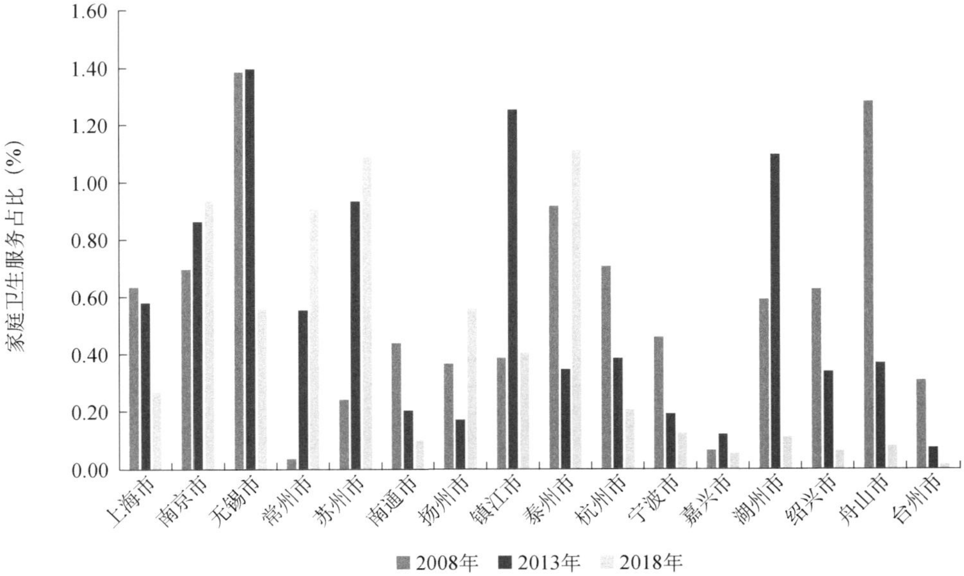

图 3-10　2008 年、2013 年、2018 年长三角核心区 16 个城市家庭卫生服务占比

相比之下，上海市和浙江地区的门诊数量和占比高于江苏地区，江苏地区的家庭卫生服务数量要明显高于上海市和浙江地区。

3.2 住院服务

住院服务是指医疗卫生机构对患者提供的有床位的、持续的诊察与治疗服务，通常以出院人数和出院者占用总床日数来统计。出院人数[①]指所有住院后出院的人数，包括医嘱离院、医嘱转其他医疗机构、非医嘱离院、死亡及其他人数，不含家庭病床撤床人数。“死亡”包括已办住院手续后死亡、未办理住院手续而实际上已收容入院的死亡者。“其他”指正常分娩和未产出院、未治和住院经检查无病出院、无并发症的人工流产或绝育手术出院者。出院者占用总床日数指所有出院人数的住院床日之总和，包括正常分娩、未产出院、住院经检查无病出院、未治出院及健康人进行人工流产或绝育手术后正常出院者的住院床日数。住院服务以病床上的患者为中心安排连续诊疗和观察，以便于处理复杂的疾病状况和抢救危重患者，不仅是基本的医疗服务手段，而且是临床医学人才培养的重要环节。因此，以出院人数和出院者占用总床日数体现的住院服务反映了区域一段时期的医疗技术实力。

3.2.1 从住院人数总数看形势

2018 年，长三角核心区 16 个城市的住院人数为 20 514 593 人次（表 3-9、图 3-11）。从数量来看，住院人数最多的三个城市为上海市、杭州市和苏州市，住院人数最少的三个城市为舟山市、镇江市和湖州市。

表 3-9 2018 年长三角核心区 16 个城市住院人数

地区	2018 年住院人数		2018 年比 2008 年增长倍数（倍）	2008～2018 年年均增长率（%）
	总数（人次）	占比（%）		
上海市	4 473 300	21.81	1.13	7.87
南京市	1 696 978	8.27	2.14	12.12
无锡市	1 231 821	6.00	1.95	11.42
常州市	804 383	3.92	2.37	12.93
苏州市	1 931 024	9.41	1.84	10.98
南通市	1 263 891	6.16	2.81	14.32
扬州市	751 143	3.66	2.42	13.10
镇江市	423 579	2.06	1.76	10.70

① 《中国卫生统计年鉴》2013 年度及以前的主要指标解释中，出院人数指所有住院后出院的人数，包括治愈、好转、未愈、死亡及其他人数。其他人数指正常分娩、未产出院、住院经检查无病出院、未治出院及健康人进行人工流产或绝育手术后正常出院者。《2014 中国卫生统计年鉴》中对指标解释进行了调整。

续表

地区	2018年住院人数		2018年比2008年增长倍数（倍）	2008～2018年年均增长率（%）
	总数（人次）	占比（%）		
泰州市	804 714	3.92	3.23	15.50
杭州市	2 515 317	12.26	1.84	11.01
宁波市	1 296 797	6.32	1.29	8.65
嘉兴市	859 662	4.19	1.38	9.07
湖州市	573 238	2.79	1.40	9.13
绍兴市	806 975	3.93	1.29	8.65
舟山市	159 590	0.78	1.01	7.25
台州市	922 181	4.50	1.01	7.23
上海市	4 473 300	21.81	1.13	7.87
江苏地区	8 907 533	43.42	2.21	12.38
浙江地区	7 133 760	34.77	1.43	9.26
总计	20 514 593	100.00	1.63	10.14

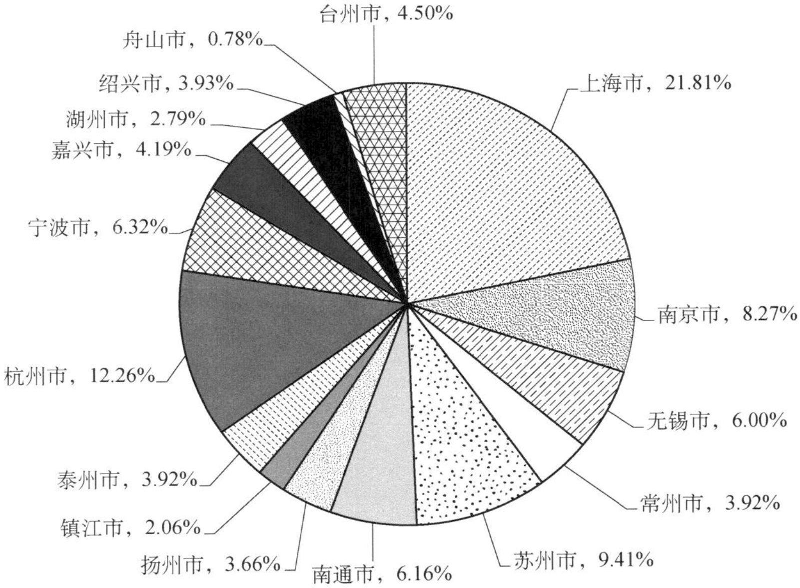

图3-11 2018年长三角核心区16个城市住院人数分布占比

3.2.2 从住院人数的增速看发展

医院住院服务是医疗卫生机构面向公众承担医疗救护功能的主要方式，成本较高，虽然只有少数人使用，却是最公平地保障多数人生命安全的服务项目。住院人数反映了各个地区对危重患者的救治能力。2008～2018 年，长三角核心区 16 个城市的住院人数均呈明显上升趋势（表 3-10、图 3-12、图 3-13）。其中，增长量最大的三个城市是上海市、杭州市和苏州市，年均增长率最高的三个城市是泰州市、南通市和常州市。增长量最小的三个城市是舟山市、镇江市和湖州市，年均增长率最低的三个城市是台州市、舟山市和上海市。

表 3-10　2008～2018 年长三角核心区 16 个城市的住院人数　（单位：人次）

城市	2008 年	2009 年	2010 年	2011 年	2012 年	2013 年
上海市	2 097 100	2 328 700	2 856 800	2 682 800	2 988 000	3 146 600
南京市	540 461	615 796	749 564	838 347	971 707	1 092 925
无锡市	417 692	452 977	764 769	836 865	906 831	973 052
常州市	238 398	263 741	417 178	465 001	538 452	569 766
苏州市	681 107	776 043	1 062 386	1 155 301	1 314 076	1 447 735
南通市	331 620	368 577	657 401	760 906	894 194	978 253
扬州市	219 342	245 919	388 893	431 360	481 885	526 006
镇江市	153 288	172 248	237 911	279 726	304 443	334 605
泰州市	190 413	216 832	408 749	440 411	514 792	572 613
杭州市	885 143	993 450	1 116 317	1 225 984	1 393 442	1 506 686
宁波市	565 813	602 545	667 569	740 632	827 136	890 205
嘉兴市	360 839	390 068	428 641	466 547	536 254	586 019
湖州市	239 338	266 510	293 290	315 714	347 294	377 833
绍兴市	352 163	377 008	421 269	473 554	544 736	598 560
舟山市	79 232	82 968	87 478	97 416	105 645	112 841
台州市	458 957	492 857	520 830	573 640	645 594	681 278

城市	2014 年	2015 年	2016 年	2017 年	2018 年
上海市	3 450 800	3 623 300	3 945 500	4 197 300	4 473 300
南京市	1 150 937	1 315 833	1 455 834	1 579 622	1 696 978
无锡市	936 214	1 098 919	1 170 035	1 240 340	1 231 821
常州市	464 883	652 292	715 914	747 229	804 383
苏州市	1 407 670	1 632 104	1 766 268	1 873 115	1 931 024
南通市	842 921	1 151 812	1 180 120	1 249 006	1 263 891
扬州市	444 231	617 037	655 654	722 708	751 143
镇江市	297 755	375 441	396 283	422 500	423 579
泰州市	413 320	647 831	691 543	763 472	804 714
杭州市	1 677 166	1 809 659	2 059 142	2 291 927	2 515 317
宁波市	969 878	1 005 026	1 103 964	1 209 790	1 296 797
嘉兴市	639 272	676 883	741 425	807 131	859 662
湖州市	415 947	434 561	487 570	533 133	573 238
绍兴市	639 052	642 250	704 297	764 087	806 975
舟山市	127 042	132 207	143 694	148 420	159 590
台州市	719 856	744 768	809 703	878 581	922 181

注：江苏 8 市和浙江 7 市的入院人数与出院人数略有差异，以入院人数为准。

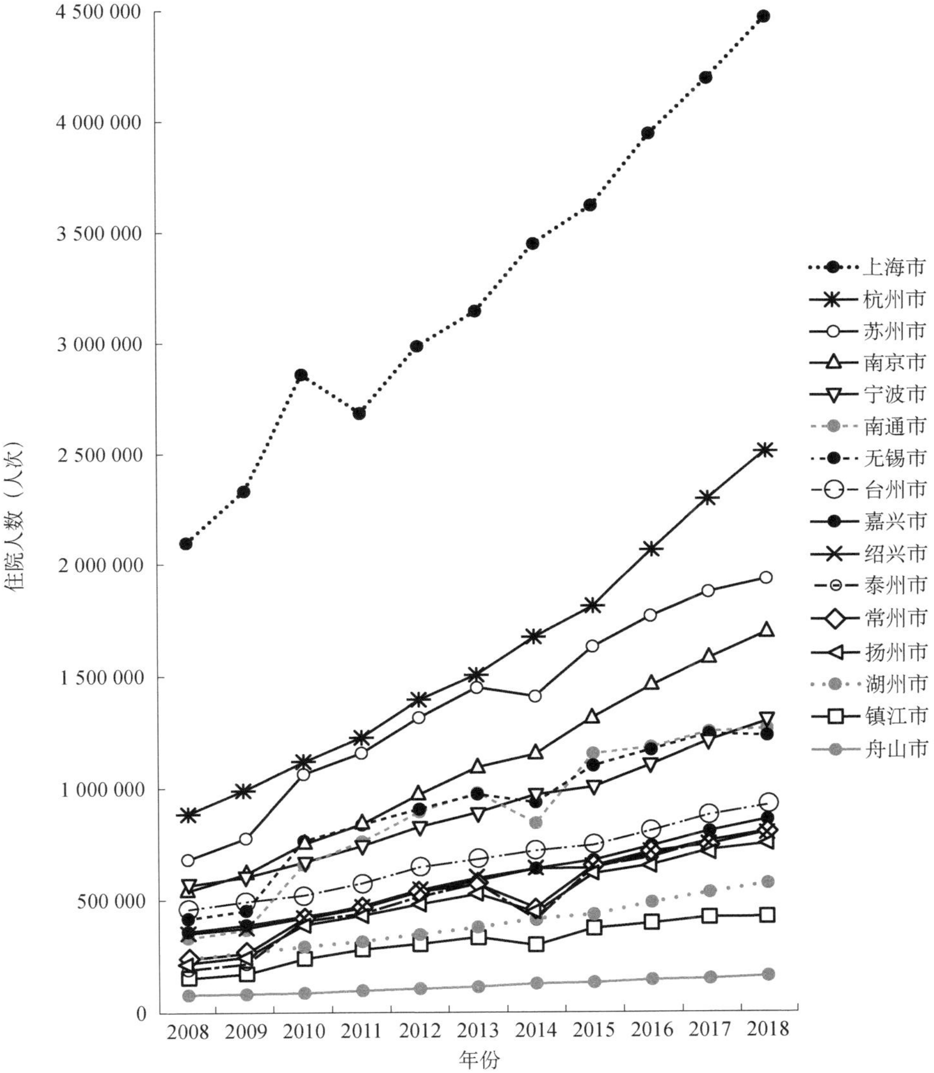

图 3-12　2008～2018 年长三角核心区 16 个城市住院人数

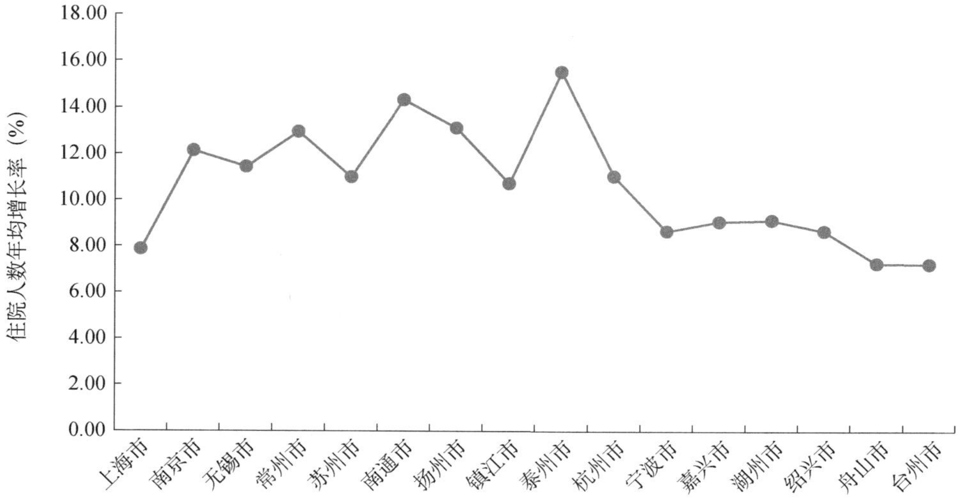

图 3-13　2008～2018 年长三角核心区 16 个城市住院人数年均增长率

3.2.3　住院服务和床位使用情况

住院服务的入口是门急诊服务，通常按每百门急诊入院人数来统计住院服务需求被满足的程度，该指标也可以反映使用门急诊服务的患者的健康状况。有一部分病患需要接受手术这类创伤性治疗，这是住院治疗的刚性需求。住院病人手术人次数指有正规手术单和麻醉单施行手术的住院病人总数（包括产科手术病人数）。同一病人本次在院就诊期间患有同一疾病或不同疾病施行多次手术者，按实际施行的手术次数统计。以手术人次占比（即住院病人手术人次数/住院人数）来体现实施手术的情况。2008 年、2013 年、2018 年长三角核心区 16 个城市每百门急诊入院人数和手术人次占比见表 3-11。

表 3-11　2008 年、2013 年、2018 年长三角核心区 16 个城市每百门急诊入院人数手术人次占比

城市	2008 年		2013 年		2018 年	
	每百门急诊入院人数（人次）	手术人次占比（%）	每百门急诊入院人数（人次）	手术人次占比（%）	每百门急诊入院人数（人次）	手术人次占比（%）
上海市	1.40	33.64	1.31	47.81	1.62	57.29
南京市	2.13	35.44	1.97	32.55	2.21	35.00
无锡市	3.52	33.74	2.75	26.72	2.60	30.01
常州市	3.54	40.05	2.53	30.17	2.99	30.21
苏州市	2.88	34.09	2.09	25.32	2.31	26.86

续表

城市	2008年		2013年		2018年	
	每百门急诊入院人数（人次）	手术人次占比（%）	每百门急诊入院人数（人次）	手术人次占比（%）	每百门急诊入院人数（人次）	手术人次占比（%）
南通市	4.81	36.29	4.11	23.96	4.38	23.45
扬州市	3.76	33.50	3.00	24.03	3.94	24.80
镇江市	2.58	33.16	1.75	28.56	2.00	29.25
泰州市	3.71	36.80	3.61	21.86	4.42	23.36
杭州市	1.60	37.63	1.62	34.70	2.11	35.94
宁波市	1.10	34.96	1.29	34.93	1.48	38.64
嘉兴市	1.80	32.67	1.92	29.77	2.22	35.69
湖州市	2.10	35.77	1.74	30.42	2.24	34.63
绍兴市	2.20	32.94	1.84	27.76	1.89	24.87
舟山市	1.50	36.91	1.31	33.22	1.43	31.65
台州市	2.00	33.70	2.00	27.68	1.99	32.15

长三角核心区16个城市中，每百门急诊入院人数较高的城市为南通市、泰州市和扬州市，反映了这三个城市的诊疗患者有更多可能转为住院患者。每百门急诊入院人数较低的城市为宁波市、舟山市和上海市，反映了这三个城市的诊疗患者会相对较少地转为住院患者（图3-14）。

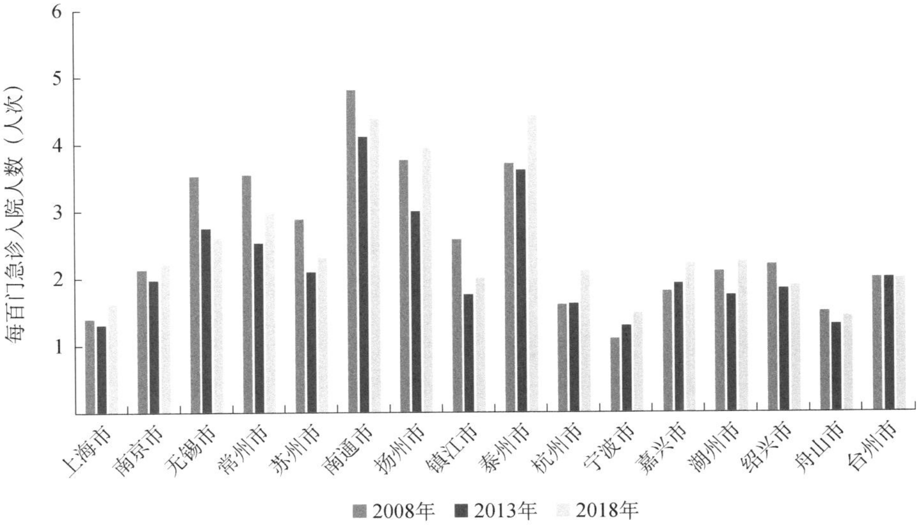

图3-14　2008年、2013年、2018年长三角核心区16个城市每百门急诊入院人数

比较 2008 年、2013 年、2018 年手术人次占比数据，2008～2018 年长三角核心区 16 个城市只有上海市、宁波市和嘉兴市的手术人次占比呈现上升趋势，其他 13 个城市的手术人次占比呈现不同程度的下降。尤其是上海市，2008～2018 年手术人次占比从 33.64%上升到 57.29%。2008 年上海市的手术人次占比与其他城市的差异并不明显，还低于常州市、杭州市、舟山市、泰州市、南通市、湖州市、南京市、宁波市、苏州市、无锡市、台州市。到了 2013 年就已经位居第一，2018 年更是比第二名的宁波市高出 18.65 个百分点，与其他城市相比差异更大。上海市作为区域创伤性医疗技术中心，地位已经凸显（图 3-15）。

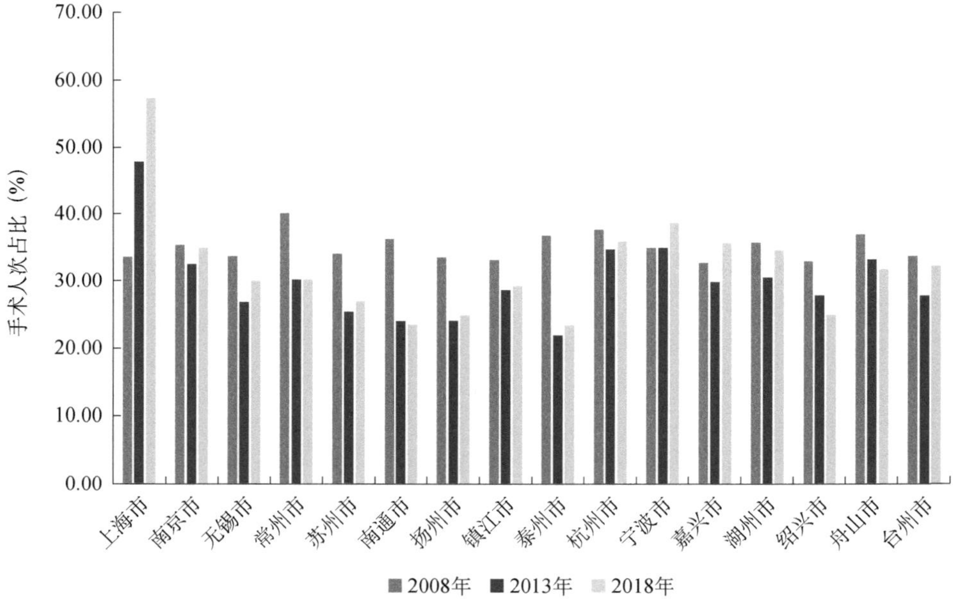

图 3-15　2008 年、2013 年、2018 年长三角核心区 16 个城市手术人次占比

医疗卫生机构的床位使用情况包含两个方面的信息——住院患者的需求量和床位开放的数量，通常由病床使用率、病床周转次数和出院者平均住院日来体现。出院者占用总床日数是住院床日数的总和。病床使用率是出院者实际占用总床日数/实际开放总床日数。病床周转次数为出院人数/平均开放床位数。出院者平均住院日为出院者占用总床日数/平均开放病床数。2008 年、2013 年、2018 年长三角核心区 16 个城市床位使用情况见表 3-12。

表 3-12　2008 年、2013 年、2018 年长三角核心区 16 个城市床位使用情况

城市	2008 年			2013 年			2018 年		
	病床使用率（%）	病床周转次数（次）	出院者平均住院日（天）	病床使用率（%）	病床周转次数（次）	出院者平均住院日（天）	病床使用率（%）	病床周转次数（次）	出院者平均住院日（天）
上海市	97.49	21.1	16.6	93.75	16.5	11.9	93.58	31.1	10.9
南京市	84.85	24.2	12.5	92.06	29.3	10.9	90.32	33.5	9.3
无锡市	102.10	28.5	13.0	90.91	31.4	10.3	80.57	27.9	10.0
常州市	94.47	26.2	13.0	100.87	29.4	11.8	94.00	31.6	10.6
苏州市	86.59	27.5	10.8	90.73	29.9	11.4	87.42	28.7	10.5
南通市	95.63	26.8	13.1	94.90	31.6	10.7	86.73	31.2	9.9
扬州市	85.99	25.1	11.8	90.36	29.8	11.1	92.35	34.7	9.4
镇江市	83.15	26.7	10.7	76.74	27.5	10.0	83.36	29.5	9.6
泰州市	96.40	28.2	12.0	93.41	31.5	10.7	85.95	31.2	9.9
杭州市	83.60	24.4	12.3	93.07	31.2	10.8	88.37	32.9	9.4
宁波市	83.65	26.5	11.4	90.42	32.3	10.4	83.07	34.6	8.7
嘉兴市	82.58	29.2	10.1	96.53	32.6	10.6	89.84	32.0	10.5
湖州市	75.48	27.5	9.5	96.98	35.3	10.0	89.10	37.2	8.5
绍兴市	82.61	26.8	11.1	93.41	33.7	10.1	83.73	31.8	9.4
舟山市	78.33	22.3	12.5	86.51	26.6	12.0	80.71	28.1	10.4
台州市	85.33	33.4	9.1	95.13	36.9	9.5	87.58	34.1	9.0

2008 年、2013 年、2018 年长三角核心区 16 个城市的病床使用率大多在 80%以上，其中较低的是镇江市和舟山市。三个年份病床使用率连续上升的城市是扬州市。病床使用率先上升后下降，且 2018 年高于 2008 年的城市有南京市、苏州市、杭州市、嘉兴市、湖州市、绍兴市、舟山市、台州市。病床使用率连续下降的城市有上海市、无锡市、南通市、泰州市。病床使用率先上升后下降，且 2018 年低于 2008 年的城市有常州市、宁波市（图 3-16）。

2008 年、2013 年、2018 年长三角核心区 16 个城市的病床周转次数大多为上升趋势，2018 年周转次数低于 2008 年的仅有无锡市。上升最明显的是上海市，从 2008 年的 21.1 次下降到 2013 年的 16.5 次，又上升至 2018 年的 31.1 次。2018 年病床周转次数较高的城市有湖州市（37.2 次）、扬州市（34.7 次）和宁波市（34.6 次），较低的城市有无锡市（27.9 次）、舟山市（28.1 次）和苏州市（28.7 次）（图 3-17）。

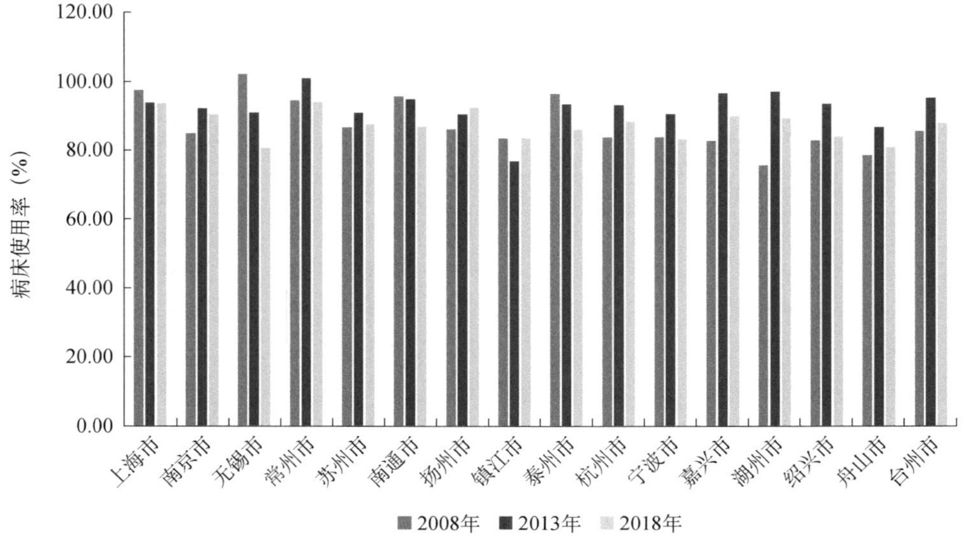

图 3-16　2008 年、2013 年、2018 年长三角核心区 16 个城市病床使用率

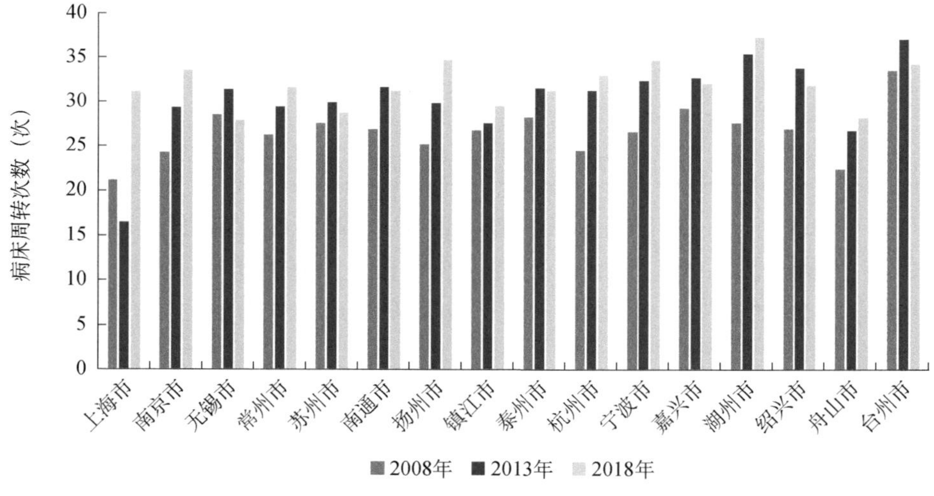

图 3-17　2008 年、2013 年、2018 年长三角核心区 16 个城市病床周转次数

2008 年、2013 年、2018 年长三角核心区 16 个城市的出院者平均住院日大多呈下降趋势，2018 年高于 2008 年的仅有嘉兴市。下降最明显的是上海市，从 2008 年的 16.6 天下降到 2018 年的 10.9 天。2018 年出院者平均住院日较高的城市有上海市（10.9 天）、常州市（10.6 天）、苏州市（10.5 天）和嘉兴市（10.5 天），较低的城市有湖州市

（8.5 天）、宁波市（8.7 天）、台州市（9.0 天）（图 3-18）。

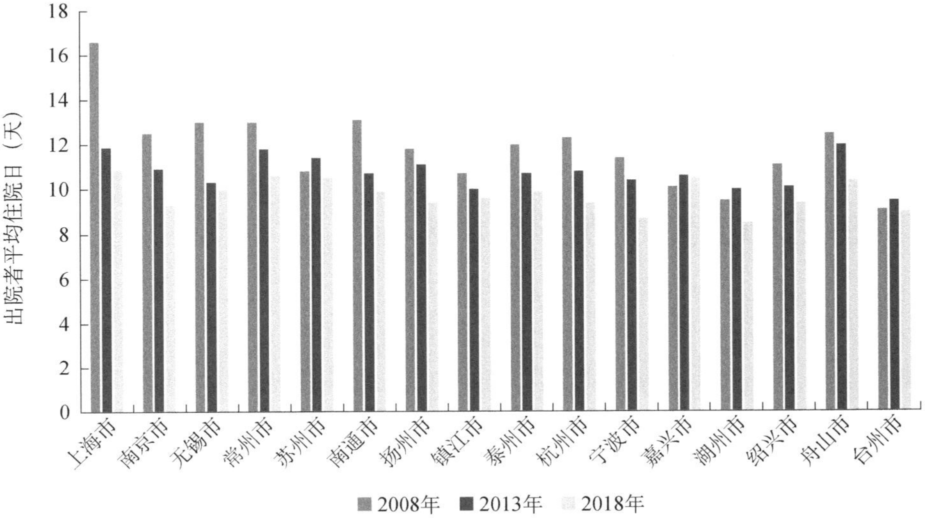

图 3-18　2008 年、2013 年、2018 年长三角核心区 16 个城市出院者平均住院日

3.3　人员工作负担

医疗服务的数量直接转化为医务人员的工作负担。人员工作负担是从医务人员的角度来考察医疗业务的相对数量，从而反映医务人员的劳动强度、紧张状态和经验积累的程度。一个地区的执业医师人力资源与医疗业务相比是否充裕是卫生行政部门和社会公众关注的重点，因此常用的人员工作负担指标是医生人均每日担负诊疗人次和医生人均每日担负住院床日。医生人均每日担负诊疗人次即（诊疗人次数/平均医师人数）/251。医生人均每日担负住院床日即（实际占用总床日数/平均医师人数）/365。

由于人员工作负担数据各省市和不同年限统计口径不一致，无法取得完整的横向纵向比较资料，只能结合医院医生数据和全部医疗卫生机构医生数据，以及上海市、江苏省、浙江省省级数据做参考。数据来源比较复杂，说明如下。

（1）上海市数据由《上海统计年鉴》中的医院诊疗人次和医院执业医师数量计算。

（2）江苏 8 市在 2008～2010 年只有医院人员工作负担数据，在 2011～2013 年有医院人员工作负担和全部医疗卫生机构的对应数据，在 2014～2018 年只有全部医疗卫生机构的数据。因此单独比较 2008～2013 年上海市和江苏 8 市的医院人员工作负担数据。

（3）江苏省、浙江省两省数据为《中国卫生统计年鉴》分省数据。

3.3.1 医生人均每日担负诊疗人次

以每个城市的全部医疗卫生机构医生的工作量为比较对象，2018 年长三角核心区 16 个城市的医生人均每日担负诊疗人次最高的三个城市为宁波市（16.3 人次）、上海市（14.7 人次）和嘉兴市（13.7 人次），医生人均每日担负诊疗人次最低的三个城市为泰州市（7.1 人次）、南通市（7.5 人次）和扬州市（8.4 人次）。上海市和浙江 7 市的医生人均每日担负诊疗人次明显高于江苏 8 市（表 3-13）。

表 3-13　2008～2018 年长三角核心区 16 个城市医生人均每日担负诊疗人次（单位：人次）

城市	2008 年	2009 年	2010 年	2011 年	2012 年	2013 年
上海市	11.9	13.5	16.3	15.5	15.7	16.5
南京市	—	—	—	12.2	12.4	12.2
无锡市	—	—	—	11.1	11.5	11.5
常州市	—	—	—	9.7	9.6	9.7
苏州市	—	—	—	13.6	12.7	13.3
南通市	—	—	—	6.5	7.2	7.7
扬州市	—	—	—	8.4	9.0	9.3
镇江市	—	—	—	12.8	11.7	11.9
泰州市	—	—	—	7.6	7.6	7.9
杭州市	11.6	12.5	12.8	14.5	15.5	14.3
宁波市	14.0	15.1	14.6	16.0	16.8	16.4
嘉兴市	12.1	12.7	12.8	14.1	14.6	14.8
湖州市	9.7	10.8	11.1	13.0	13.8	14.4
绍兴市	10.0	9.3	10.4	12.4	13.3	12.9
舟山市	10.2	10.8	11.3	13.6	14.1	14.1
台州市	8.9	9.7	9.7	11.9	13.2	12.9

城市	2014 年	2015 年	2016 年	2017 年	2018 年
上海市	16.8	16.7	16.2	15.9	14.7
南京市	12.8	13.1	12.0	11.9	11.2
无锡市	12.0	12.0	11.2	11.1	10.6
常州市	9.9	9.7	9.2	9.4	9.0

续表

城市	2014 年	2015 年	2016 年	2017 年	2018 年
苏州市	13.7	13.9	13.3	12.7	11.9
南通市	8.0	8.1	7.7	7.5	7.5
扬州市	9.8	9.7	9.0	9.3	8.4
镇江市	11.7	12.0	11.3	11.6	11.6
泰州市	8.0	7.8	7.1	7.2	7.1
杭州市	13.9	13.4	12.7	12.3	12.3
宁波市	16.5	16.3	16.2	16.4	16.3
嘉兴市	15.0	14.8	15.4	17.0	13.7
湖州市	14.9	14.5	14.9	14.4	13.0
绍兴市	13.6	13.5	12.8	12.5	13.0
舟山市	14.2	13.7	13.8	14.3	13.1
台州市	13.0	12.0	12.4	12.8	13.3

从 2008～2018 年的医生人均每日担负诊疗人次的变化来看，上海市和浙江 7 市有明显的波动上升的趋势，2018 年的医生人均每日担负诊疗人次显著高于 2008 年。江苏 8 市缺少 2008～2010 年医疗卫生机构医生人均每日担负诊疗人次数据，2011～2018 年的数据上升和下降的波动比较平稳，其中只有南通市的 2018 年数据高于 2011 年，扬州市持平，其余城市的 2018 年数据均低于 2011 年（图 3-19）。

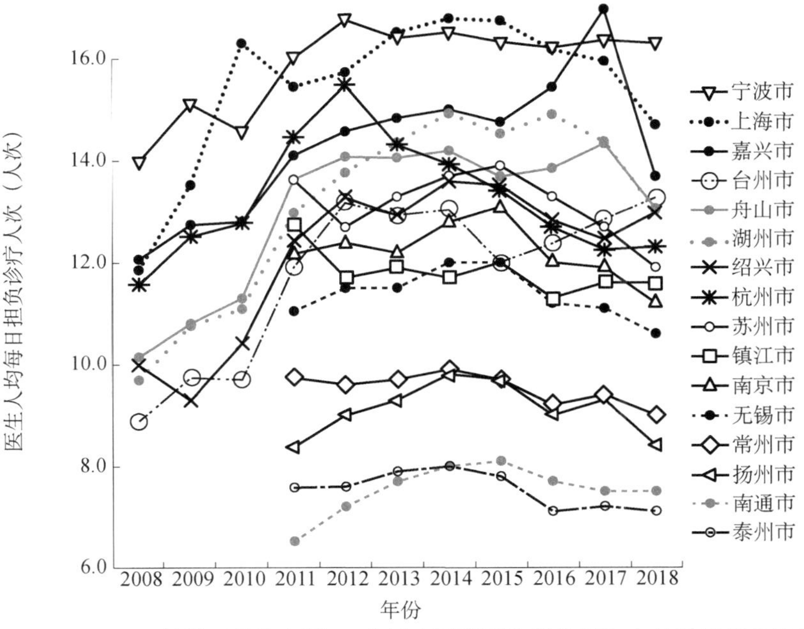

图 3-19　2008～2018 年长三角核心区 16 个城市医疗卫生机构医生人均每日担负诊疗人次

在同一地区，医院医生人均每日担负诊疗人次普遍低于其他医疗卫生机构的医生。因为缺少浙江7市和2013年以后江苏8市的医院医生的工作量数据，只能比较上海市和江苏8市2008～2013年的医院医生人均每日担负诊疗人次（表3-14）。2013年，医院医生人均每日担负诊疗人次较高的城市是上海市（15.78人次）、苏州市（11.72人次）和南京市（10.94人次），较低的城市为泰州市（6.98人次）、南通市（7.09人次）和常州市（7.79人次）。

表3-14　2008～2013年上海市和江苏8市医院医生人均每日担负诊疗人次（单位：人次）

城市	2008年	2009年	2010年	2011年	2012年	2013年
上海市	9.97	11.17	13.84	15.00	15.67	15.78
南京市	11.26	11.39	11.40	11.52	10.61	10.94
无锡市	9.01	9.42	10.50	10.54	10.56	9.77
常州市	7.95	8.25	8.29	8.11	8.09	7.79
苏州市	11.40	11.93	11.64	12.20	11.33	11.72
南通市	6.12	6.73	6.27	6.66	7.06	7.09
扬州市	7.17	7.56	7.55	7.95	8.69	8.56
镇江市	10.35	11.40	11.58	12.13	10.71	9.90
泰州市	6.39	6.69	7.11	7.55	7.25	6.98

2008～2013年，上海市和江苏8市的医院医生人均每日担负诊疗人次的变化趋势呈现较大差异。同一时期，江苏8市的医院医生人均每日担负诊疗人次的变化幅度小于上海市。2008年，上海市的医院医生人均每日担负诊疗人次为9.97人次，与江苏8市相比，仅为中等偏上水平，但从2009年开始急剧上升，到2013年达到15.78人次（图3-20）。

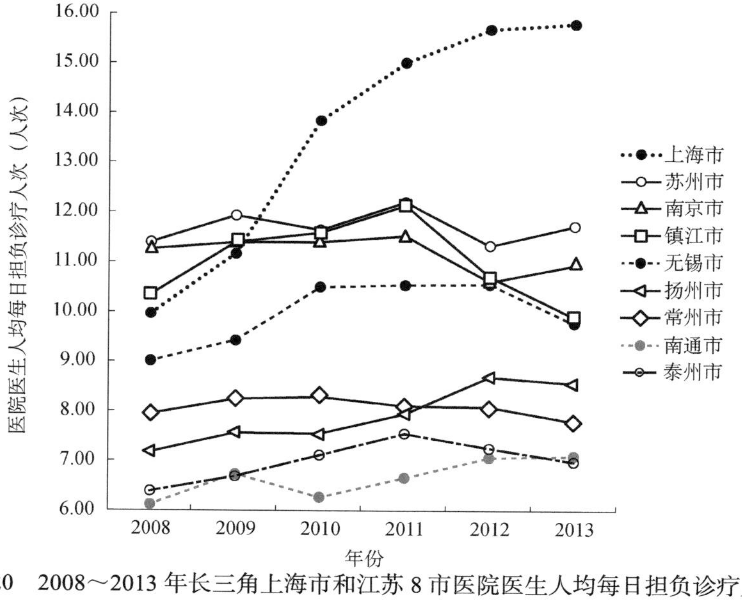

图3-20　2008～2013年长三角上海市和江苏8市医院医生人均每日担负诊疗人次

另外，为了能够更完整地展现上海市、江苏省、浙江省的医院医生人均每日担负诊疗人次在 2008～2018 年的变化情况，将上海市和浙江省、江苏省的数据进行对比（表 3-15）。

表 3-15 2008～2018 年上海市、江苏省、浙江省医院医生人均每日担负诊疗人次（单位：人次）

地区	2008 年	2009 年	2010 年	2011 年	2012 年	2013 年
上海市	9.97	11.17	13.84	15.00	15.67	15.78
江苏省	8.53	9.00	9.10	9.50	9.30	9.80
浙江省	9.81	10.10	10.40	11.70	12.00	12.40

地区	2014 年	2015 年	2016 年	2017 年	2018 年
上海市	16.05	15.87	15.46	15.42	13.97
江苏省	9.60	9.50	8.90	8.70	8.50
浙江省	12.10	11.50	11.10	11.40	10.90

如图 3-21 显示，上海市、江苏省、浙江省医院医生人均每日担负诊疗人次的变化是一致的：呈现先上升、后下降的态势。江苏省和浙江省的医院医生人均每日担负诊疗人次远远低于上海市，并且比上海市提前一年达到最高值，进入下降通道。2008～2018 年，浙江省医院医生人均每日担负诊疗人次始终高于江苏省，且浙江省 2018 年的医院医生人均每日担负诊疗人次高于 2008 年的数据，而江苏省 2018 年的医院医生人均每日担负诊疗人次低于 2008 年的数据。

3.3.2 医生人均每日担负住院床日

以每个城市的全部医疗卫生机构医生的工作量为比较对象，2018 年长三角核心区 16 个城市的医生人均每日担负住院床日最高的三个城市为嘉兴市（1.96 天）、南通市（1.90 天）和扬州市（1.90 天），医生人均每日担负住院床日最低的三个城市为舟山市（1.12 天）、宁波市（1.20 天）和台州市（1.30 天）。浙江 7 市的医生人均每日担负住院床日总体低于江苏 8 市（表 3-16）。

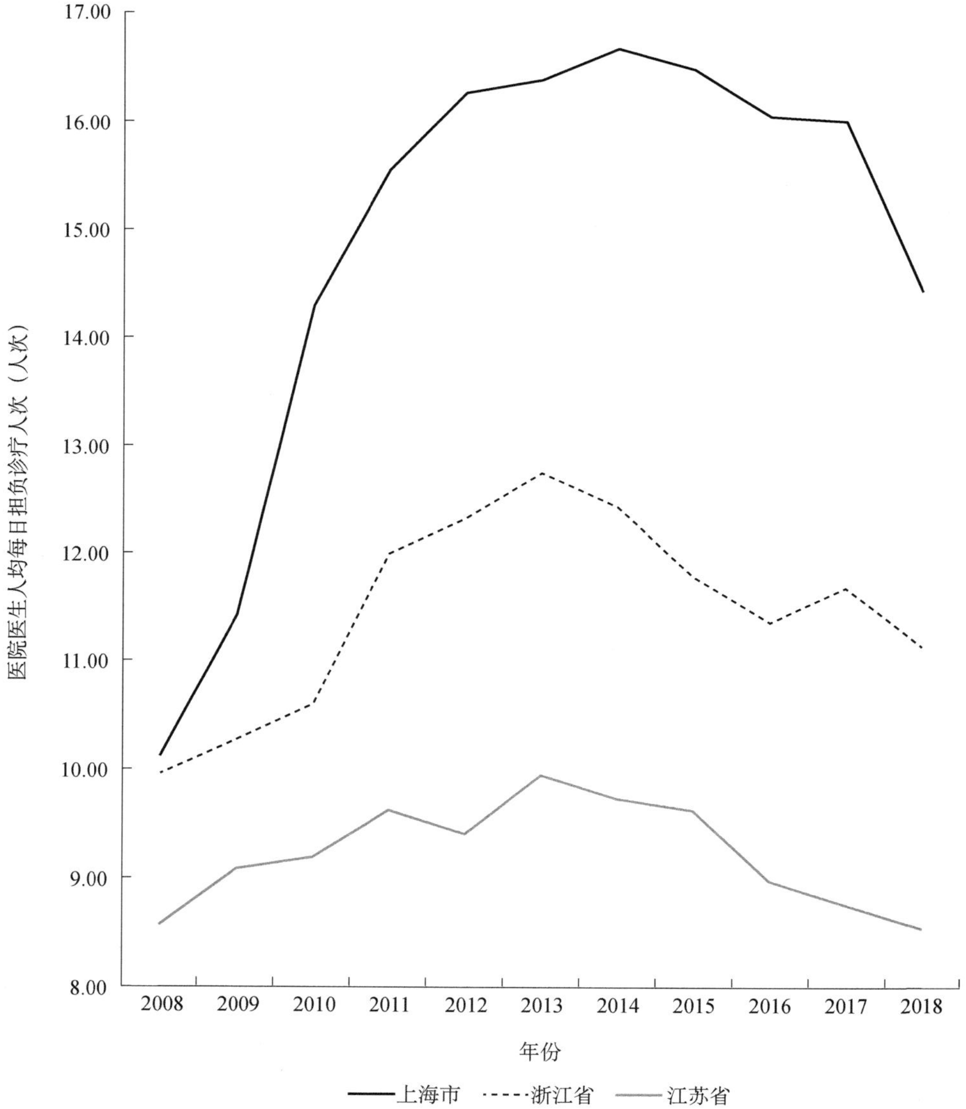

图 3-21　2008～2018 年上海市、江苏省、浙江省医院医生人均每日担负诊疗人次

表 3-16　2008～2018 年长三角核心区 16 个城市医生人均每日担负住院床日　（单位：天）

城市	2008 年	2009 年	2010 年	2011 年	2012 年	2013 年
上海市	1.86	1.88	2.17	1.88	1.86	1.76
南京市	—	—	—	1.68	1.70	1.70
无锡市	—	—	—	2.04	2.00	1.90
常州市	—	—	—	1.73	1.80	1.70
苏州市	—	—	—	1.85	1.90	1.80
南通市	—	—	—	1.72	1.90	1.90
扬州市	—	—	—	1.88	1.80	1.80
镇江市	—	—	—	1.72	1.30	1.30
泰州市	—	—	—	1.51	1.60	1.80
杭州市	1.43	1.41	1.35	1.39	1.45	1.42
宁波市	1.18	1.12	1.08	1.10	1.15	1.15
嘉兴市	1.46	1.28	1.30	1.42	1.54	1.62
湖州市	1.26	1.24	1.16	1.26	1.31	1.35
绍兴市	1.21	1.16	1.19	1.21	1.26	1.22
舟山市	1.21	1.25	1.02	1.07	1.12	1.12
台州市	1.09	1.14	1.16	1.14	1.23	1.22

城市	2014 年	2015 年	2016 年	2017 年	2018 年
上海市	1.81	1.93	1.79	1.80	1.78
南京市	1.80	1.80	1.70	1.60	1.50
无锡市	1.90	1.90	1.80	1.80	1.70
常州市	2.00	1.80	1.80	1.80	1.70
苏州市	1.90	1.90	1.90	1.90	1.80
南通市	2.00	2.10	2.00	2.00	1.90
扬州市	1.90	1.90	1.80	1.80	1.90
镇江市	1.30	1.30	1.40	1.40	1.50
泰州市	1.70	1.70	1.70	1.70	1.80
杭州市	1.42	1.42	1.51	1.49	1.50
宁波市	1.14	1.11	1.23	1.24	1.20
嘉兴市	1.65	1.69	2.01	2.05	1.96
湖州市	1.40	1.33	1.58	1.64	1.55
绍兴市	1.23	1.16	1.33	1.32	1.35
舟山市	1.13	1.08	1.25	1.24	1.12
台州市	1.19	1.13	1.24	1.30	1.30

从 2008～2018 年的医生人均每日担负住院床日的变化来看，浙江 7 市的医生人均每日担负住院床日水平大多低于上海市和江苏 8 市。但浙江 7 市多数总体呈上升态势，除嘉兴市的指标迅速上升之外，还有 5 个城市的指标略有上升，仅舟山市的 2018 年数据低于 2008 年。上海市和江苏 7 市医生人均每日担负住院床日均沿原有的水平上下波动或稳中有降（图 3-22）。

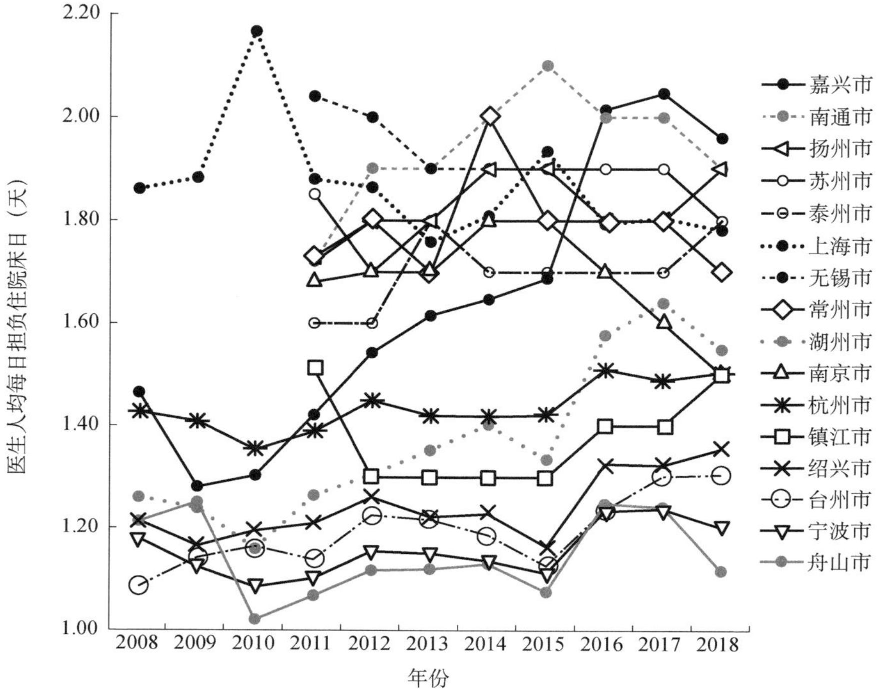

图 3-22　2008～2018 年长三角核心区 16 个城市医生人均每日担负住院床日

在同一地区，医院医生人均每日担负住院床日要大于其他医疗卫生机构的医生。因为缺少浙江 7 市和 2013 年以后江苏 8 市医院医生的工作量数据，只能比较上海市和江苏 8 市 2008～2013 年的医院医生人均每日担负住院床日（表 3-17）。2013 年，医院医生人均每日担负住院床日较高的城市是扬州市（2.88 天）、南通市（2.79 天）和无锡市（2.67 天），较低的城市为镇江市（2.02 天）、南京市（2.30 天）和上海市（2.52 天）。

表 3-17　2008～2013 年上海市和江苏 8 市医院医生人均每日担负住院床日　（单位：天）

城市	2008 年	2009 年	2010 年	2011 年	2012 年	2013 年
上海市	2.19	2.20	2.57	2.58	2.59	2.52
南京市	2.20	2.33	2.51	2.61	2.17	2.30
无锡市	2.59	2.63	2.64	2.85	2.75	2.67
常州市	2.35	2.48	2.67	2.55	2.64	2.55
苏州市	2.41	2.39	2.48	2.49	2.21	2.61
南通市	2.72	2.93	2.83	3.16	2.66	2.79
扬州市	2.44	2.56	2.87	2.86	2.79	2.88
镇江市	1.95	2.15	2.30	2.45	2.05	2.02
泰州市	2.09	2.22	2.54	2.65	2.68	2.62

2008～2013年，长三角核心区的上海市和江苏8市医院医生人均每日担负住院床日的波动比较剧烈，大多呈先上升后下降的趋势，并且集中在2010～2011年达到最高点。即使2011年以后其医院医生人均每日担负住院床日有所回落，2013年的数据也普遍高于2008年（图3-23）。

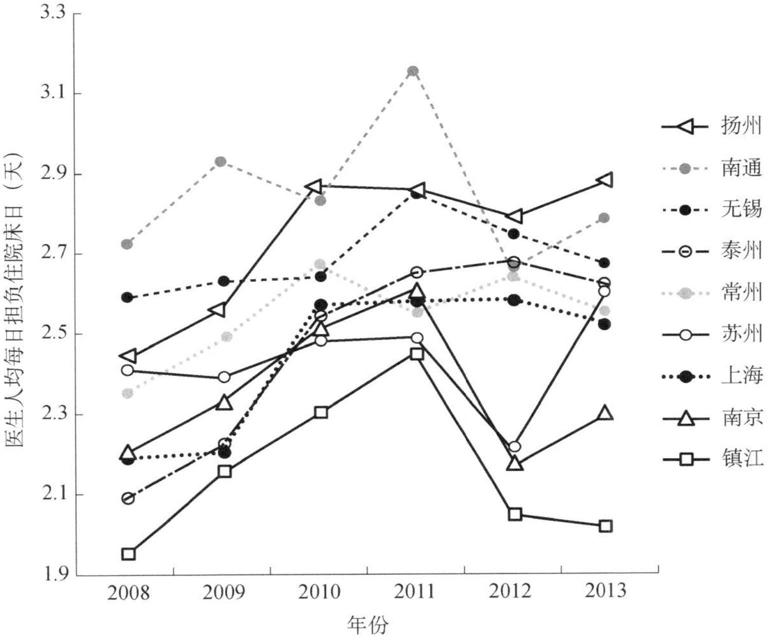

图3-23　2008～2013年上海市和江苏8市医院医生人均每日担负住院床日

另外，为了更完整地展现江浙沪三地的医院医生人均每日担负住院床日在2008～2018年的变化情况，将上海市和浙江省、江苏省两省的数据进行对比（表3-18）。

表3-18　2008～2018江浙沪三地医院医生人均每日担负住院床日

地区	2008年	2009年	2010年	2011年	2012年	2013年
上海市	2.2	2.2	2.6	2.6	2.6	2.5
江苏省	2.5	2.6	2.8	2.9	2.6	2.9
浙江省	2.2	2.2	2.3	2.3	2.4	2.4

地区	2014年	2015年	2016年	2017年	2018年
上海市	2.6	2.5	2.5	2.5	2.7
江苏省	2.8	2.7	2.6	2.6	2.6
浙江省	2.4	2.3	2.4	2.4	2.2

注：限于数据可得性和可比性，本表数据仅保留1位小数。

在图 3-24 中，2008～2018 年上海市、江苏省和浙江省的医院医生人均每日担负住院床日的变化趋势存在较大差异，上海市呈现明显的波动上升趋势，江苏省则是明显高于上海市和浙江省，但经过波动后有回落，2018 年数值略微高于 2008 年。总体来看，浙江省的医院医生人均每日担负住院床日明显低于江苏省和上海市，经过波动后于 2018 年回落到与 2008 年相同的水平。

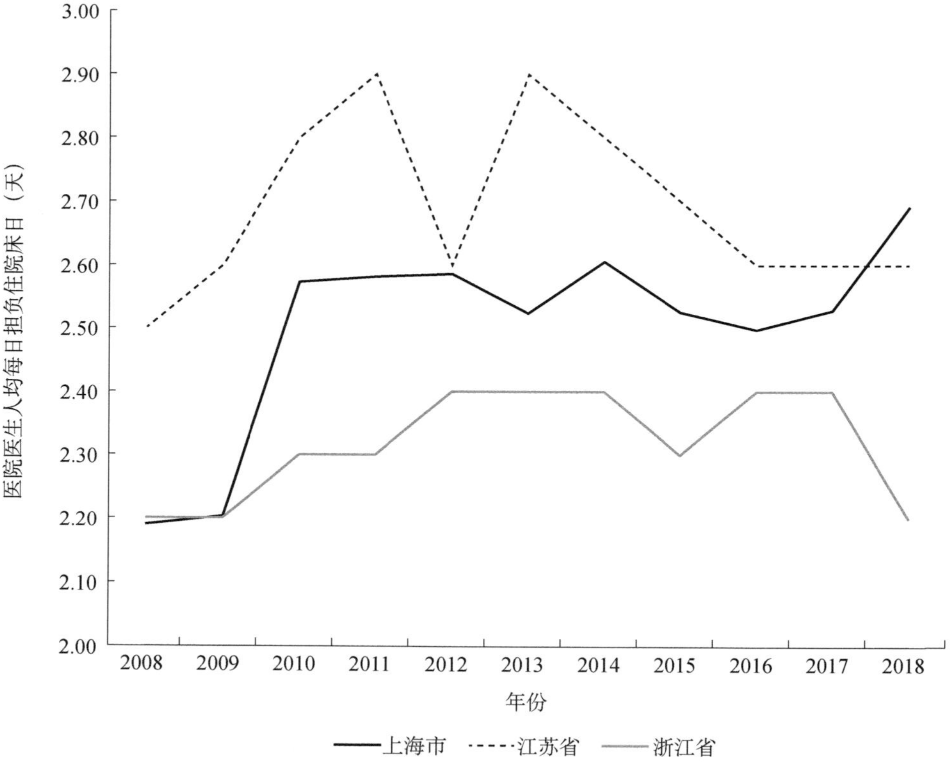

图 3-24　2008～2018 年上海市、江苏省和浙江省医院医生人均每日担负住院床日

通过数据比较，江苏省与上海市、浙江省的医务人员工作负担情况存在明显差异。与浙江省相比，上海市医院医生人均每日担负诊疗人次和住院床日都要高一些。与上海市、浙江省两地相比，江苏省医院医生人均每日担负诊疗人次较低，而医院医生人均每日担负住院床日较高。这个差异反映了江苏省在医疗需求和人员配置上存在某种特异性。

4 医疗服务费用

医疗服务维护社会公众的生命健康，具有广泛性和公益性。同时，医疗服务和普通服务一样，都要耗费社会经济资源，产生的费用需要合理地分摊和补偿。医疗服务费用各部分的计算和归集体现了社会公共事务管理的效率和公平。医疗服务的各种成本通常按项目进行核算、收费，按诊疗人次和住院人数进行统计分析。

4.1 次均诊疗服务费用①

诊疗服务费用是按照诊疗人次统计归集的费用，主要包含挂号费用、诊察费用、检查费用、化验费用、治疗费用、手术费用、卫生材料费用、药品费用及药事服务费用。其中，药品费用、检查费用是统计和比较的重点内容。

由于缺少浙江 7 市的次均诊疗服务费用信息，只能比较上海市和江苏 8 市的医院次均诊疗服务费用，同时使用上海市和江苏省、浙江省的数据作比较。另外，鉴于统计的医疗卫生机构范围不同，次均诊疗服务费用也会存在一定的差异，本章将比较上海市 2010～2018 年的不同医疗卫生机构的次均诊疗服务费用。

4.1.1 次均诊疗服务费用的变化趋势

2018 年，上海市和江苏 8 市的医院次均诊疗服务费用最高的三个城市为上海市（378.8 元）、南京市（357.8 元）和常州市（296.7 元），最低的三个城市为镇江市（233.5 元）、南通市（266.3 元）和泰州市（266.9 元）。其中，最高值是最低值的 1.62 倍（表 4-1）。

表 4-1 2008～2018 年上海市和江苏 8 市医院次均诊疗服务费用 （单位：元）

城市	2008 年	2009 年	2010 年	2011 年	2012 年	2013 年
上海市	224.5	237.2	247.9	257.7	271.4	283.6
南京市	171.32	193.73	213.26	232.11	244.6	259.5
无锡市	163.47	182.99	178.81	192.56	227.2	234.9

① 即“门诊和住院病人人均医药费用”，分为门诊病人次均医药费和住院病人人均医药费。

续表

城市	2008 年	2009 年	2010 年	2011 年	2012 年	2013 年
常州市	169.9	186.5	197.72	218.85	235.6	249.2
苏州市	160.15	178.02	185.2	195.5	206.2	213.2
南通市	193.59	207.57	216.91	233.58	205.9	218.1
扬州市	147.18	165.26	184.1	193.95	185.2	202.5
镇江市	127.45	135	142.04	148.1	153.4	168.2
泰州市	130.08	135.32	139.37	154.17	166.9	186.2

城市	2014 年	2015 年	2016 年	2017 年	2018 年
上海市	295.6	316.0	340.4	361.0	378.8
南京市	274.8	291.7	313.9	330.5	357.8
无锡市	241.3	248.9	256.9	265.3	286.3
常州市	263.8	267.1	274.1	281.2	296.7
苏州市	219.2	232.3	249.1	269.2	293.4
南通市	226.0	237.6	248.4	251.3	266.3
扬州市	216.0	243.2	255.1	259.5	284.8
镇江市	183.1	185.9	197.1	215.9	233.5
泰州市	208.9	226.9	233.4	251.8	266.9

注：①2008～2009 年上海市次均诊疗服务费用数据为综合医院门诊次均诊疗服务费用；2010～2018 年上海市次均诊疗服务费用数据为医院门诊次均诊疗服务费用。②2008～2011 年江苏 8 市次均诊疗服务费用数据为卫生部门综合医院门诊次均诊疗费用；2012～2018 年江苏 8 市次均诊疗服务费用数据为医院门诊次均诊疗费用。③上海市数据来自《中国卫生统计年鉴》省级数据比较，江苏 8 市数据来自各年度江苏省卫生统计数据汇编。

从 2008～2018 年的数据变化看，上海市和江苏 8 市的医院次均诊疗服务费用均呈上升的趋势。9 个城市次均诊疗服务费用的相对顺序变化不大：上海市的医院次均诊疗服务费用始终处于首位，镇江市则多数时间处于末位。次均诊疗服务费用排位明显下降的是南通市，2008 年仅次于上海市排位第二，2018 年则处于倒数第二的位置。次均诊疗服务费用排位明显上升的是苏州市，2008 年排位第六，2018 年排位第四（图 4-1）。

为了更全面地展示长三角地区上海市、江苏省和浙江省的次均诊疗服务费用的地区差异，将 2008～2018 年的省级数据作比较（表 4-2 和图 4-2）。

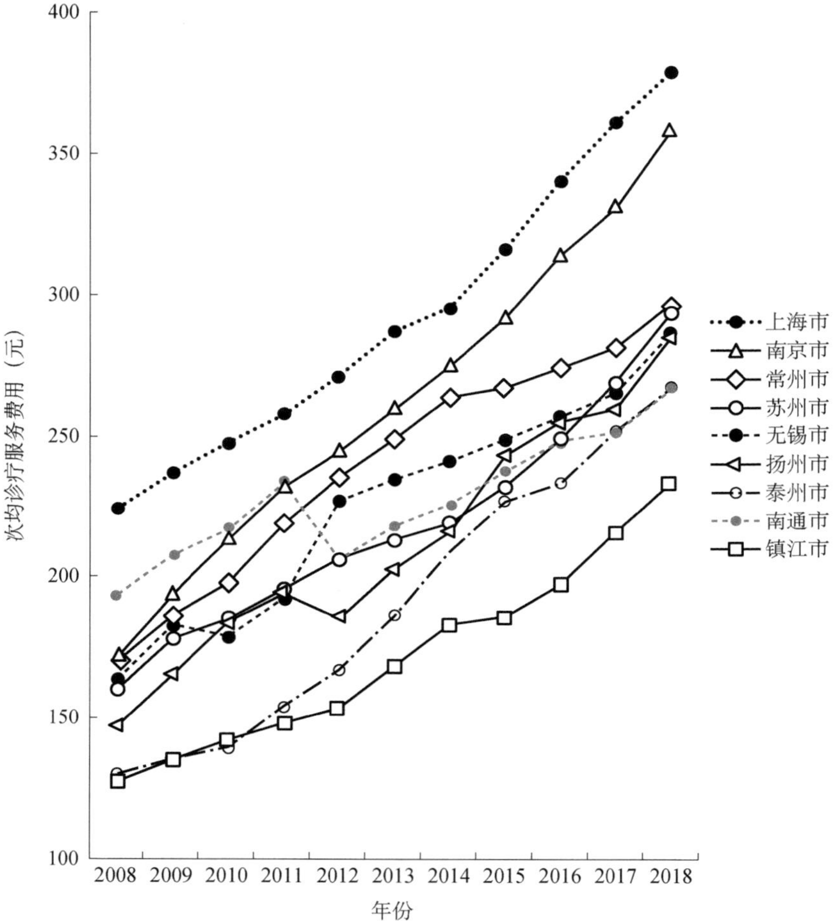

图 4-1　2008～2018 年上海市和江苏 8 市医院次均诊疗服务费用

表 4-2　2008～2018 年上海市、江苏省和浙江省次均诊疗服务费用　（单位：元）

地区	2008 年	2009 年	2010 年	2011 年	2012 年	2013 年
上海市	224.5	237.2	247.9	257.7	271.4	283.6
江苏省	157.6	171.4	175.9	190.5	199.9	211.1
浙江省	168.2	182.0	186.8	189.9	198.3	205.8

地区	2014 年	2015 年	2016 年	2017 年	2018 年
上海市	295.6	316.0	340.4	361.0	378.8
江苏省	222.3	235.5	249.9	260.8	281.2
浙江省	217.2	225.5	238.0	245.0	265.3

注：2008～2009 年三省市数据为综合医院门诊病人次均医药费用，2010～2018 年数据为医院门诊病人次均医药费用。

2008～2018 年，上海市、江苏省、浙江省的次均诊疗服务费用均呈上升趋势。其中，上海市的次均诊疗服务费用要明显高于江苏省和浙江省。江苏省和浙江省的次均诊疗服务费用相差不多，2008 年浙江省略高而 2018 年江苏省略高。2008～2018 年，浙江省次均诊疗服务费用增长的趋势相对较缓。

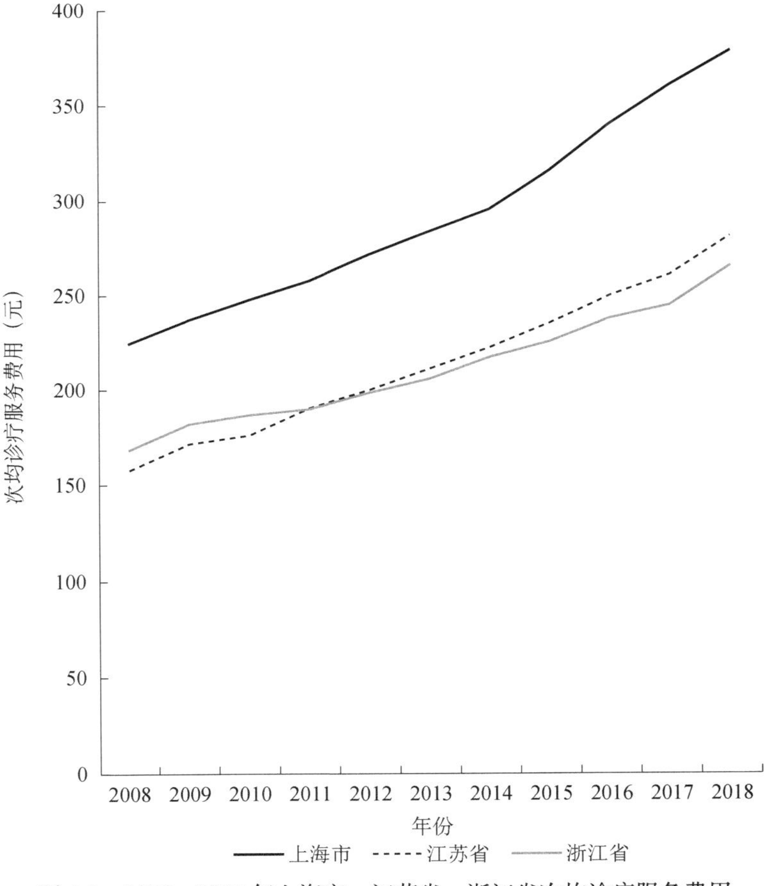

图 4-2　2008～2018 年上海市、江苏省、浙江省次均诊疗服务费用

4.1.2　诊疗服务费用的构成

药品费用和检查费用是诊疗过程中的供方采用的技术手段产生的经济耗费。这些

项目虽然由患者消费，但消费的决策权是让渡给诊疗服务的供方。经济发展、社会进步、技术更新等多方面的因素共同决定了医疗费用上升的趋势，医疗费用的控制成为公共管理领域的重点问题。其中药品费用和检查费用又是费用控制的重点。因此比较上海市、江苏省、浙江省的诊疗服务费用的构成和占比，可以了解三省市在控费方面的管理力度和变化趋势。

2008～2018 年，上海市、江苏省、浙江省的次均诊疗药品费用[①]呈现缓慢上升、逐渐平稳的态势。上海市和江苏省的次均诊疗药品费用增加比较明显，分别增加了 38.7 元和 37.2 元；浙江省次均诊疗药品费用只增加了 16.6 元。2018 年，次均诊疗药品费用仍然是上海市最高（165.9 元），江苏省（117.8 元）和浙江省（115.0 元）差别不大（表 4-3、图 4-3）。

表 4-3　2008～2018 年上海市、江苏省、浙江省次均诊疗药品费用　　（单位：元）

地区	2008 年	2009 年	2010 年	2011 年	2012 年	2013 年
上海市	127.2	136.1	138.4	141.9	148.1	153.0
江苏省	80.6	89.3	91.4	97.5	102.2	105.4
浙江省	98.4	106.7	109.6	109.5	113.2	110.3

地区	2014 年	2015 年	2016 年	2017 年	2018 年
上海市	159.3	167.6	172.6	168.2	165.9
江苏省	108.1	111.9	110.0	113.1	117.8
浙江省	110.7	109.7	111.3	110.9	115.0

注：2008～2009 年三省市数据为综合医院门诊次均诊疗药品费用，2010～2018 年数据为医院门诊次均诊疗药品费用。

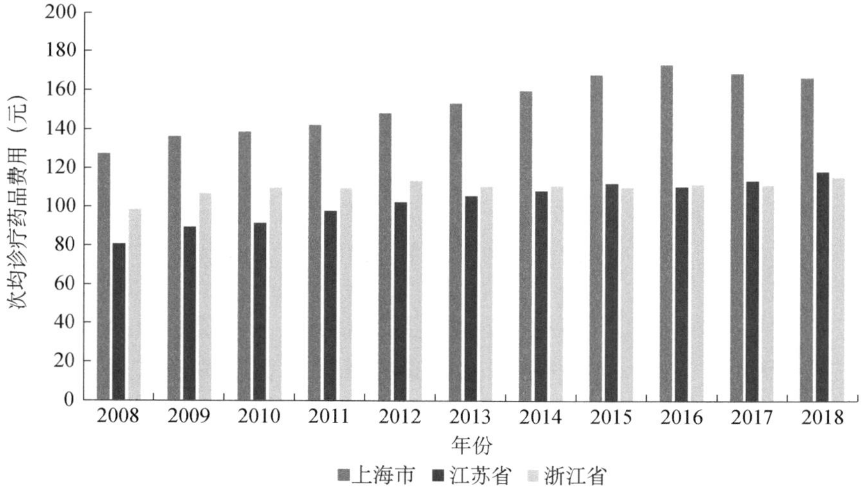

图 4-3　2008～2018 年上海市、江苏省、浙江省次均诊疗药品费用

① 即各地区医院门诊和住院病人人均医药费用，数据来源为《中国卫生统计年鉴》省级数据比较。

2008～2018 年，上海市、江苏省、浙江省次均诊疗药品费用的占比呈现缓慢下降的态势。江苏省的次均诊疗药品费用占比始终比上海市和浙江省要低。浙江省次均诊疗药品费用占比下降程度最大，下降了 15.2 个百分点，上海市下降了 12.9 个百分点，江苏省只下降了 9.2 个百分点。2018 年，上海市（43.8%）次均诊疗药品费用占比最高，江苏省（41.9%）和浙江省（43.3%）稍低一些（表 4-4、图 4-4）。

表 4-4　2008～2018 年上海市、江苏省、浙江省次均诊疗药品费用占比　（%）

地区	2008 年	2009 年	2010 年	2011 年	2012 年	2013 年
上海市	56.7	57.4	55.8	55.1	54.6	53.9
江苏省	51.1	52.1	52.0	51.2	51.1	49.9
浙江省	58.5	58.6	58.7	57.7	57.1	53.6

地区	2014 年	2015 年	2016 年	2017 年	2018 年
上海市	53.9	53.0	50.7	46.6	43.8
江苏省	48.6	47.5	44.0	43.4	41.9
浙江省	51.0	48.6	46.8	45.3	43.3

注：2008～2010 年三省市数据为综合医院门诊次均诊疗药品费用占比，2011～2018 年数据为医院门诊次均诊疗药品费用占比。

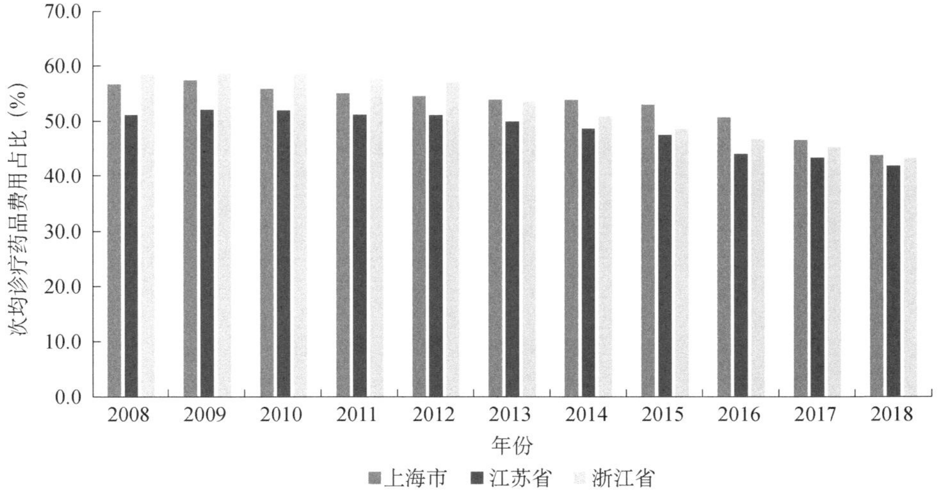

图 4-4　2008～2018 年上海市、江苏省、浙江省次均诊疗药品费用占比

2008～2018 年，上海市、江苏省、浙江省的次均诊疗检查费用的变化趋势是一致的：2008～2011 年呈缓慢上升趋势，经过 2012 年的断崖式下降后，2012～2018 年又呈缓慢上升趋势。浙江省的次均诊疗检查费用始终比上海市和江苏省要低。2008～2011 年，江苏省的次均诊疗检查费用增加量最大，上升了 8.2 元，高于上海市（6.8 元）和

浙江省（3.7 元）的增加量。2011～2012 年，上海市的次均诊疗检查费用下降量（22.5 元）最大，江苏省下降了 21.5 元，浙江省只下降了 14.6 元。2012～2018 年，上海市的次均诊疗检查费用增加量（20.6 元）最高，江苏省（14.0 元）和浙江省（10.1 元）增加得稍少一些（表 4-5、图 4-5）。

表 4-5　2008～2018 年上海市、江苏省、浙江省次均诊疗检查费用　（单位：元）

地区	2008 年	2009 年	2010 年	2011 年	2012 年	2013 年
上海市	45.9	46.4	49.0	52.7	30.2	31.0
江苏省	46.1	50.1	49.9	54.3	32.7	34.1
浙江省	34.9	36.9	38.0	38.6	24.0	25.0

地区	2014 年	2015 年	2016 年	2017 年	2018 年
上海市	32.8	34.7	39.3	45.3	50.8
江苏省	36.0	38.1	40.7	43.0	46.7
浙江省	26.8	28.2	30.3	31.4	34.1

注：2008～2009 年三省市数据为综合医院门诊次均诊疗检查费用，2010～2018 年数据为医院门诊次均诊疗检查费用。

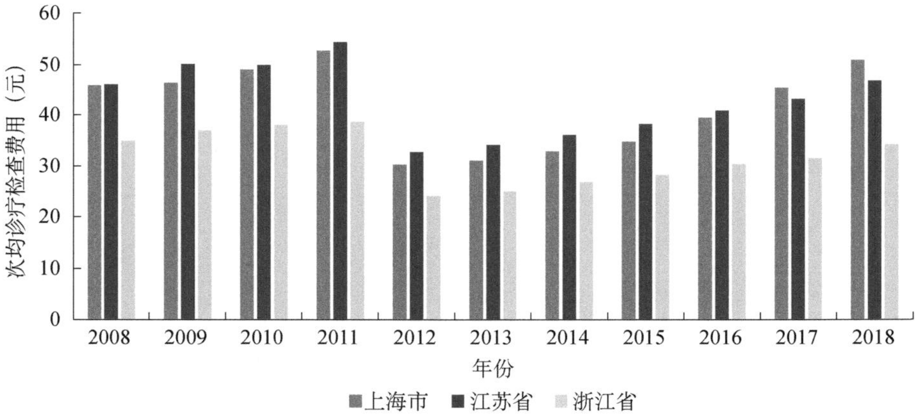

图 4-5　2008～2018 年上海市、江苏省、浙江省次均诊疗检查费用

2008～2018 年，上海市、江苏省、浙江省的次均诊疗检查费用占比的变化趋势是相似的：2008～2011 年和 2012～2018 年两个阶段的变化均比较平稳，2012 年检查费用占比出现断崖式下降。江苏省的次均诊疗检查费用占比始终比上海市和浙江省要高。2012～2018 年，三省市的次均诊疗检查费用占比均在缓慢上升，上海市（2.3 个百分点）比浙江省（0.8 个百分点）、江苏省（0.2 个百分点）增加得更明显一些（表 4-6、图 4-6）。

表 4-6 2008～2018 年上海市、江苏省、浙江省的次均诊疗检查费用占比 (%)

地区	2008 年	2009 年	2010 年	2011 年	2012 年	2013 年
上海市	20.4	19.6	19.8	20.5	11.1	10.9
江苏省	29.3	29.2	28.4	28.5	16.4	16.2
浙江省	20.7	20.3	20.3	20.3	12.1	12.1

地区	2014 年	2015 年	2016 年	2017 年	2018 年
上海市	11.1	11.0	11.5	12.5	13.4
江苏省	16.2	16.2	16.3	16.5	16.6
浙江省	12.3	12.5	12.7	12.8	12.9

注：2008～2009 年三省市数据为综合医院门诊次均诊疗检查费用占比，2010～2018 年数据为医院门诊次均诊疗检查费用占比。

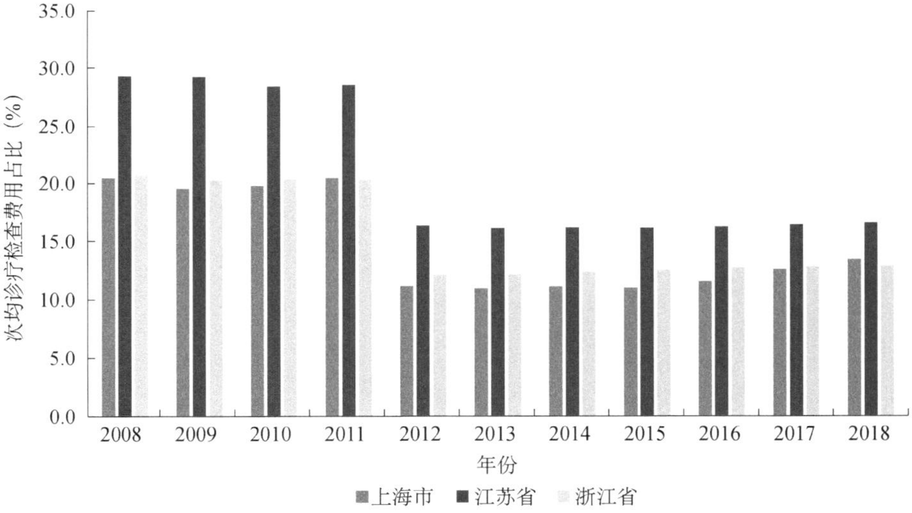

图 4-6 2008～2018 年上海市、江苏省、浙江省次均诊疗检查费用占比

4.1.3 不同医疗卫生机构的次均诊疗服务费用

以上海市为例，比较不同医疗卫生机构的次均诊疗服务费用，可以了解分级诊疗下患者的就医负担。表 4-7 中除全部医疗卫生机构的口径以外，主要比较医院和社区卫生服务中心两类明显具有分级诊疗特点的医疗机构。医院包括综合医院、中医医院、中西医结合医院、专科医院、护理院。医院按照所有制性质又可以区分为公立医院和非公立医院。公立医院又承担重要的社会服务职能，因此特别加以统计和比较。

2010～2018 年，通过各种口径计算的次均诊疗服务费用均呈现上升态势。医院的次均诊疗服务费用最高，其中公立医院的次均诊疗服务费用低于医院。社区卫生服务中心的次均诊疗服务费用明显低于医院，仅为后者的 40%左右（表 4-7）。

表 4-7　2010～2018 年上海市不同医疗卫生机构次均诊疗服务费用　（单位：元）

项目	2010 年	2011 年	2012 年	2013 年	2014 年	2015 年	2016 年	2017 年	2018 年
医院	254.68	265.39	278.18	290.03	304.47	327.22	346.18	364.39	381.60
——公立医院	250.70	261.08	272.92	283.64	298.26	319.04	336.45	352.18	367.91
社区卫生服务中心	107.34	107.38	115.60	118.76	124.24	130.09	145.66	160.64	173.58
全部医疗卫生机构	200.47	212.02	219.22	231.82	245.88	264.56	285.43	305.41	328.31

资料来源：该表数据来自各年度上海市卫生健康委员会汇编数据。

从次均诊疗服务费用的变化量来看，全部医疗卫生机构的增加值最大，2018 年比 2010 年增加了 127.84 元，社区卫生服务中心的增加值最小，仅为 66.24 元。医院和公立医院的次均诊疗服务费用分别增加了 126.92 元与 117.21 元（图 4-7）。

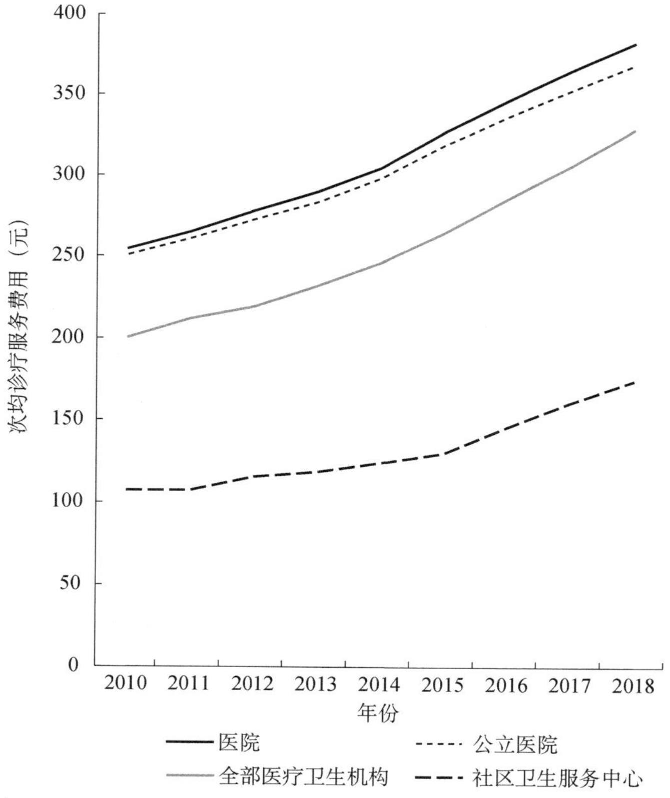

图 4-7　2010～2018 年上海市不同医疗卫生机构次均诊疗服务费用

4.2 住院服务费用

住院服务费用是按照住院人数统计归集的费用，主要包含床位费用、诊察费用、检查费用、化验费用、治疗费用、手术费用、护理费用、卫生材料费用、药品费用及药事服务费用。其中，药品费用、检查治疗费用和手术费用是统计和比较的重点内容。

由于缺少浙江 7 市的住院服务费用信息，只能比较上海市和江苏 8 市的人均住院服务费用，同时使用上海市、江苏省、浙江省的数据作比较。另外，统计人均住院服务费用[①]的医疗卫生机构范围不同，也存在一定的差异，将比较上海市 2010～2018 年的不同口径的人均住院服务费用的差异和变化。

4.2.1 人均住院服务费用的变化趋势

2018 年，人均住院服务费用最高的三个城市为上海市（18 390.4 元）、南京市（16 488.5 元）和常州市（11 925.1 元），最低的三个城市为扬州市（9941.1 元）、镇江市（10 317.8 元）和泰州市（10 677.7 元）；最高值是最低值的 1.85 倍（表 4-8）。

表 4-8 2008～2018 年上海市和江苏 8 市人均住院服务费用 （单位：元）

城市	2008 年	2009 年	2010 年	2011 年	2012 年	2013 年
上海市	10 287.2	11 276.1	12 249.9	12 966.5	13 642.8	14 243.2
南京市	10 521.0	11 916.2	13 059.7	13 925.0	12 997.1	13 755.3
无锡市	7 989.0	8 612.0	8 216.9	8 845.5	9 290.6	9 815.3
常州市	9 181.2	9 768.0	10 305.7	11 068.1	10 970.1	11 300.1
苏州市	7 650.1	8 726.1	9 011.5	10 021.8	9 469.6	9 782.7
南通市	8 640.3	9 536.6	10 317.3	11 133.6	9 124.7	9 609.0
扬州市	7 408.6	8 428.6	8 888.9	9 468.1	8 622.7	9 200.4
镇江市	6 417.8	7 178.6	8 048.0	8 178.4	8 144.1	8 665.8
泰州市	7 706.7	8 362.8	9 160.1	9 661.3	9 193.7	9 460.5

城市	2014 年	2015 年	2016 年	2017 年	2018 年
上海市	15 048.7	16 084.6	17 111.7	18 185.2	18 390.4
南京市	14 357.9	15 047.9	15 390.2	15 515.7	16 488.5
无锡市	10 530.3	10 644.7	10 653.3	11 253.0	11 639.3
常州市	11 688.4	11 882.7	11 945.4	11 893.8	11 925.1
苏州市	10 060.4	10 405.0	10 723.8	11 281.0	11 820.2
南通市	10 085.9	10 421.4	10 617.8	10 886.0	11 373.6

① 即住院病人人均医药费用。

续表

城市	2014 年	2015 年	2016 年	2017 年	2018 年
扬州市	9 823.6	10 022.3	9 897.8	9 779.2	9 941.1
镇江市	8 873.0	9 111.3	9 283.4	9 771.8	10 317.8
泰州市	9 707.2	10 053.8	10 311.4	10 359.1	10 677.7

注：①2008～2009 年上海市人均住院服务费用数据为综合医院人均住院服务费用。2010～2018 年上海市人均住院服务费用数据为医院人均住院服务费用。②2008～2011 年江苏 8 市人均住院服务费用数据为卫生部门综合医院人均住院服务费用。2012～2018 年江苏 8 市人均住院服务费用数据为医院人均住院服务费用。③数据来源为《中国卫生统计年鉴》。

从 2008～2018 年的数据变化看，上海市和江苏 8 市的人均住院服务费用均呈上升的趋势。9 个城市人均住院服务费用的相对顺序变化不大：上海市和南京市的人均住院服务费用处于前两位，镇江市和扬州市多数年份的人均住院服务费用处于末两位。泰州市和无锡市的人均住院服务费用相对较低。人均住院服务费用排位明显下降的是南通市，2008 年排位第四，2018 年排位第六。人均住院服务费用排位明显上升的是苏州市，2008 年排位第七，2018 年排位第四（图 4-8）。

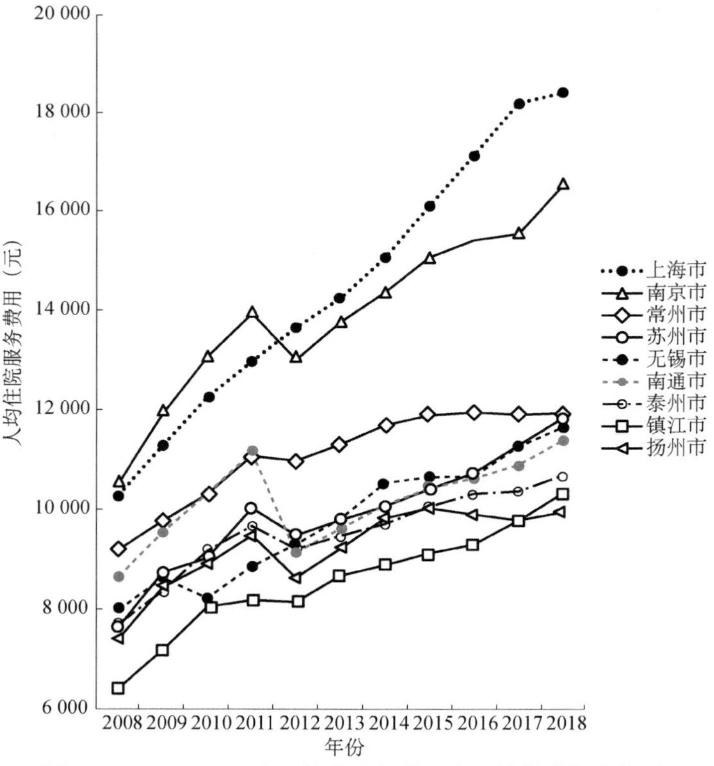

图 4-8　2008～2018 年上海市和江苏 8 市人均住院服务费用

为了更全面地展示长三角地区的住院服务费用的地区差异，将 2008～2018 年上海市、江苏省、浙江省的省级数据作比较（表 4-9 和图 4-9）。

表 4-9　2008～2018 年上海市、江苏省、浙江省人均住院服务费用　（单位：元）

地区	2008 年	2009 年	2010 年	2011 年	2012 年	2013 年
上海市	10 287.2	11 276.1	12 249.9	12 966.5	13 642.8	14 422.4
江苏省	7 642.7	8 444.5	7 961.1	8 431.3	8 810.2	9 277.3
浙江省	8 188.6	8 905.9	8 933.7	8 922.9	9 422.7	9 771.1

地区	2014 年	2015 年	2016 年	2017 年	2018 年
上海市	15 048.7	16 084.6	17 111.7	18 185.2	18 390.4
江苏省	9 673.9	10 060.3	10 364.1	10 597.9	11 215.6
浙江省	10 318.2	10 578.0	10 952.6	11 310.4	11 516.6

注：2008～2010 年三省市数据为综合医院人均住院服务费用，2011～2018 年数据为医院人均住院服务费用。

2008～2018 年，上海市、江苏省、浙江省的人均住院服务费用均处于上升趋势。其中，上海市的人均住院服务费用要明显高于江苏省和浙江省，上升趋势也更加明显。江苏省和浙江省两省的人均住院服务费用相差不多，浙江省略高于江苏省。

4.2.2　人均住院服务费用的构成

住院患者使用的药品、耗材和设施等技术手段较多，一直是控制医疗费用的重点关注对象。手术费用是专门针对手术人员的劳务补偿，与药品费用、检查费用相比，更加利于专业人力资本的积累。比较三省市的各种费用构成和占比，可以了解各省市在控费方面的管理力度和变化趋势。

2008～2018 年，上海市、江苏省和浙江省的人均住院服务费用都经历了先上升后下降的过程。浙江省在 2009 年即到达最高点，随后呈下降的趋势。江苏省在 2015 年到达最高点，上海市在 2016 年到达最高点。上海市的人均住院药品费用始终要高于江苏省和浙江省。2008～2012 年浙江省人均住院药品费用高于江苏省，2013～2018 年江苏省反超浙江省（表 4-10）。

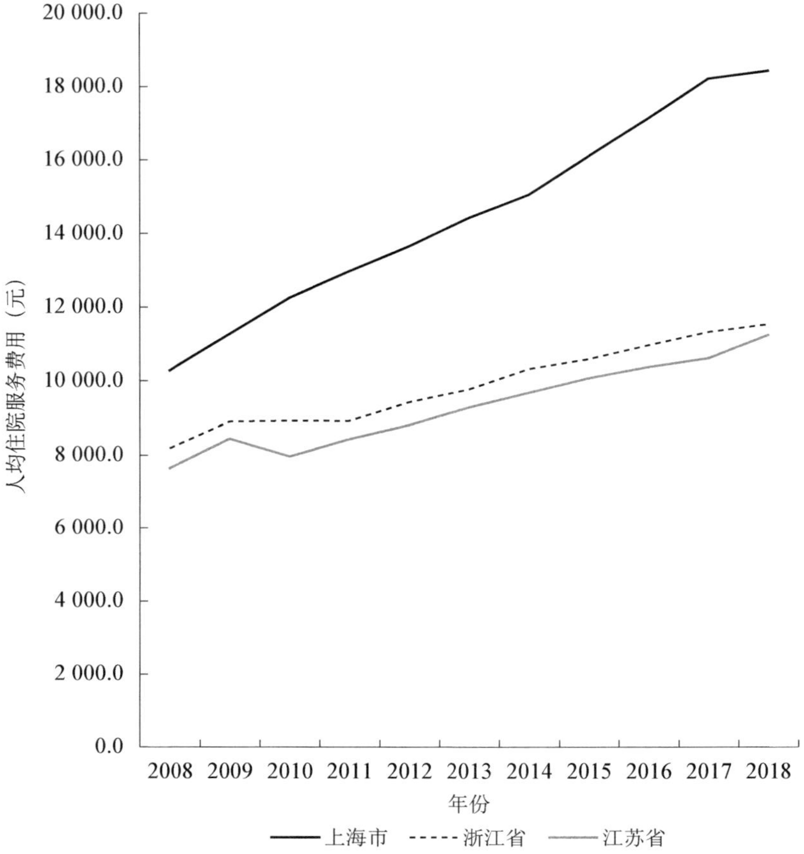

图 4-9　2008～2018 年上海市、江苏省、浙江省人均住院服务费用

表 4-10　2008～2018 年上海市、江苏省、浙江省人均住院药品费用　（单位：元）

地区	2008 年	2009 年	2010 年	2011 年	2012 年	2013 年
上海市	4183.5	4638.6	4674.8	4737.2	4893.9	5054.0
江苏省	3597.2	3979.9	3679.2	3892.0	4017.3	4081.9
浙江省	4067.4	4378.6	4265.6	3977.5	4054.3	3819.6

地区	2014 年	2015 年	2016 年	2017 年	2018 年
上海市	5190.1	5460.0	5520.7	5119.6	4498.8
江苏省	4058.9	4101.7	3828.4	3692.6	3631.9
浙江省	3709.1	3536.0	3545.2	3528.7	3351.5

注：2008～2009 年三省市数据为综合医院人均住院药品费用。2010～2018 年三省市数据为医院人均住院药品费用。

2008～2018 年，上海市、江苏省和浙江省的人均住院药品费用变化的整体趋势是不同的。上海市以上升趋势为主（2018 年比 2008 年增加了 315.3 元）、浙江省以下降趋势为主（2018 年比 2008 年减少了 715.9 元），江苏省则相对稳定（2018 年比 2008 年仅增加 34.7 元）（图 4-10）。

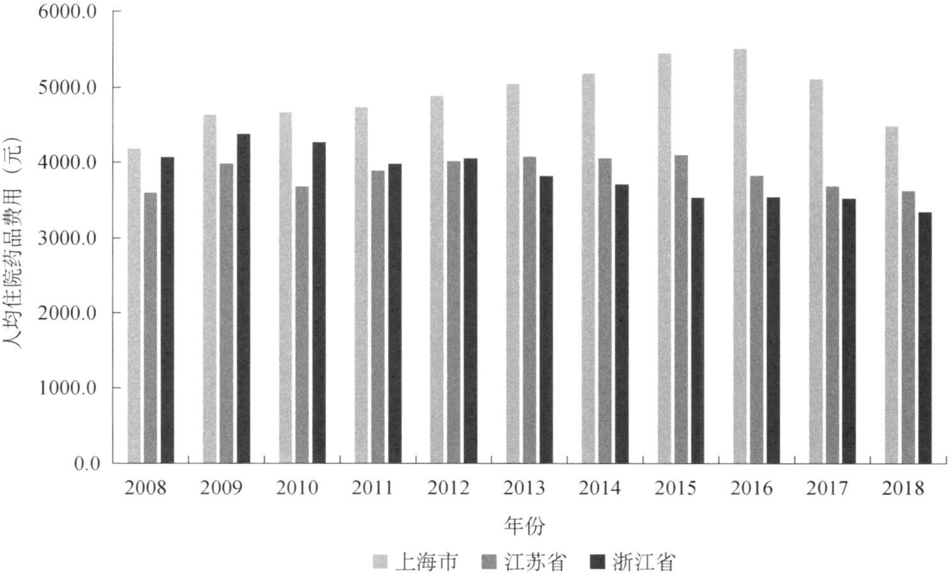

图 4-10　2008～2018 年上海市、江苏省、浙江省的人均住院药品费用

2008～2018 年，上海市、江苏省和浙江省的人均住院药品费用在人均住院服务费用的占比（简称人均住院药品费用占比）均为下降态势。与人均住院药品费用不同的是，上海市的人均住院药品费用占比在多数年份要低于江苏省和浙江省（仅在 2015 年略高于浙江省）。2008 年浙江省人均住院药品费用占比高于江苏省，2018 年江苏省人均住院药品费用占比高于浙江省（表 4-11）。

表 4-11　2008～2018 年上海市、江苏省和浙江省的人均住院药品费用占比　（%）

地区	2008 年	2009 年	2010 年	2011 年	2012 年	2013 年
上海市	40.67	41.14	38.16	36.53	35.87	35.04
江苏省	47.07	47.13	46.21	46.16	45.60	44.00
浙江省	49.67	49.17	47.75	44.58	43.03	39.09

地区	2014 年	2015 年	2016 年	2017 年	2018 年
上海市	34.49	33.95	32.26	28.15	24.46
江苏省	41.96	40.77	36.94	34.84	32.38
浙江省	35.95	33.43	32.37	31.20	29.10

注：2008～2009 年三省市数据为综合医院人均住院药品费用。2010～2018 年三省市数据为医院人均住院药品费用。

2008～2018 年，上海市、江苏省和浙江省的人均住院药品费用占比下降的程度存在差异。下降最为明显的是浙江省，2018 年比 2008 年下降了 20.57 个百分点。上海市下降了 16.20 个百分点。江苏省下降最不明显，2018 年比 2008 年下降了 14.68 个百分点（图 4-11）。

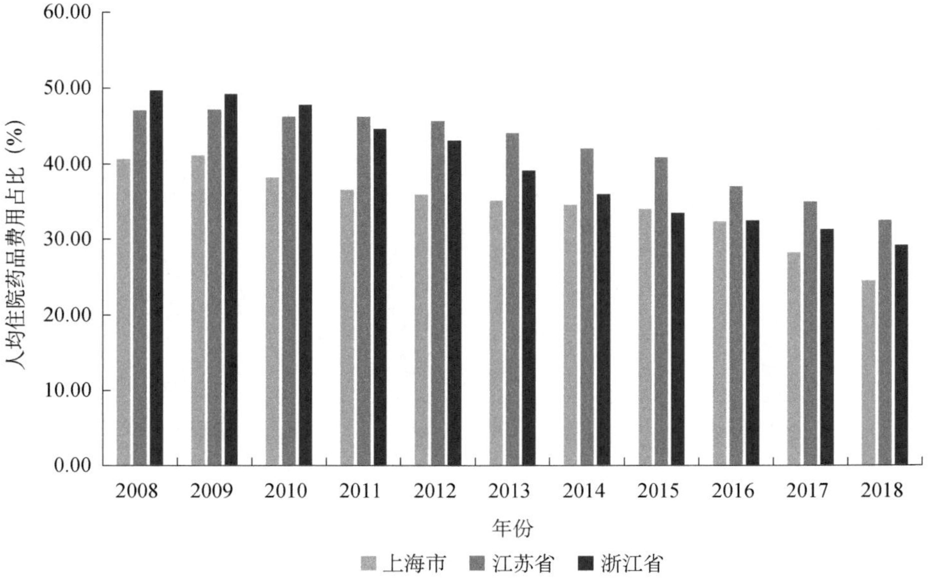

图 4-11　2008～2018 年上海市、江苏省、浙江省人均住院药品费用占比

2008～2018 年，上海市、江苏省和浙江省的人均住院检查治疗费用[①]在 2010 年和 2012 年都经历了两次断崖式的下降，但总体趋势还是上升的。两次断崖式下降除了有统计口径从 2009 年的综合医院改为 2010 年的医院的因素，更重要的还是新医改的影响。2009 年 3 月，国务院常务会议通过《中共中央 国务院关于深化医药卫生体制改革的意见》和《2009—2011 年深化医药卫生体制改革实施方案》，正式开启了我国新一轮的医药卫生体制改革（简称“新医改”）。新医改以“一个目标、四梁八柱”为主要核心内容。2009～2011 年三年时间，国家就投入 13 800 亿元[②]，体现了政府在卫生筹资和公共卫生方面的主导作用；“四梁”中的“后三梁”也就是医保、医药、医疗的

① 即住院病人人均医药费用中的检查费。

② 十年“新医改”，哪里新？改了啥？https://mp.weixin.qq.com/s?__biz=MjM5NzUzODczMg==&mid=2649800063&idx=2&sn=3dbd4a089d0d974db3d9ea586541be28&chksm=bedc63bc89abeaaa3f97f9c5b2ca9d5335a15b6df77f5e63b8aa73e10aa7893523aa381c246f&scene=27[2023-12-04].

“三医联动”。上海市在大部分年份的人均住院检查治疗费用都比江苏省和浙江省要高。江苏省人均住院检查治疗费用仅在2010年和2011年高于上海市。浙江省人均住院检查治疗费始终是最低的（表4-12）。

表4-12　2008～2018年上海市、江苏省、浙江省人均住院检查治疗费用　（单位：元）

地区	2008年	2009年	2010年	2011年	2012年	2013年
上海市	3422.6	3662.9	1621.8	1699.1	816.8	851.8
江苏省	2394.0	2681.9	1989.1	2048.3	593.5	639.4
浙江省	1663.4	1745.1	1212.6	1263.3	481.9	538.3

地区	2014年	2015年	2016年	2017年	2018年
上海市	880.1	939.0	1035.3	1189.3	1338.6
江苏省	681.9	725.4	737.2	804.9	881.8
浙江省	578.3	620.2	649.0	688.7	720.1

注：2008～2009年三省市数据为综合医院人均住院检查治疗费用。2010～2018年三省市数据为医院人均住院检查治疗费用。

2012～2018年，上海市、江苏省和浙江省的人均住院检查治疗费用上升幅度存在差异。其中上升最为明显的是上海市，上升了521.8元，平均每年上升87.0元；江苏省上升了288.3元，平均每年上升48.1元；浙江省上升幅度最小，上升了238.2元，平均每年上升39.7元（图4-12）。

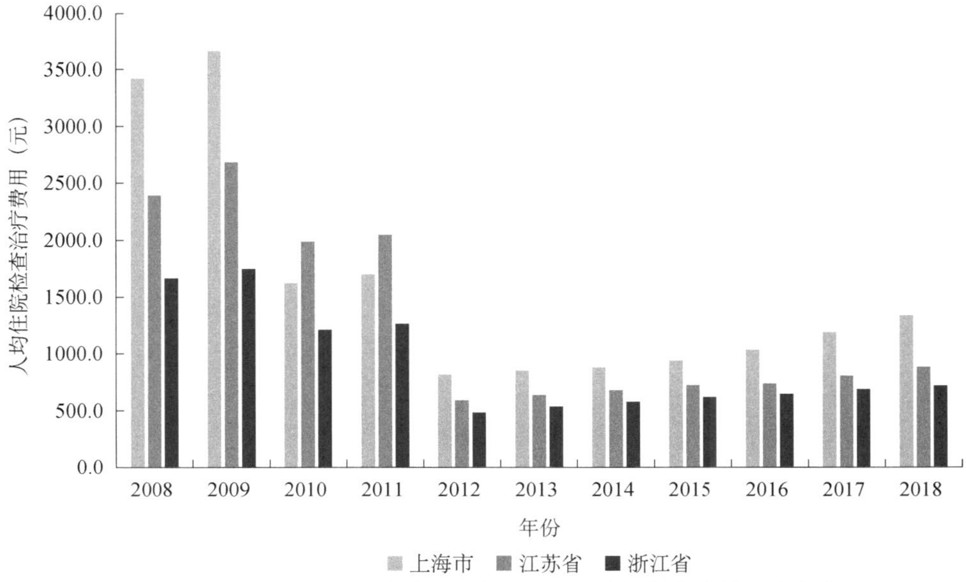

图4-12　2008～2018年上海市、江苏省、浙江省人均住院检查治疗费用

2008～2018 年，上海市、江苏省、浙江省的人均住院检查治疗费用占比也经历了 2010 年和 2012 年两次断崖式的下降。2012 年以后，三省市的占比数据呈现缓慢上升的趋势。江苏省人均住院检查治疗费用占比在多数年份要高于上海市和浙江省。上海市仅在 2008 年和 2009 年略高于江苏省。多数年份下，浙江省人均住院检查治疗费用占比是最低的，仅在 2010 年和 2011 年略高于上海市（表 4-13）。

表 4-13　2008～2018 年上海市、江苏省、浙江省人均住院检查治疗费用占比　（%）

地区	2008 年	2009 年	2010 年	2011 年	2012 年	2013 年
上海市	33.27	32.48	13.24	13.10	5.99	5.91
江苏省	31.32	31.76	24.99	24.29	6.74	6.89
浙江省	20.31	19.59	13.57	14.16	5.11	5.51

地区	2014 年	2015 年	2016 年	2017 年	2018 年
上海市	5.85	5.84	6.05	6.54	7.28
江苏省	7.05	7.21	7.11	7.59	7.86
浙江省	5.60	5.86	5.93	6.09	6.25

注：2008～2009 年三省市数据为综合医院人均住院检查治疗费用。2010～2018 年三省市数据为医院人均住院检查治疗费用。

2012～2018 年，上海市、江苏省和浙江省的人均住院检查治疗费用占比上升幅度相差不大。其中上升最为明显的是上海市，该市上升了 1.29 个百分点。浙江省和江苏省分别上升了 1.14 个百分点和 1.12 个百分点（图 4-13）。

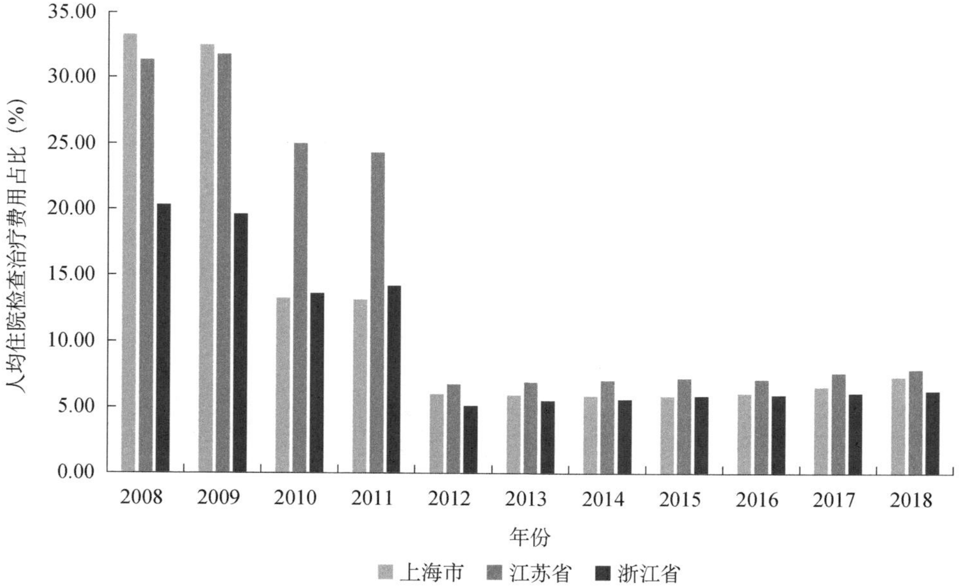

图 4-13　2008～2018 年上海市、江苏省和浙江省人均住院检查治疗费用占比

2011～2018 年，上海市的人均住院手术费用始终高于浙江省和江苏省，浙江省次之，江苏省最低。2018 年，江苏省人均住院手术费用仅是上海市的 42.50%、浙江的 73.28%（表 4-14）。

表 4-14 2011～2018 年上海市、江苏省、浙江省人均住院手术费用 （单位：元）

地区	2011 年	2012 年	2013 年	2014 年	2015 年	2016 年	2017 年	2018 年
上海市	2245.5	1421.3	1452.8	1366	1393.2	1482.6	1714.8	1740.1
江苏省	531.1	519.6	529.9	556.6	579.5	652.7	658.8	739.5
浙江省	755.6	733.9	790.0	885.6	898.4	935.1	978.7	1009.2

注：2008～2010 年三省市手术费用未单独统计，故仅展示 2011～2018 年三省市医院人均住院手术费用。

2011～2018 年，上海市、江苏省和浙江省的人均住院手术费用变化趋势存在差异。其中，上海市上下浮动较大，2011 年的人均住院手术费用达到最高值 2245.5 元，2012 年下降至 1421.3 元，后经波动上升，2018 年变为 1740.1 元，仅占 2011 年的 77.49%，但比 2012 年上升了 318.8 元。浙江省和江苏省均为缓慢上升的趋势。浙江省 2018 年比 2011 年上升了 253.6 元。江苏省 2018 年比 2011 年上升了 208.4 元（图 4-14）。

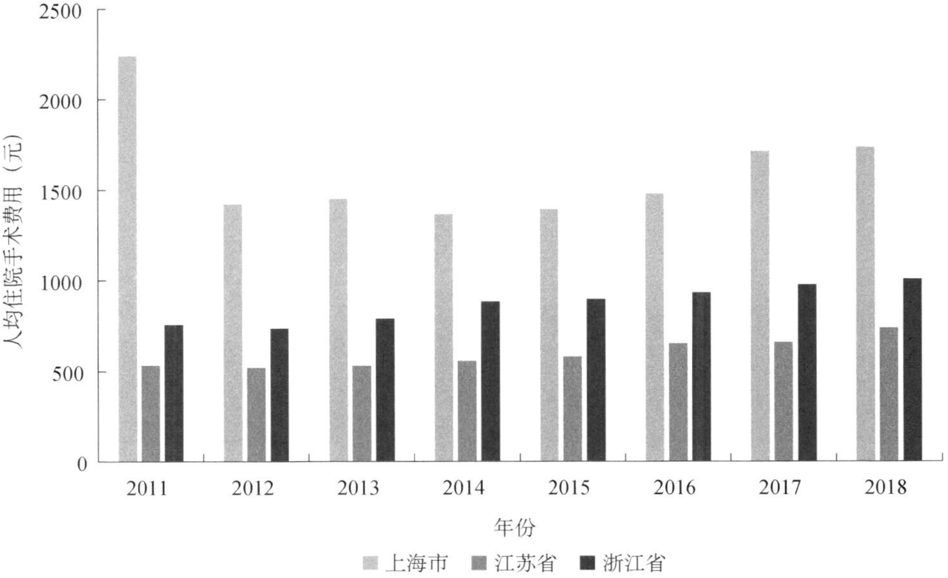

图 4-14 2011～2018 年上海市、江苏省、浙江省人均住院手术费用

2011～2018 年，上海市、江苏省和浙江省的人均住院手术费用占比如表 4-15 所

示，上海市（8.66%～17.32%）始终比浙江省、江苏省高，浙江省（7.79%～8.76%）次之，江苏省（5.71%～6.59%）最低。2018 年，上海市人均住院手术费用占比为 9.46%，江苏省比上海市低 2.87 个百分点，浙江省比上海市低 0.70 个百分点，江苏省比浙江省低 2.17 个百分点。

表 4-15　2011～2018 年上海市、江苏省、浙江省人均住院手术费用占比　（%）

地区	2011 年	2012 年	2013 年	2014 年	2015 年	2016 年	2017 年	2018 年
上海市	17.32	10.42	10.07	9.08	8.66	8.66	9.43	9.46
江苏省	6.30	5.90	5.71	5.75	5.76	6.30	6.22	6.59
浙江省	8.47	7.79	8.09	8.58	8.49	8.54	8.65	8.76

注：2008～2010 年三省市手术费用未单独统计，故仅展示 2011～2018 年三省市医院人均住院手术费用。

除 2011 年上海市的数据偏高之外，2012～2018 年上海市、江苏省、浙江省人均住院手术费用占比变化趋势基本一致，均为平缓下降再上升的波动过程。上海市在 2015 年、2016 年达到最低值 8.66%。江苏省在 2013 年达到最低值 5.71%，浙江省在 2012 年达到最低值 7.79%（图 4-15）。

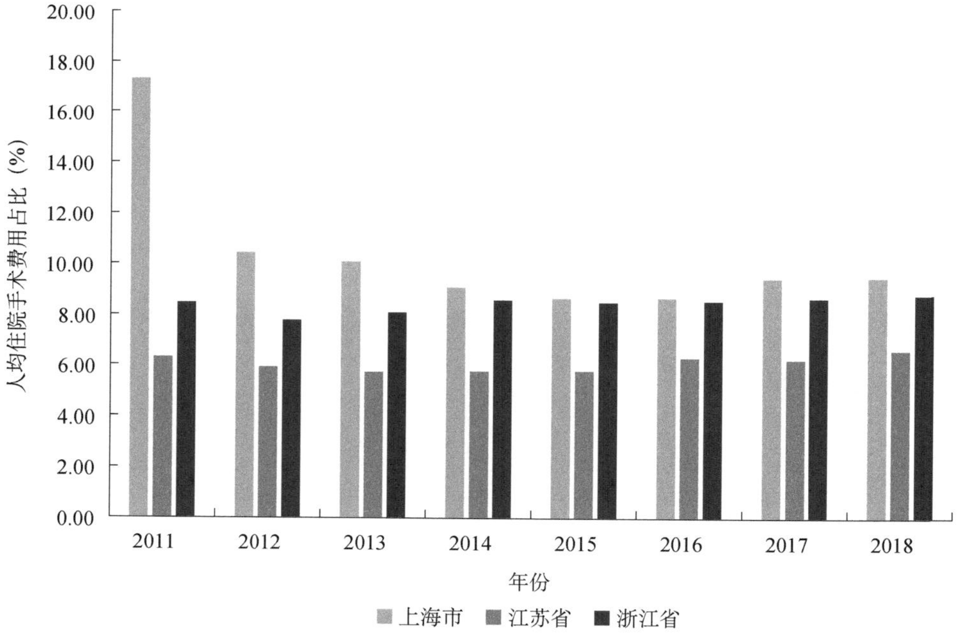

图 4-15　2011～2018 年上海市、江苏省、浙江省三省市人均住院手术费用占比

4.2.3 不同医疗卫生机构的人均住院服务费用

以上海市为例，比较不同医疗卫生机构的人均住院服务费用，可以了解分级诊疗下患者就医负担（表 4-16）。2010～2018 年，不同医疗卫生机构的人均住院服务费用均呈现上升趋势。把医院的人均住院服务费用看成是平均值，只有 2010 年和 2011 年公立医院的人均住院服务费用是高于平均值的，其余年份公立医院都低于平均值，由此能够推断 2012～2018 年非公立医院的人均住院服务费用是高于公立医院的。社区卫生服务中心的人均住院服务费用明显低于医院，但是两者的差距在缩小，2010 年前者为后者的 45.56%，2018 年上升到 79.53%。

表 4-16　2010～2018 年上海市不同医疗卫生机构人均住院服务费用　（单位：元）

项目	2010 年	2011 年	2012 年	2013 年	2014 年	2015 年	2016 年	2017 年	2018 年
医院	12 368.9	13 258.0	14 146.7	15 078.9	15 547.4	16 518.8	17 361.3	18 213.2	18 517.4
其中：公立医院	12 410.5	13 287.7	13 848.4	14 586.4	15 400.6	16 385.6	17 239.5	17 889.3	18 048.3
社区卫生服务中心	5 635.1	5 835.2	6 130.2	7 136.4	7 843.4	9 516.7	10 969.2	12 445.9	14 727.6
全部医疗卫生机构	11 765.7	12 686.5	13 275.1	14 280.5	14 838.9	15 867.7	16 698.0	17 597.4	17 961.0

资料来源：上海市主要卫生计生统计数据。

从人均住院服务费用的变化量来看，社区卫生服务中心人均住院服务费用的增加值最大，2018 年比 2010 年增加了 9092.5 元。公立医院的人均住院服务费用的增加值最小，仅为 5637.8 元。医院的人均住院服务费用增加值为 6148.5 元。全部医疗卫生机构的人均住院服务费用增加了 6195.3 元（图 4-16）。

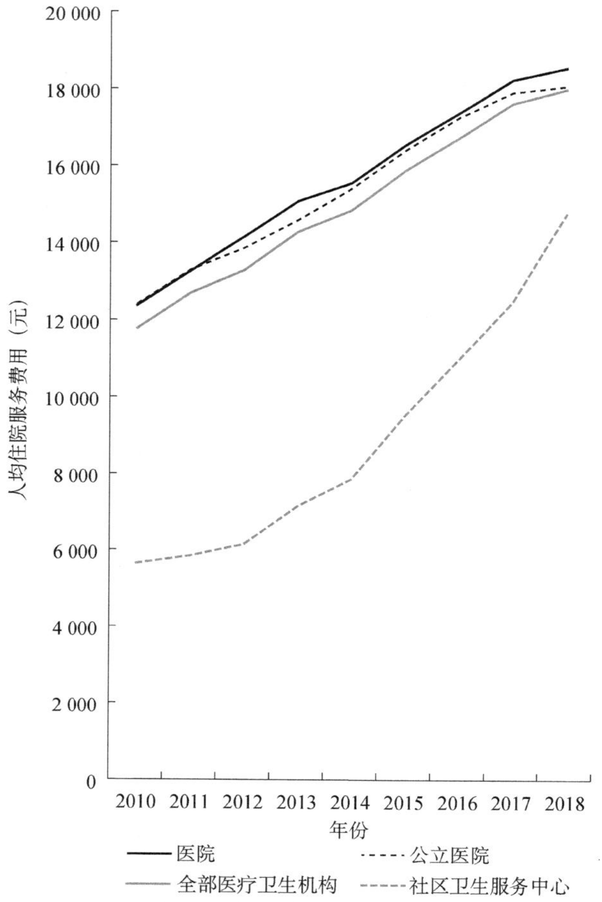

图 4-16　2010～2018 年上海市不同医疗卫生机构的人均住院服务费用

5 传染病防治

预防、控制和消除传染病的发生与流行，保障公众生命健康是政府在公共卫生领域的主要职责。我国对传染病防治实行预防为主的方针，坚持防治结合、分类管理、依靠科学、依靠群众。根据《中华人民共和国传染病防治法》，传染病分为甲类、乙类和丙类，内容如下。

（1）甲类传染病是指鼠疫、霍乱。

（2）乙类传染病是指传染性非典型肺炎、艾滋病、病毒性肝炎、脊髓灰质炎、人感染高致病性禽流感、麻疹、流行性出血热、狂犬病、流行性乙型脑炎、登革热、炭疽、细菌性和阿米巴性痢疾、肺结核、伤寒和副伤寒、流行性脑脊髓膜炎、百日咳、白喉、新生儿破伤风、猩红热、布鲁氏菌病、淋病、梅毒、钩端螺旋体病、血吸虫病、疟疾。

（3）丙类传染病是指流行性感冒、流行性腮腺炎、风疹、急性出血性结膜炎、麻风病、流行性和地方性斑疹伤寒、黑热病、包虫病、丝虫病，除霍乱、细菌性和阿米巴性痢疾、伤寒和副伤寒以外的感染性腹泻病。

甲、乙类传染病是防治的重点。政府部门根据传染病暴发、流行情况和危害程度，可以决定增加、减少或者调整乙、丙类传染病病种并予以公布。对乙类传染病中高传染性、高致病性疾病和突发原因不明的传染病，政府可以采取甲类传染病的预防、控制措施。

5.1 传染病发病数和发病率

传染病发病数和发病率的统计范围是甲、乙类法定报告传染病。统计指标为甲、乙类法定报告传染病发病数（简称传染病发病数①）和甲、乙类法定报告传染病发病率（简称传染病发病率）。传染病发病率为按年份某地区每 10 万人口中传染病发病数，即传染病发病率=传染病发病数/人口数×100 000。

由于缺少江苏 8 市的传染病防控信息，只能比较上海市和浙江 7 市的防控数据，同时使用上海市和江苏省、浙江省全省的防控数据作比较。

5.1.1 传染病发病数

2018 年，传染病发病数最高的三个城市为上海市（21 100 例）、杭州市（20 091

① 上海市用“传染病发病数总例数”指标表示，浙江省用“传染病发病数”指标表示。

例）和宁波市（16 486 例），最低的三个城市为舟山市（2652 例）、湖州市（4310 例）和绍兴市（7435 例）。传染病发病数最高的城市是最低的城市的 7.96 倍（表 5-1）。

表 5-1　2008～2018 年上海市和浙江 7 市传染病发病数　（单位：例）

城市	2008 年	2009 年	2010 年	2011 年	2012 年	2013 年
上海市	26 200	26 800	22 200	23 000	21 400	21 500
杭州市	27 377	24 957	23 179	23 387	22 386	20 553
宁波市	20 790	18 746	16 363	16 196	13 843	13 485
嘉兴市	10 393	10 786	10 508	10 447	8 729	8 461
湖州市	8 726	8 906	8 199	7 265	5 526	5 216
绍兴市	14 055	13 073	12 519	11 184	10 496	10 436
舟山市	3 830	4 572	4 131	2 979	2 257	2 015
台州市	22 353	20 704	18 895	12 424	11 112	10 857

城市	2014 年	2015 年	2016 年	2017 年	2018 年
上海市	22 600	25 200	23 200	23 200	21 100
杭州市	21 213	21 619	20 272	23 119	20 091
宁波市	13 316	13 865	14 454	15 941	16 486
嘉兴市	8 723	8 575	8 946	9 324	8 378
湖州市	5 109	4 779	4 774	4 572	4 310
绍兴市	9 871	9 121	8 467	8 446	7 435
舟山市	2 204	2 210	2 300	2 707	2 652
台州市	11 096	10 582	11 661	12 299	10 440

从 2008～2018 年的数据变化看，上海市和浙江 7 市的传染病发病数均呈下降的趋势。8 个城市传染病发病数的相对顺序变化不大：上海市和杭州市始终处于前两位，舟山市和湖州市则一直处于后两位。与 2008 年相比，2018 年排位下降的有杭州市、台州市、绍兴市，排位均下降 1 位。排位上升的有上海市、宁波市和嘉兴市，排位均上升 1 位（图 5-1）。

5.1.2　传染病发病率

2018 年，传染病发病率最高的三个城市为舟山市（227.05/10 万）、杭州市（212.20/10 万）和宁波市（205.95/10 万），最低的三个城市为湖州市（143.91/10 万）、上海市（145.66/10 万）和绍兴市（148.40/10 万）。传染病发病率最高的城市是最低的城市的 1.58 倍（表 5-2）。

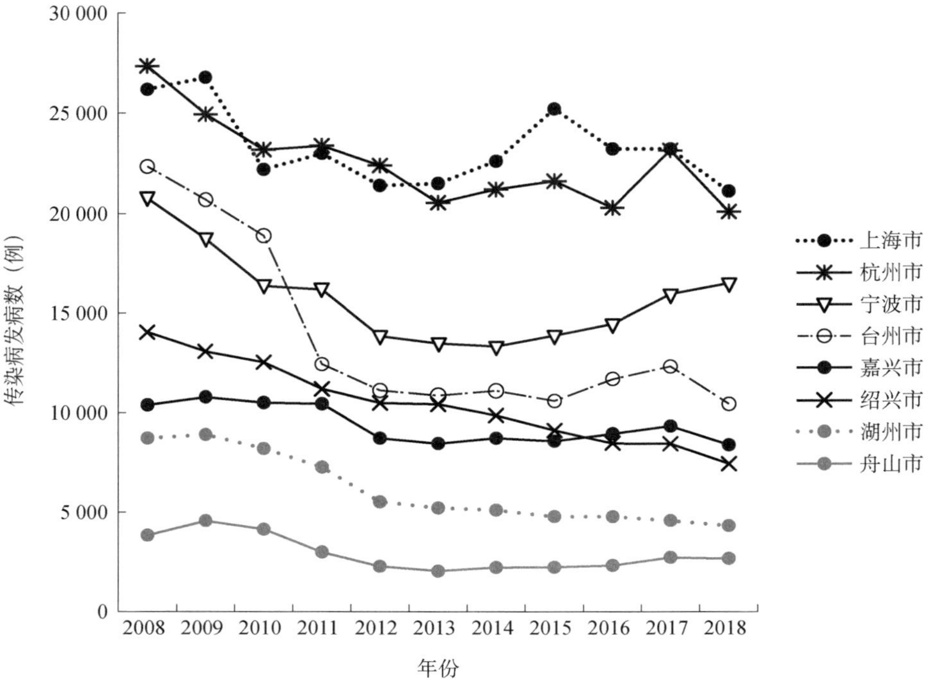

图 5-1　2008～2018 年上海市和浙江 7 市传染病发病数

表 5-2　2008～2018 年上海市和浙江 7 市传染病发病率　　（1/10 万）

城市	2008 年	2009 年	2010 年	2011 年	2012 年	2013 年
上海市	192.92	195.37	161.17	163.97	151.66	151.13
杭州市	364.50	328.72	302.07	268.80	257.55	234.56
宁波市	317.93	283.58	244.92	212.95	181.79	176.54
嘉兴市	265.32	272.62	262.97	232.07	192.90	185.88
湖州市	303.92	306.96	279.62	251.08	189.70	179.75
绍兴市	297.17	273.39	258.99	235.18	212.92	210.89
舟山市	349.05	411.97	368.08	265.67	200.68	175.04
台州市	389.49	355.93	320.58	208.15	185.00	180.35

城市	2014 年	2015 年	2016 年	2017 年	2018 年
上海市	158.38	176.13	161.78	161.31	145.66
杭州市	240.53	244.69	224.79	251.62	212.20
宁波市	173.83	180.67	184.72	202.43	205.95
嘉兴市	190.61	187.04	195.11	202.08	179.94
湖州市	175.59	163.94	161.83	153.68	143.91
绍兴市	198.71	183.29	170.43	169.33	148.40
舟山市	189.77	189.94	199.65	233.77	227.05
台州市	183.64	174.82	192.78	202.29	170.64

从2008～2018年的数据变化看，上海市和浙江7市的传染病发病率均呈下降的趋势。上海市传染病发病率始终处于较低的水平。浙江 7 市的传染病发病率也有显著降低，其中下降最明显的是台州市和湖州市：台州市2008年传染病发病率排位第一，2018年排位第五；湖州市2008年传染病发病率排位第五，2018年降低到末位。排位上升的有嘉兴市、舟山市、上海市和宁波市，分别上升了3位、2位、1位和1位（图5-2）。

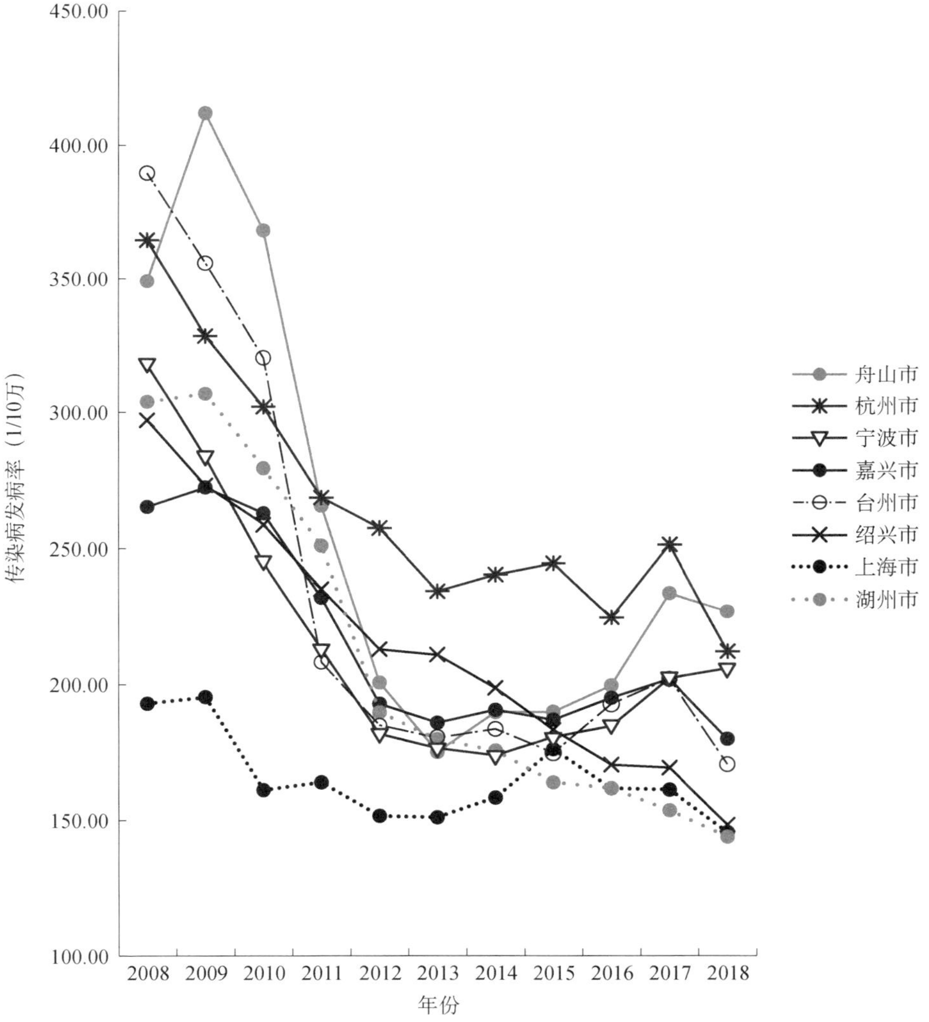

图5-2　2008～2018年上海市和浙江7市传染病发病率

为了更全面地展示长三角地区在传染病发病率方面的地区差异，将 2008～2018 年的上海市、江苏省、浙江省省级数据作比较（表 5-3 和图 5-3）。

表 5-3　2008～2018 年上海市、江苏省、浙江省传染病发病率　（1/10 万）

地区	2008 年	2009 年	2010 年	2011 年	2012 年	2013 年
上海市	224.95	221.26	185.62	166.9	190.71	173.78
江苏省	166.02	164.65	138.19	131.51	121.91	116.74
浙江省	345.01	324.6	296.48	261.76	209.14	192.46

地区	2014 年	2015 年	2016 年	2017 年	2018 年
上海市	174.20	186.91	184.00	185.06	175.04
江苏省	117.29	124.24	114.56	111.54	113.50
浙江省	193.92	193.24	195.31	206.91	181.83

注：表中数据来源于《中国卫生统计年鉴》《中国卫生和计划生育统计年鉴》《中国卫生健康统计年鉴》。其中上海市数据与表 5-2 中上海市数据（来源为《上海统计年鉴》）不一致。

2008～2018 年，上海市、江苏省、浙江省的传染病发病率均处于下降态势。其中，江苏省的传染病发病率要明显低于浙江省和上海市，在 2018 年比上海市的发病率低 35.16%，比浙江省的发病率低 37.58%。浙江省的传染病发病率下降幅度最大，从 2008 年的 345.01/10 万下降到 181.83/10 万，下降了 47.30%，上海市和江苏省传染病发病率下降得比较平缓，分别下降了 22.19%和 31.63%。

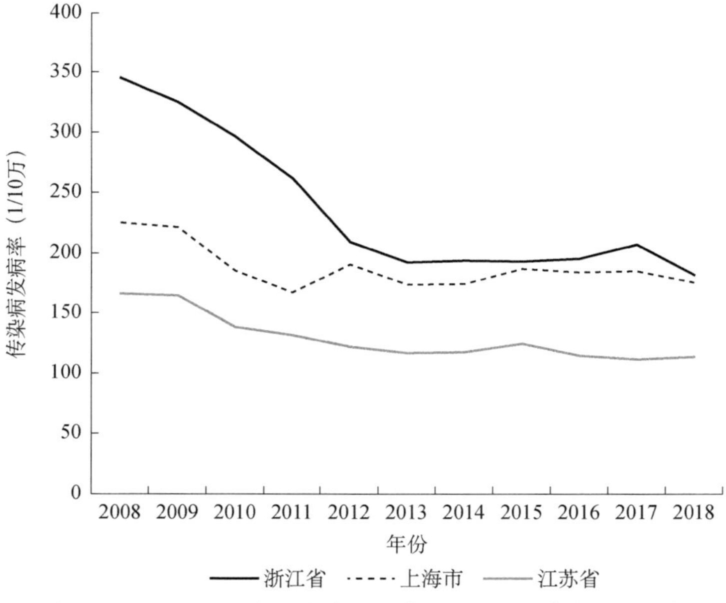

图 5-3　2008～2018 年上海市、江苏省、浙江省传染病发病率

5.2 传染病死亡人数、死亡率和病死率

发现传染病后，政府在组织隔离防范疫情传播之外，对患者积极救治，减少因病致死致残人数也是政府公共卫生的重要职责。因此传染病死亡人数[①]和死亡率也是评价地区公共卫生绩效的重要指标。

甲、乙类法定报告传染病死亡率（简称传染病死亡率）是指按照年份统计某地区每 10 万人口中甲、乙类法定报告传染病死亡人数（简称传染病死亡人数）。即传染病死亡率=传染病死亡人数/人口数×100 000。按照人民卫生出版社《流行病学》（第 8 版）教科书的定义，病死率是指一定时期内因某病死亡者占该病病人的比例，表现该病死亡的危险性。病死率表示某确诊疾病死亡概率水平，常用于急性传染病。它可以反映疾病的严重程度、医疗卫生水平和诊治能力。计算公式：病死率=某时期内因某病死亡人数/同期某病的病人数×100%。浙江省卫生统计信息汇编中公布了此项指标，上海市主要卫生计生统计数据中未公布此项指标，为根据死亡率和发病率计算而得。

5.2.1 传染病死亡人数

2018 年，传染病死亡人数最高的三个城市为上海市（92 人）、台州市（75 人）和杭州市（58 人），最低的三个城市为舟山市（7 人）、湖州市（9 人）和绍兴市（18 人）。死亡数最高的城市是最低的城市的 13.14 倍（表 5-4）。

表 5-4　2008～2018 年上海市和浙江 7 市传染病死亡人数　（单位：人）

城市	2008 年	2009 年	2010 年	2011 年	2012 年	2013 年
上海市	114	159	127	118	104	121
杭州市	19	50	47	42	32	44
宁波市	28	43	38	42	36	32
嘉兴市	19	24	18	18	19	20
湖州市	15	23	12	10	7	4
绍兴市	16	15	14	13	8	25
舟山市	2	4	2	8	7	7

① 即传染病死亡总人数。

续表

城市	2008 年	2009 年	2010 年	2011 年	2012 年	2013 年
台州市	23	41	43	47	36	26

城市	2014 年	2015 年	2016 年	2017 年	2018 年
上海市	112	93	100	96	92
杭州市	70	39	36	44	58
宁波市	51	46	58	60	50
嘉兴市	31	27	39	35	25
湖州市	16	12	15	10	9
绍兴市	28	20	25	25	18
舟山市	4	7	11	8	7
台州市	37	40	58	67	75

从 2008～2018 年的数据变化看，上海市和湖州市传染病死亡人数呈波动下降的趋势，其余 6 个城市传染病死亡人数均呈波动上升趋势。与 2008 年相比，2018 年传染病死亡人数增加最多的城市是台州市、杭州市和宁波市，分别增加了 52 人、39 人和 22 人（图 5-4）。

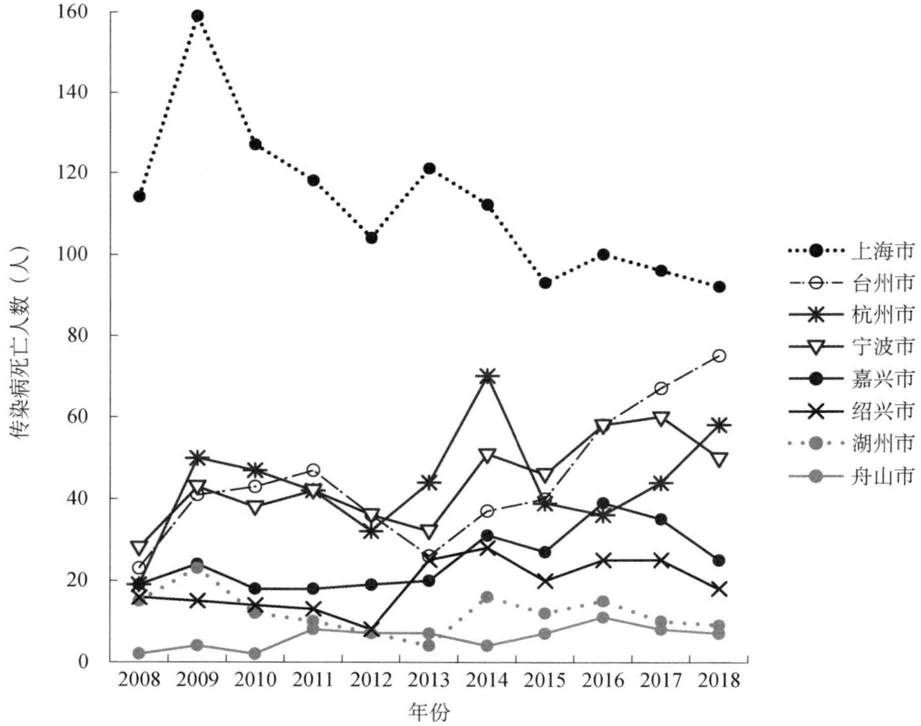

图 5-4　2008～2018 年上海市和浙江 7 市传染病死亡人数

5.2.2 传染病死亡率

2018 年，传染病死亡率最高的三个城市为台州市（1.23/10 万）、上海市（0.64/10 万）和宁波市（0.62/10 万），最低的三个城市为湖州市（0.30/10 万）、绍兴市（0.36/10 万）和嘉兴市（0.54/10 万）。传染病死亡率最高的城市是最低的城市的 4.1 倍（表 5-5）。

表 5-5　2008～2018 年上海市和浙江 7 市传染病死亡率　（1/10 万）

城市	2008 年	2009 年	2010 年	2011 年	2012 年	2013 年
上海市	0.84	1.16	0.92	0.84	0.74	0.85
杭州市	0.25	0.66	0.61	0.48	0.37	0.50
宁波市	0.43	0.65	0.57	0.55	0.47	0.42
嘉兴市	0.49	0.61	0.45	0.40	0.42	0.44
湖州市	0.52	0.79	0.41	0.35	0.24	0.14
绍兴市	0.34	0.31	0.29	0.27	0.16	0.51
舟山市	0.18	0.36	0.18	0.71	0.62	0.61
台州市	0.40	0.70	0.73	0.79	0.60	0.43

城市	2014 年	2015 年	2016 年	2017 年	2018 年
上海市	0.79	0.65	0.70	0.67	0.64
杭州市	0.79	0.44	0.40	0.48	0.61
宁波市	0.67	0.60	0.74	0.76	0.62
嘉兴市	0.68	0.59	0.85	0.76	0.54
湖州市	0.55	0.41	0.58	0.34	0.30
绍兴市	0.56	0.40	0.50	0.50	0.36
舟山市	0.34	0.60	0.95	0.69	0.60
台州市	0.61	0.66	0.96	1.10	1.23

从 2008～2018 年的数据变化看，上海市和湖州市的传染病死亡率呈波动下降的趋势，其余 6 个城市的传染病死亡率均呈波动上升趋势。其中上升最明显的为台州市、舟山市和杭州市，分别上升了 0.83 个十万分点、0.42 个十万分点和 0.36 个十万分点。上海市下降了 0.20 个十万分点，湖州市下降了 0.22 个十万分点（图 5-5）。

为了更全面地展示长三角地区在传染病死亡率方面的地区差异，将 2008～2018 年的上海市、江苏省、浙江省省级数据作比较（表 5-6 和图 5-6）。

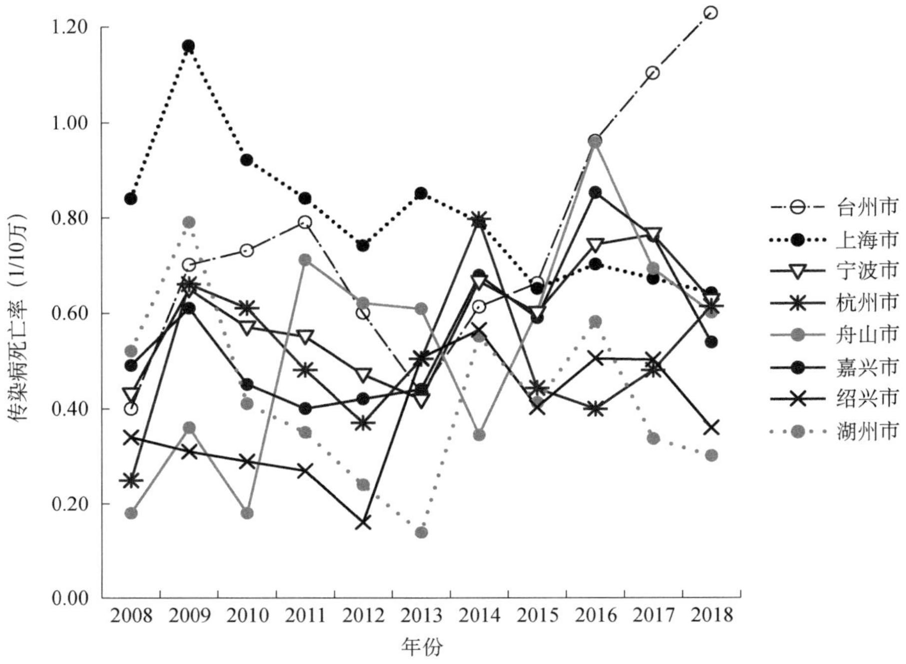

图 5-5　2008～2018 年上海市和浙江 7 市传染病死亡率

表 5-6　2008～2018 年上海市、江苏省、浙江省传染病死亡率　（1/10 万）

地区	2008 年	2009 年	2010 年	2011 年	2012 年	2013 年
上海市	0.76	0.98	0.81	0.63	0.61	0.63
江苏省	0.43	0.54	0.44	0.48	0.47	0.47
浙江省	0.42	0.63	0.58	0.55	0.44	0.47

地区	2014 年	2015 年	2016 年	2017 年	2018 年
上海市	0.60	0.45	0.60	0.55	0.51
江苏省	0.50	0.43	0.51	0.46	0.46
浙江省	0.65	0.62	0.71	0.77	0.71

注：表中数据来源于《中国卫生统计年鉴》《中国卫生和计划生育统计年鉴》《中国卫生健康统计年鉴》。其中上海市数据与表 5-5 数据（来源为《上海统计年鉴》）不一致。

2008～2018 年，上海市的传染病死亡率呈下降趋势，从 0.76/10 万下降到 0.51/10 万。浙江省和江苏省两省传染病死亡率均略有上升。浙江省从 0.42/10 万上升到 0.71/10 万。江苏省从 0.43/10 万上升到 0.46/10 万。除 2008 年、2012 年、2013 年外，江苏省的传染病死亡率要明显低于浙江省和上海市；2008 年和 2012 年，浙江省低于江苏省，2013 年两省持平。

图 5-6 2008～2018 年上海市、江苏省、浙江省传染病死亡率

注：图中数据来源于《中国卫生统计年鉴》《中国卫生和计划生育统计年鉴》《中国卫生健康统计年鉴》。其中上海市数据与表 5-5 数据（来源为《上海统计年鉴》）不一致。

5.2.3 传染病病死率

2018 年，传染病病死率最高的三个城市为台州市（0.718%）、上海市（0.439%）和宁波市（0.303%），最低的三个城市为湖州市（0.209%）、绍兴市（0.242%）和舟山市（0.264%）。传染病病死率最高的城市是最低的城市的 3.4 倍（表 5-7）。

表 5-7 2008～2018 年上海市和浙江 7 市传染病病死率 （%）

城市	2008 年	2009 年	2010 年	2011 年	2012 年	2013 年
上海市	0.435	0.594	0.571	0.512	0.488	0.562
杭州市	0.069	0.201	0.202	0.179	0.144	0.214
宁波市	0.135	0.229	0.233	0.258	0.259	0.237
嘉兴市	0.185	0.224	0.171	0.172	0.218	0.236
湖州市	0.171	0.257	0.147	0.139	0.127	0.077
绍兴市	0.114	0.113	0.112	0.115	0.075	0.240
舟山市	0.052	0.087	0.049	0.267	0.309	0.347
台州市	0.103	0.197	0.228	0.380	0.324	0.239

续表

城市	2014年	2015年	2016年	2017年	2018年
上海市	0.499	0.369	0.433	0.415	0.439
杭州市	0.330	0.180	0.178	0.190	0.289
宁波市	0.383	0.332	0.401	0.376	0.303
嘉兴市	0.355	0.315	0.436	0.375	0.298
湖州市	0.313	0.251	0.359	0.219	0.209
绍兴市	0.284	0.219	0.295	0.296	0.242
舟山市	0.181	0.317	0.478	0.296	0.264
台州市	0.333	0.378	0.497	0.545	0.718

从2008～2018年的数据变化看，上海市和浙江7市的传染病病死率均呈波动上升趋势。与2008年相比，2018年传染病病死率上升最多的城市为台州市、杭州市和舟山市，分别上升了0.62个百分点、0.22个百分点和0.21个百分点。上升最少的城市为上海市、湖州市和嘉兴市，分别上升了0.004个百分点、0.038个百分点和0.114个百分点（表5-7和图5-7）。

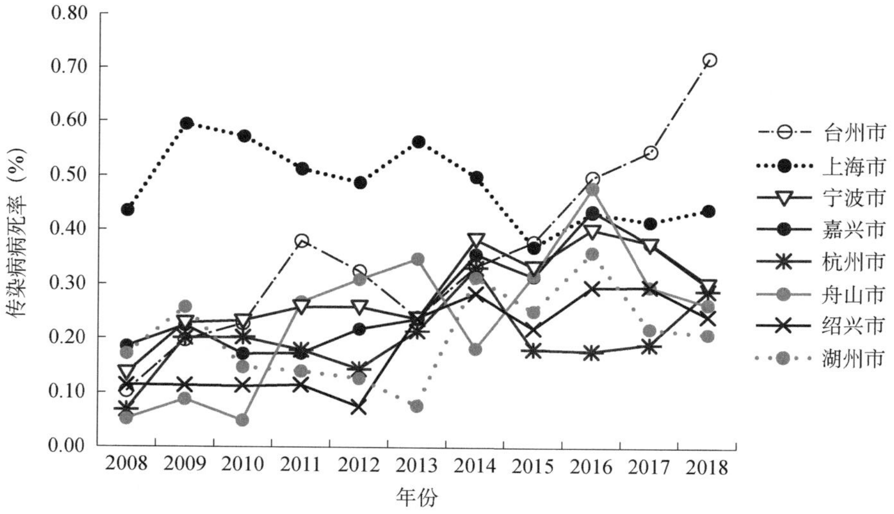

图5-7 2008～2018年上海市和浙江7市传染病病死率

为了更全面地展示长三角地区在传染病病死率方面的地区差异，将2008～2018年的上海市、江苏省、浙江省省级数据作比较（表5-8和图5-8）。

表 5-8　2008～2018 年上海市、江苏省、浙江省传染病病死率　（%）

地区	2008 年	2009 年	2010 年	2011 年	2012 年	2013 年
上海市	0.34	0.44	0.44	0.38	0.32	0.36
江苏省	0.26	0.33	0.32	0.36	0.38	0.40
浙江省	0.12	0.20	0.20	0.21	0.21	0.25

地区	2014 年	2015 年	2016 年	2017 年	2018 年
上海市	0.34	0.24	0.33	0.30	0.29
江苏省	0.42	0.35	0.45	0.41	0.41
浙江省	0.33	0.32	0.36	0.37	0.39

注：表中数据来源于《中国卫生统计年鉴》《中国卫生和计划生育统计年鉴》《中国卫生健康统计年鉴》。其中上海市数据与表 5-7 数据（来源为《上海统计年鉴》）不一致。

2008～2018 年，上海市、江苏省、浙江省三省市的传染病病死率呈现不同的变化趋势：上海市有明显下降的趋势，江苏省和浙江省两省呈现波动上升态势。上海市传染病病死率从 2008 年的 0.34%下降到 2018 年的 0.29%，下降了 0.05 个百分点。浙江省的传染病病死率上升幅度较大，从 2008 年的 0.12%上升到 2018 年的 0.39%，上升了 0.27 个百分点。江苏省传染病病死率上升相对平缓，从 2008 年的 0.26%上升到 2018 年的 0.41%，上升了 0.15 个百分点。2018 年，传染病病死率从高到低排列为江苏省、浙江省、上海市。

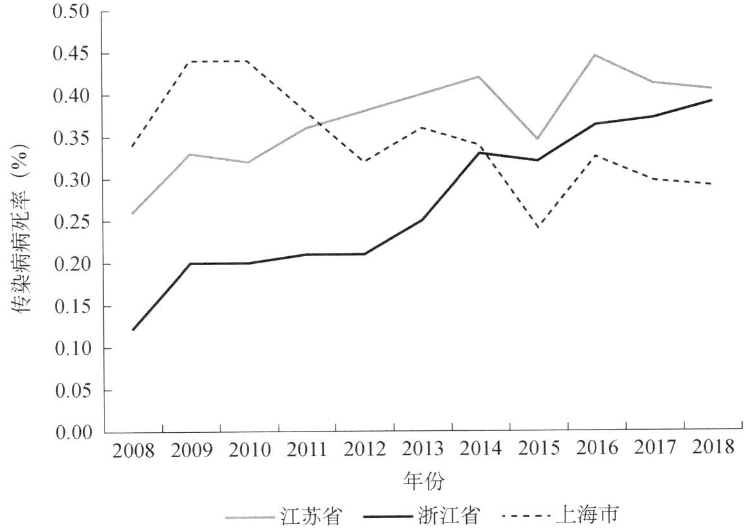

图 5-8　2008～2018 年上海市、江苏省、浙江省传染病病死率

6 医疗保障

医疗卫生行业既是资本密集型的行业又是专业劳动密集型的行业，其所耗费劳务和物资的专用性强、成本高昂。与其他社会性服务相比，医疗卫生服务的特殊性又在于对服务的需要和支付能力之间存在经常性的不平衡。按照市场交易的公平原则来分配医疗卫生资源并不符合帕累托效率，更是与长期以来支撑医学传承的伦理道德相背离。因此，能否为医疗实践提供一个公平、高效的筹资、支付体系，在保证效率的前提下，尽可能地取代个人支付，是医疗卫生事业发展的关键性制度要素。

承担医疗保障首要责任的是政府。政府通过财政预算维持一些医疗卫生机构的运营，以低于成本的价格甚至免费向社会提供一部分医疗卫生服务。其次是政府以外的社会组织，例如商业保险公司、公益慈善机构和其他社会办医的机构等。在医疗保障制度的支持下，医疗卫生资源才能在一定的范围内按照一定的标准保障公众享有生命健康权的平等。

6.1 政府财政预算卫生事业费

文化教育科学卫生事业经费是国家预算拨款中用于发展或补助文化、教育、科学和卫生等部门的经费。其中的医疗卫生部门的经费，就构成了政府对医疗卫生部门机构的财政支持，是一定区域内医疗卫生事业最权威和稳定的经济来源。政府财政预算中的支出项目为“医疗卫生”或“医疗卫生与计划生育”。

6.1.1 政府财政预算卫生事业费的数量

2018 年长三角核心区 16 个城市中，政府财政预算卫生事业费最多的三个城市是上海市（407.11 亿元）、苏州市（112.89 亿元）和杭州市（110.77 亿元）。政府财政预算卫生事业费最少的三个城市是舟山市（17.58 亿元）、镇江市（29.94 亿元）和湖州市（32.96 亿元）。政府财政预算卫生事业费最多的城市是最低城市的 23.16 倍（表 6-1）。

表 6-1 2018 年长三角核心区 16 个城市政府财政预算卫生事业费

地区	2018 年政府财政预算卫生事业费		2018 年比 2008 年增长倍数（倍）	2008～2018 年年均增长率（%）
	总额（亿元）	占比（%）		
上海市	407.11	30.76	2.33	12.78
南京市	95.86	7.24	3.69	16.71
无锡市	65.46	4.95	4.84	19.30
常州市	47.18	3.57	3.89	17.21
苏州市	112.89	8.53	3.66	16.63
南通市	84.37	6.38	6.39	22.14
扬州市	40.36	3.05	5.69	20.94
镇江市	29.94	2.26	6.21	21.85
泰州市	48.04	3.63	5.90	21.31
杭州市	110.77	8.37	3.27	15.62
宁波市	95.00	7.18	2.27	12.57
嘉兴市	35.86	2.71	4.14	17.78
湖州市	32.96	2.49	5.70	20.95
绍兴市	48.52	3.67	4.31	18.18
舟山市	17.58	1.33	2.92	14.62
台州市	51.50	3.89	6.07	21.61
上海市	407.11	30.76	2.33	12.78
江苏地区	524.10	39.60	4.57	18.74
浙江地区	392.18	29.63	3.47	16.14
总计	1323.39	100.00	3.35	15.84

从 2018 年 16 个城市的政府财政预算卫生事业费的占比看，上海市（30.76%）、苏州市（8.53%）、杭州市（8.37%）之和（47.66%）接近区域经费总数的一半。江苏地区政府财政预算卫生事业费占比为 39.60%，浙江地区为 29.63%（图 6-1）。

6.1.2 政府财政预算卫生事业费的变化

2008～2018 年长三角核心区 16 个城市政府财政预算卫生事业费的变化如表 6-2 所示。

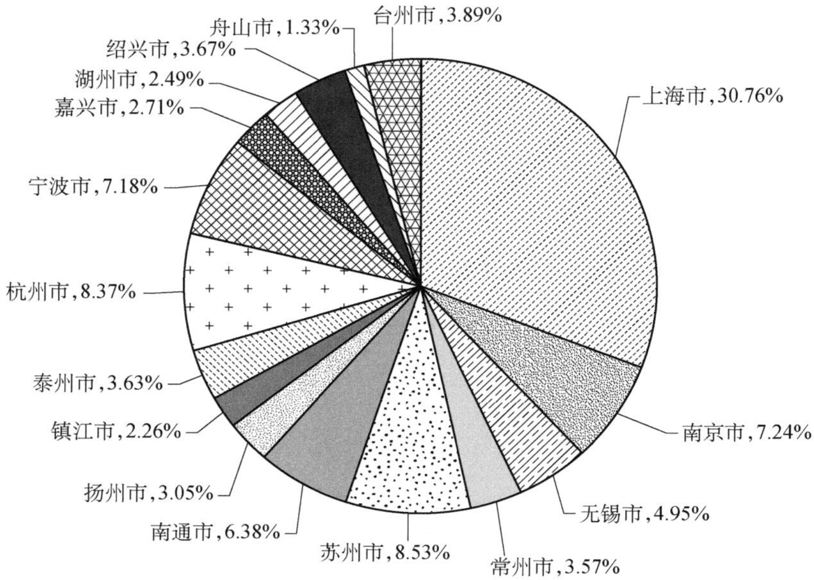

图 6-1　2018 年长三角核心区 16 个城市政府财政预算卫生事业费占比

表 6-2　2008～2018 年长三角核心区 16 个城市政府财政预算卫生事业费（单位：亿元）

城市	2008 年	2009 年	2010 年	2011 年	2012 年	2013 年
上海市	122.28	132.85	160.07	190.03	197.34	214.92
南京市	20.44	26.19	31.60	39.19	45.34	48.52
无锡市	11.21	14.34	22.95	30.75	34.16	37.89
常州市	9.64	11.65	14.70	19.70	22.79	32.05
苏州市	24.25	27.53	33.78	46.06	55.29	70.07
南通市	11.42	14.70	17.38	28.52	36.65	53.83
扬州市	6.03	8.24	10.56	15.10	18.63	21.33
镇江市	4.15	6.48	7.70	12.20	14.57	16.39
泰州市	6.96	9.06	12.14	17.26	23.76	27.46
杭州市	25.95	32.36	41.71	51.35	59.92	62.15
宁波市	29.07	30.61	36.60	47.18	56.38	62.21
嘉兴市	6.98	8.88	13.02	15.42	15.12	17.04
湖州市	4.92	6.47	8.29	10.47	11.95	14.83
绍兴市	9.13	11.17	15.25	19.08	20.68	25.58
舟山市	4.49	7.37	7.49	9.19	10.27	11.52

续表

城市	2008年	2009年	2010年	2011年	2012年	2013年
台州市	7.28	10.29	13.86	16.78	19.20	23.67

城市	2014年	2015年	2016年	2017年	2018年
上海市	264.75	303.46	383.10	412.18	407.11
南京市	60.23	72.54	75.15	89.61	95.86
无锡市	40.58	45.66	50.46	58.34	65.46
常州市	32.05	38.51	44.75	41.72	47.18
苏州市	70.07	79.90	93.63	103.39	112.89
南通市	53.83	63.57	69.59	81.05	84.37
扬州市	26.09	32.38	37.80	44.38	40.36
镇江市	18.66	21.76	23.34	24.25	29.94
泰州市	31.53	39.63	39.65	43.27	48.04
杭州市	71.68	76.63	97.05	112.33	110.77
宁波市	74.61	84.30	88.72	86.76	95.00
嘉兴市	22.35	27.48	28.77	32.42	35.86
湖州市	19.27	23.29	23.43	28.14	32.96
绍兴市	32.89	37.52	38.40	43.32	48.52
舟山市	13.68	16.65	15.78	17.66	17.58
台州市	30.21	35.11	41.74	42.67	51.50

从2008～2018年的数据变化看，长三角核心区16个城市的政府财政预算卫生事业费均呈上升的趋势。与其他城市相比，上海市在经费的绝对数量上始终保持较大的优势，另外15个城市之间的差距也在拉大。苏州市、杭州市、南京市、宁波市、南通市5个城市的政府财政预算卫生事业费数量较高，无锡市大多低于南通市，但在2010年和2011年两度超越。除此之外，苏州市、杭州市、南京市、宁波市、南通市的政府财政预算卫生事业费明显高于其余的9个城市（图6-2）。

2008～2018年，长三角核心区16个城市的政府财政预算卫生事业费的年均增长率均超过10%。年均增长率最高的城市是南通市（22.14%），其他年均增长率超过20%的城市还有镇江市（21.85%）、台州市（21.61%）、泰州市（21.31%）、湖州市（20.95%）和扬州市（20.94%）。年均增长率最低的是宁波市（12.57%）、上海市（12.78%）、和舟山市（14.62%）（图6-3）。

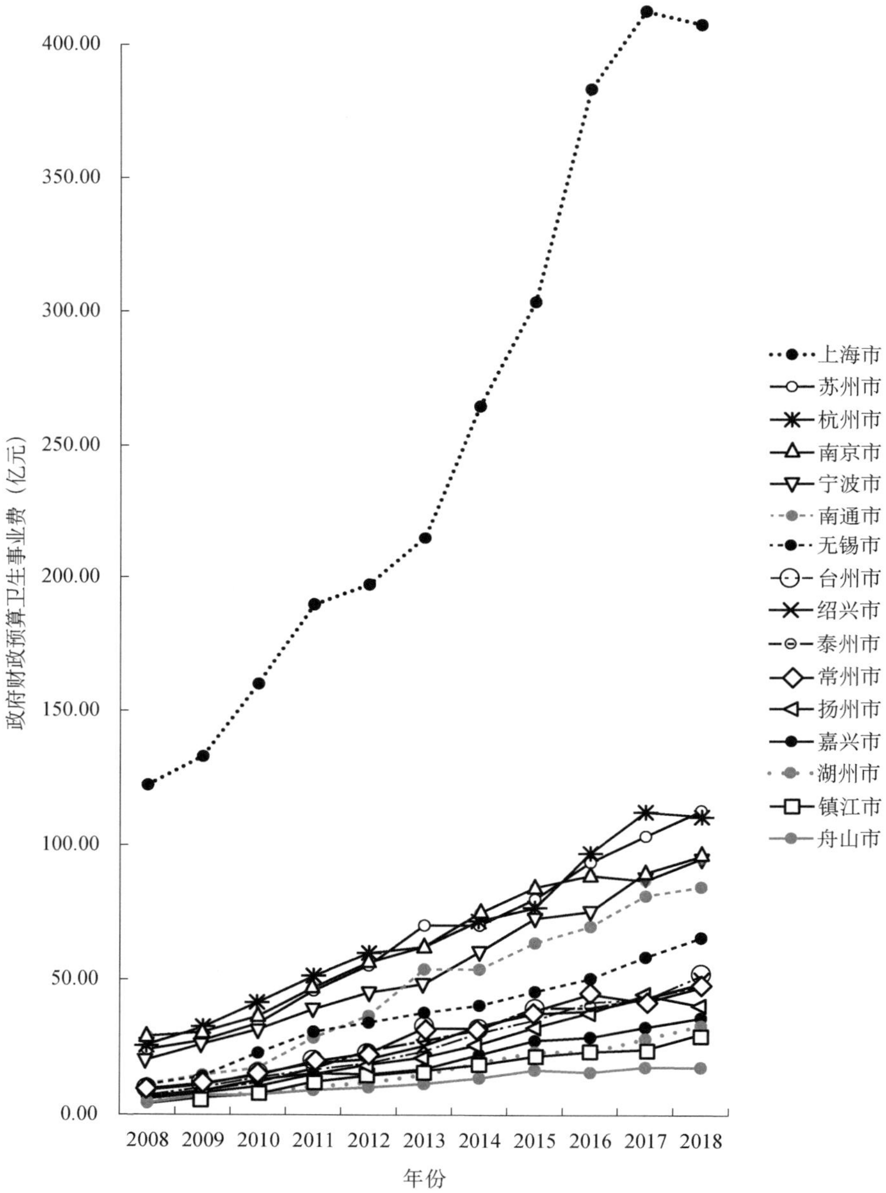

图 6-2　2008～2018 年长三角核心区 16 个城市政府财政预算卫生事业费

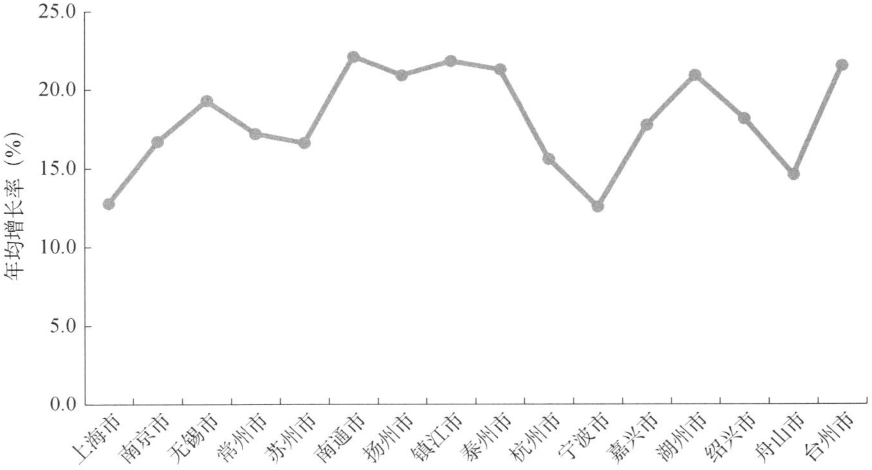

图 6-3　2008～2018 年长三角核心区 16 个城市政府财政预算卫生事业费年均增长率

6.1.3　政府财政预算支出的卫生事业费占比

2008～2018 年长三角核心区 16 个城市政府财政预算支出的卫生事业费占比的变化情况如表 6-3 所示。

2018 年，政府财政预算支出的卫生事业费占比最高的三个城市为南通市（9.62%）、泰州市（9.02%）和绍兴市（8.72%），政府财政预算支出的卫生事业费占比最低的三个城市是上海市（4.87%）、舟山市（5.70%）和苏州市（5.78%）。政府财政预算支出的卫生事业费占比最高的南通市是最低的上海市的近 2 倍。江苏地区的政府财政预算支出的卫生事业费占比（6.97%）略高于浙江地区（6.74%），明显高于上海市（4.87%）。

表 6-3　2008～2018 年长三角核心区 16 个城市政府财政预算支出的卫生事业费占比（%）

地区	2008 年	2009 年	2010 年	2011 年	2012 年	2013 年
上海市	4.67	4.53	4.85	4.85	4.72	4.75
南京市	5.05	5.68	5.83	5.88	6.19	5.84
无锡市	3.31	3.54	4.70	5.19	5.19	5.33
常州市	5.16	5.33	5.22	5.44	6.01	7.67
苏州市	3.90	4.01	4.09	4.59	4.59	5.78
南通市	5.82	6.19	5.49	6.80	8.73	9.34
扬州市	4.77	5.18	5.24	5.71	8.28	6.68
镇江市	4.30	5.34	4.84	6.01	6.76	5.73

续表

地区	2008 年	2009 年	2010 年	2011 年	2012 年	2013 年
泰州市	5.55	5.24	5.63	6.59	7.90	7.99
杭州市	6.18	6.60	6.76	6.87	7.62	7.26
宁波市	6.61	6.05	6.09	6.28	6.81	6.62
嘉兴市	5.14	5.51	6.54	6.41	5.80	5.62
湖州市	5.69	5.96	6.52	6.90	7.13	7.51
绍兴市	6.34	6.59	6.87	7.53	7.42	8.20
舟山市	10.40	9.57	7.60	7.23	7.70	6.07
台州市	4.73	5.85	6.22	6.32	6.67	7.19
上海市	4.67	4.53	4.85	4.85	4.72	4.75
江苏地区	4.49	4.80	4.98	5.53	6.07	6.55
浙江地区	6.17	6.35	6.53	6.68	7.05	6.94
总计	4.96	5.06	5.31	5.56	5.80	5.99

地区	2014 年	2015 年	2016 年	2017 年	2018 年
上海市	5.38	4.90	5.54	5.46	4.87
南京市	6.54	6.94	6.40	6.62	6.25
无锡市	5.42	5.56	5.82	5.91	6.20
常州市	7.37	7.93	8.81	7.56	7.93
苏州市	5.37	5.23	5.79	5.84	5.78
南通市	8.29	8.49	9.29	10.01	9.62
扬州市	7.09	7.31	7.89	8.74	7.16
镇江市	5.98	6.24	6.43	6.27	7.33
泰州市	8.49	9.22	8.83	9.10	9.02
杭州市	7.46	6.36	6.91	7.29	6.45
宁波市	7.45	6.73	6.88	6.15	5.96
嘉兴市	6.67	6.48	6.51	6.55	6.09
湖州市	8.58	8.51	8.12	8.66	8.29
绍兴市	9.49	8.90	8.42	9.22	8.72
舟山市	7.27	6.95	6.30	6.83	5.70
台州市	8.13	7.68	8.11	7.58	7.88
上海市	5.38	4.90	5.54	5.46	4.87
江苏地区	6.52	6.73	7.00	7.10	6.97
浙江地区	7.72	7.04	7.19	7.18	6.74
总计	6.41	6.12	6.48	6.48	6.10

2008～2018 年，长三角核心区 16 个城市中仅有舟山市和宁波市的政府财政预算支出的卫生事业费占比呈波动下降趋势，其他城市均呈波动上升趋势。政府财政预算支出的卫生事业费占比上升最为明显的城市是南通市、泰州市和台州市，2018 年比 2008 年分别上升了 3.80 个百分点、3.47 个百分点和 3.15 个百分点。政府财政预算支出的卫生事业费占比上升最不明显的城市是上海市、杭州市，分别上升了 0.20 个百分点和 0.27 个百分点（图 6-4）。

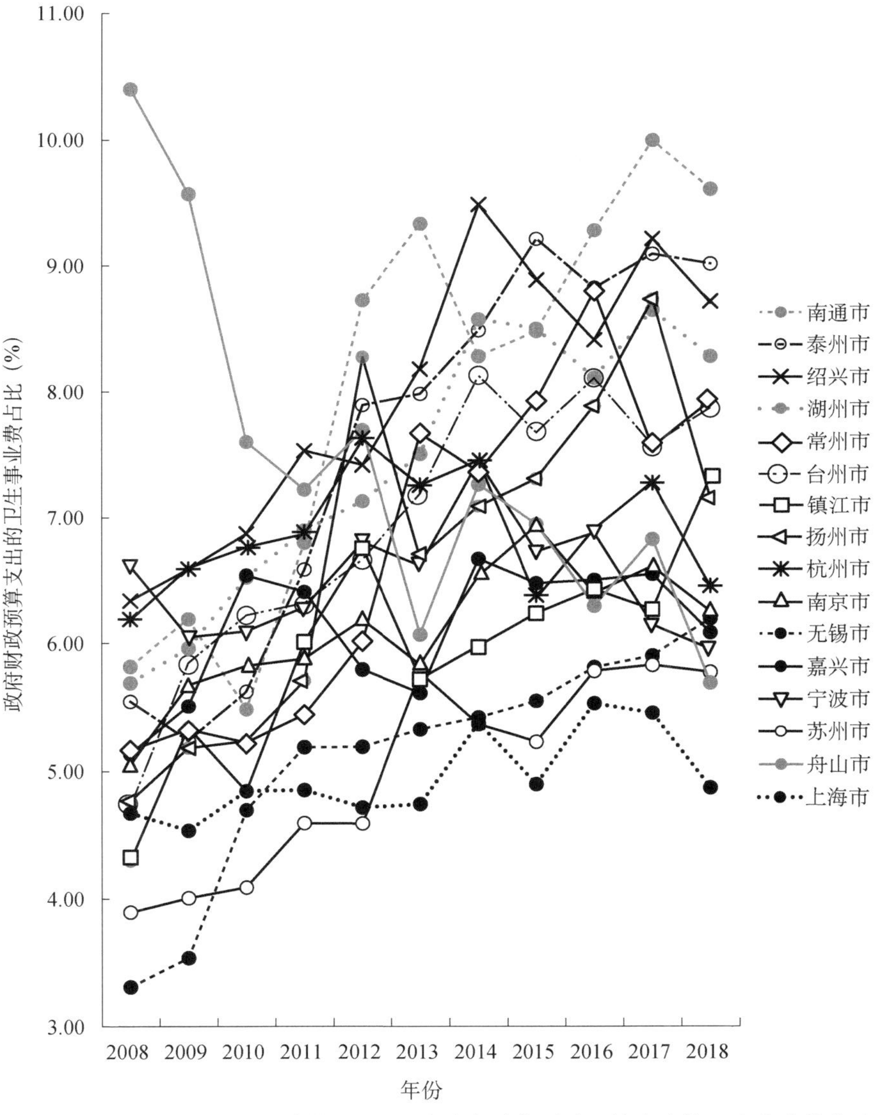

图 6-4 2008～2018 年长三角核心区 16 个城市政府财政预算支出的卫生事业费占比

2008～2018 年，长三角核心区的总体政府财政预算支出的卫生事业费占比呈现波动上升的趋势，2018 年比 2008 年上升了 1.15 个百分点。其中江苏地区 8 个城市政府财政预算支出的卫生事业费占比的上升趋势最为显著，上升了 2.49 个百分点。浙江 7

市和上海市仅上升了 0.57 个百分点和 0.20 个百分点（表 6-3 和图 6-5）。

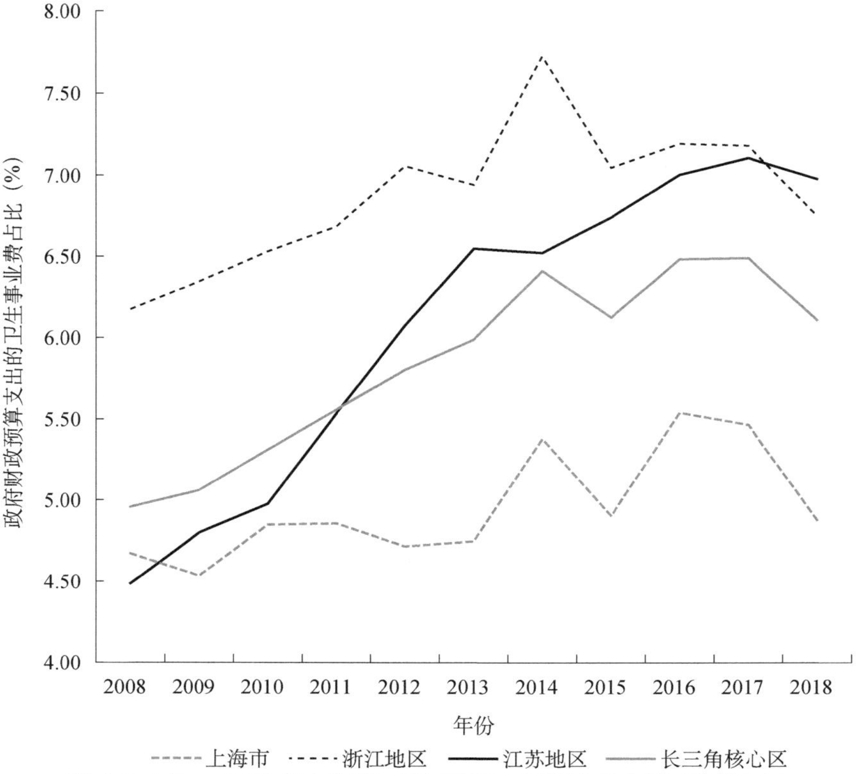

图 6-5　2008～2018 年上海市、浙江地区、江苏地区及长三角核心区政府财政预算支出的卫生事业费占比

6.2　社会医疗保险

社会保障体系是指国家通过立法而制定的社会保险、救助、补贴等一系列制度的总称，是现代国家最重要的社会经济制度之一。其作用在于保障全社会成员的基本生存与生活需要，特别是保障公民在年老、疾病、伤残、失业、生育、死亡、遭遇灾害、面临生活困难时的特殊需要。社会医疗保险是社会保障体系的重要组成部分，社会保障基金也成为支撑医学实践的经济基础。

我国的社会医疗保险制度经历了多个阶段的发展，分型众多，目前仍然处于完善和变革中。现有的城镇职工基本医疗保险于1994年启动试点、1998年实施。2003年和2007年，针对农村人口和城镇非就业人口分别建立了新型农村合作医疗（简称新农合）和城镇居民基本医疗保险制度。2013年开始逐步推进三类医疗保险的并轨。2017年启动生育保险和职工基本医疗保险合并实施试点。生育保险是国家通过立法，在怀孕和分娩的妇女劳动者暂时中断劳动时，由国家和社会提供医疗服务、生育津贴和产假的一种社会保险制度，是国家或社会对生育的职工给予必要的经济补偿和医疗保健的社会保险制度。建立跨越城乡、地区差异的社会医疗保险制度，保障公民自由迁徙的权利是社会发展的大势所趋。

6.2.1 社会医疗保险基金信息披露的概况

社会医疗保险制度尚处于逐步完善过程之中，对于社会医疗保险基金的信息披露情况，各地区也是参差不齐。长三角核心区16个城市中大部分仅披露了参保人数，只有无锡市、常州市、苏州市和台州市几个城市的统计年鉴中对更详细的基金运营信息进行了披露（表6-4）。

表6-4 2008～2018年长三角核心区16个城市社会医疗保险基金信息披露概况

城市	2008年	2009年	2010年	2011年	2012年	2013年
上海市	—	—	—	—	—	—
南京市	—	—	—	—	—	—
无锡市	—	—	—	—	—	—
常州市	—	—	—	—	—	—
苏州市	—	—	—	—	—	收入
南通市	—	—	—	—	—	—
扬州市	—	—	—	—	—	—
镇江市	—	—	—	—	—	—
泰州市	—	—	—	—	—	—
杭州市	—	—	—	—	—	—
宁波市	—	—	—	—	—	—
嘉兴市	—	—	—	—	—	—
湖州市	—	—	—	—	—	—
绍兴市	—	—	—	—	—	—
舟山市	—	—	—	—	—	—

续表

城市	2008 年	2009 年	2010 年	2011 年	2012 年	2013 年
台州市	收支	收支	收支	收支	收支	收支

城市	2014 年	2015 年	2016 年	2017 年	2018 年
上海市	—	—	—	—	—
南京市	—	—	—	—	—
无锡市	—	—	收支和结余	收支和结余	收支和结余
常州市	—	—	—	—	收支
苏州市	收入	收入	收入	收入	收入
南通市	—	—	—	—	—
扬州市	—	—	—	—	—
镇江市	—	—	—	—	—
泰州市	—	—	—	—	—
南京市	—	—	—	—	—
杭州市	—	—	—	—	—
宁波市	—	—	—	—	—
嘉兴市	—	—	—	—	—
湖州市	—	—	—	—	—
绍兴市	—	—	—	—	—
舟山市	—	—	—	—	—
台州市	收支	收支	收支	收支	收支

注："—"代表该城市的社会医疗保险信息仅有参保人数。

根据现有的统计数据，整理出 2008～2018 年长三角核心区个别城市社会医疗保险基金收支情况，见表 6-5。时间序列上数据比较完整的是台州市，其公开数据中包含了 2008～2018 年完整的社会医疗保险基金的收支数据（图 6-6）。苏州市从 2013 年开始披露社会医疗保险基金的收入信息，但缺少支出信息。无锡市从 2016 年开始披露社会医疗保险基金信息，但是其信息是最完整的，其中包含了收支和结余情况。

表 6-5　2008～2018 年长三角核心区个别城市社会医疗保险基金收支情况（单位：亿元）

项目	城市	2008 年	2009 年	2010 年	2011 年	2012 年
收入	无锡市	—	—	—	—	—
	常州市	—	—	—	—	—
	苏州市	—	—	—	—	—
	台州市	6.23	7.64	9.4107	14.47	23.76
支出	无锡市	—	—	—	—	—
	常州市	—	—	—	—	—
	台州市	3.78	4.81	5.77	7.28	11.62
结余	无锡市	—	—	—	—	—

续表

项目	城市	2013 年	2014 年	2015 年	2016 年	2017 年	2018 年
收入	无锡市	—	—	—	75.69	85.83	95.89
	常州市	—	—	—	—	—	28.97
	苏州市	154.81	164.42	170.19	183.63	214.41	238.33
	台州市	22.92	33.72	32.85	41.66	51.18	61.02
支出	无锡市	—	—	—	75.04	82.54	85.49
	常州市	—	—	—	—	—	28.27
	台州市	15.03	18.08	17.79	24.17	36.01	45.49
结余	无锡市	—	—	—	99.04	102.33	112.73

注：无锡市、常州市、苏州市、台州市的社会医疗保险基金的收支和结余数据为基本医疗保险和生育保险的合计数据。

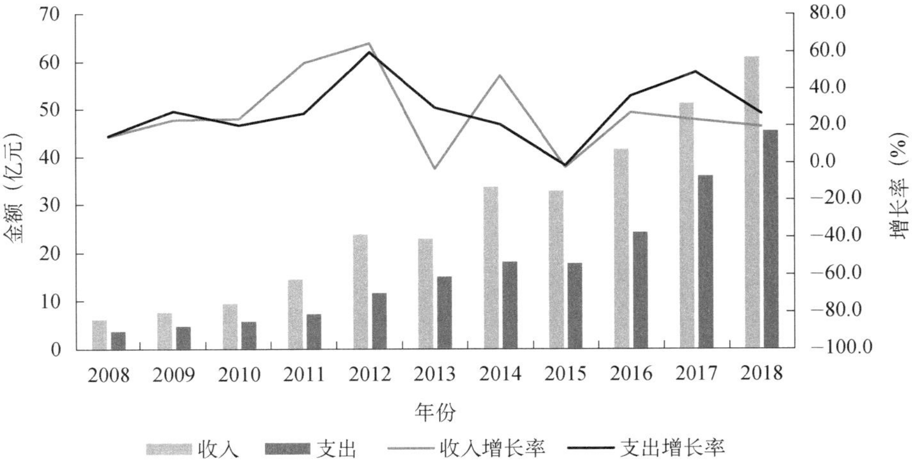

图 6-6　2008～2018 年台州市社会医疗保险基金收支金额及其增长率

从台州市 2008～2018 年的数据可以看出，其社会医疗保险基金收支均处于上升趋势。社会医疗保险基金支出始终低于社会医疗保险基金收入，社会医疗保险基金的运营偏重稳健。总体来看，2015 年以前，其支出增长率变化幅度小于收入增长率的变化幅度，2015 年以后支出增长率要高于收入增长率，基金运营趋于平衡。

江苏省的苏州市、无锡市、常州市陆续开始公开披露社会医疗保险基金的运营信息，体现了这些城市在公共管理领域逐步开放和规范信息。从现有的少量数据中可以看出，无锡市、苏州市的社会医疗保险基金的收入呈现稳步上升的趋势，无锡市的社会医疗保险基金支出始终低于社会医疗保险基金收入，其社会医疗保险基金结余在加速上升，见图 6-7（a）和图 6-7（b）。

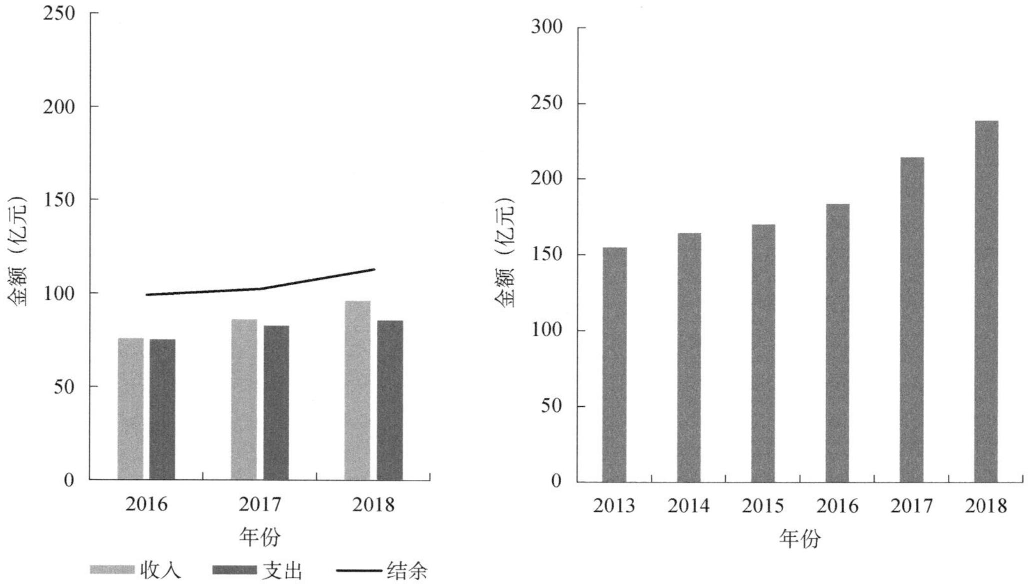

（a）无锡市社会医疗保险基金收支情况　　（b）苏州市社会医疗保险基金收入情况

图 6-7　无锡市和苏州市部分年份社会医疗保险基金收支情况

6.2.2　上海市、江苏省、浙江省的社会医疗保险基金运营情况

鉴于省级的社会保险资料比较齐全，其中包含了新农合、城镇职工和居民基本医疗保险，另外还有民政部门的医疗救助，为了了解上海市、江苏省、浙江省的社会医疗保险基金的运营情况，本小节将分类比较 2008～2018 年上海市、江苏省、浙江省各类社会医疗保险基金的收支和结余情况。

6.2.2.1　新农合基金

新农合基金可以比较的三个项目是筹资总额、基金使用率和人均筹资额（表 6-6）。2015 年，浙江省率先完成了新农合与城镇居民基本医疗保险的合并，2016 年上海市完成合并，2017 年江苏省完成合并。

表 6-6　2008～2018 年上海市、江苏省、浙江省新农合基金运营情况

项目	地区	2008 年	2009 年	2010 年	2011 年	2012 年	2013 年
筹资总额（亿元）	上海市	9.53	9.39	11.29	14.53	14.00	16.69
	江苏省	55.39	65.12	83.90	116.43	134.10	160.00
	浙江省	43.75	57.82	74.83	117.70	138.20	148.38
基金使用率（%）	上海市	—	—	—	—	105.7	99.5
	江苏省	—	—	—	—	100.3	100.5
	浙江省	—	—	—	—	101.3	105.1
人均筹资额（元）	上海市	537.00	563.82	757.70	987.00	1232.50	1593.70
	江苏省	125.63	148.12	192.00	273.00	327.80	394.60
	浙江省	141.91	190.23	251.80	408.20	480.40	665.90

项目	地区	2014 年	2015 年	2016 年	2017 年	2018 年
筹资总额（亿元）	上海市	16.88	20.20	—	—	—
	江苏省	186.49	211.08	204.11	—	—
	浙江省	72.02	—	—	—	—
基金使用率（%）	上海市	100.0	105.0	—	—	—
	江苏省	97.6	96.0	92.9	—	—
	浙江省	100.0	—	—	—	—
人均筹资额（元）	上海市	1710.00	2104.00	—	—	—
	江苏省	457.50	528.00	601.00	—	—
	浙江省	523.90	—	—	—	—

注：2015 年起，新农合逐渐与城镇居民基本医疗保险合并，成为城乡居民基本医疗保险。

从上海市、江苏省、浙江省新农合筹资总额的变化趋势来看，合并前新农合发展速度是很快的，特别是江苏省，2016 年与 2008 年相比，增加了 2.68 倍。浙江省较早开始启动合并，2013 年与 2008 年相比，也增加了 2.39 倍。上海市由于城市化程度较深，新农合发展规模有限，但 2015 年与 2008 年相比，筹资总额也增加了 1.12 倍（图 6-8）。

从 2012 年起，《中国卫生年鉴》开始公布新农合基金使用率。在仅有的几年数据中，上海市和浙江省的新农合基金使用率偏高，多数年份高于或等于 100%。江苏省的新农合基金使用率偏低，仅在 2012 年和 2013 年超过 100%，随后自 2013 年起连续 3 年下降，至 2016 年合并前，江苏省新农合基金使用率仅有 92.9%（图 6-9）。

比较 2008 年以来上海市、江苏省、浙江省新农合的人均筹资额，上海市的人均筹资额要远远高于浙江省、江苏省。2008 年，上海市新农合人均筹资额是江苏省的 4.27 倍，两者相差 411.37 元。在其社保合并前的 2015 年，上海市新农合人均筹资额是江苏省的 3.98 倍，两者相差 1576 元。江苏省新农合人均筹资额是三省市中最低的，从 2008 年的 125.63 元上升到 2016 年的 601.00 元，年均增长率为 21.61%（图 6-10）。

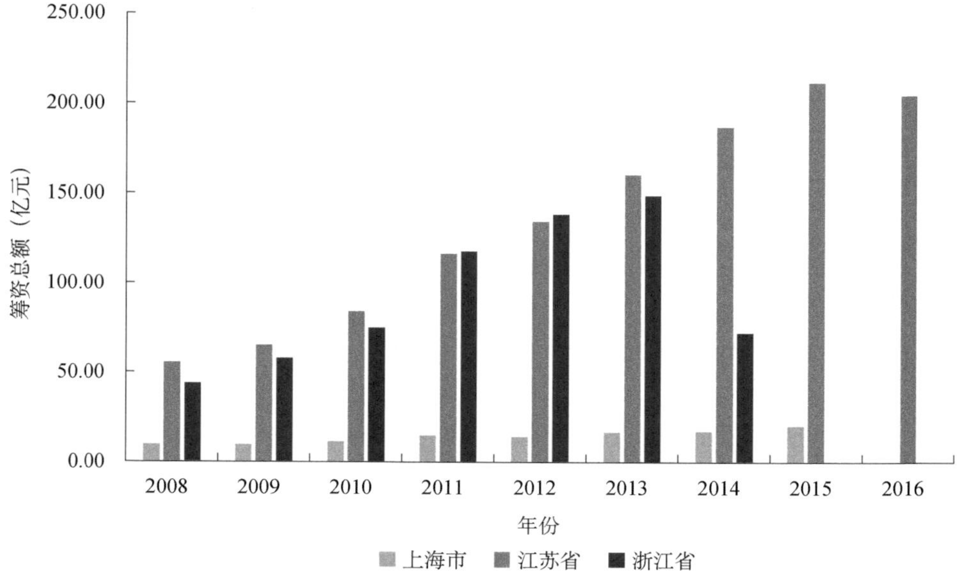

图 6-8　2008～2016 上海市和江苏省、浙江省新农合筹资总额

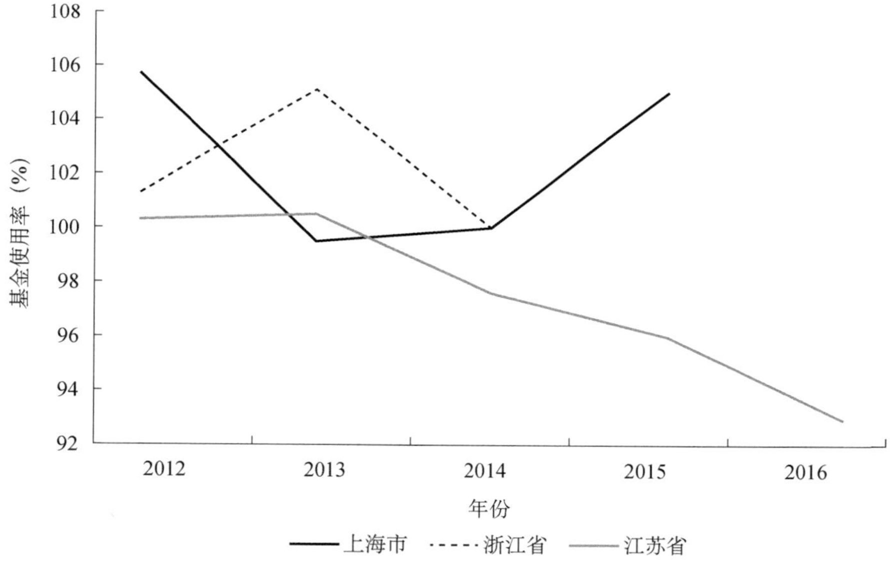

图 6-9　2012～2016 年上海市、江苏省、浙江省新农合基金使用率

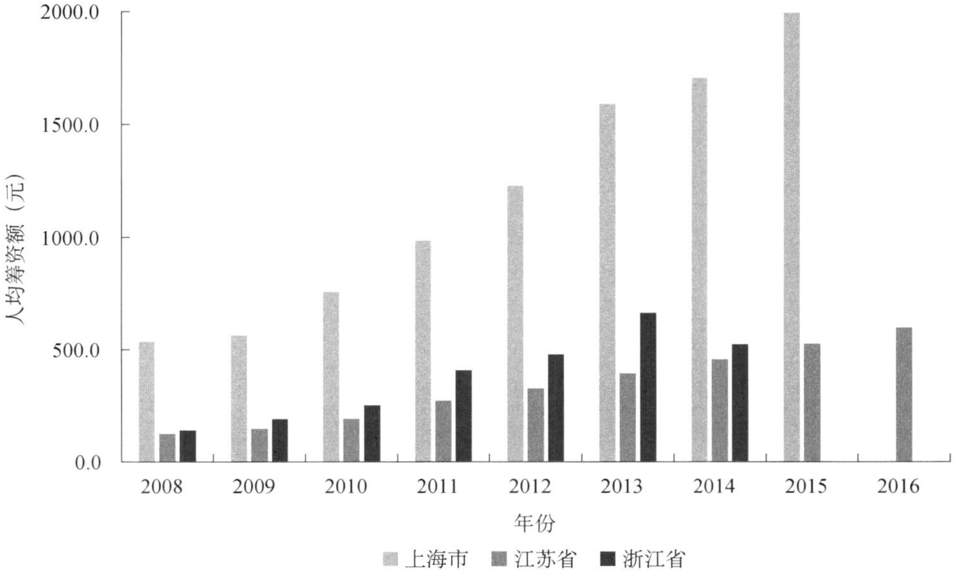

图 6-10　2008～2016 年上海市、江苏省、浙江省新农合人均筹资额

6.2.2.2　社会医疗保险基金

社会医疗保险基金最初是针对城镇职工的基本医疗保障和生育保障，后来又扩大到城镇居民和农村居民的基本医疗保障。2019 年 3 月，国务院办公厅出台《国务院办公厅关于全面推进生育保险和职工基本医疗保险合并实施的意见》文件，提出“保留险种、保障待遇、统一管理、降低成本”的要求。因此，为了从总体上了解社会医疗保险统筹资金的规模，表 6-7、图 6-11、图 6-12、图 6-13 对基本医疗保险和生育保险的基金收支和结余作了合并处理。

表 6-7　2008～2018 年上海市和江苏省、浙江省社会医疗保险基金运营情况（单位：亿元）

项目	地区	2008 年	2009 年	2010 年	2011 年	2012 年	2013 年
收入	上海市	210.56	245.63	289.85	328.70	447.20	552.00
	江苏省	214.69	278.88	323.74	359.20	484.90	563.20
	浙江省	134.76	196.61	227.05	292.80	387.20	475.10
支出	上海市	191.10	223.50	252.74	300.30	352.60	377.40
	江苏省	140.63	186.57	254.39	282.40	383.30	440.50
	浙江省	79.12	127.53	178.71	233.70	283.80	328.30
结余	上海市	116.61	138.74	177.35	204.10	299.80	473.30
	江苏省	245.45	337.76	417.91	479.60	603.20	696.20

续表

项目	地区	2008 年	2009 年	2010 年	2011 年	2012 年	2013 年
结余	浙江省	201.99	271.08	325.32	375.90	491.10	620.80

项目	地区	2014 年	2015 年	2016 年	2017 年	2018 年
收入	上海市	634.10	691.90	781.80	914.80	1419.00
	江苏省	646.60	737.50	816.70	906.90	1035.30
	浙江省	516.80	635.60	725.70	792.80	940.40
支出	上海市	426.70	489.60	540.10	604.60	731.80
	江苏省	522.30	619.70	708.70	834.00	882.30
	浙江省	394.40	471.30	533.30	602.00	713.30
结余	上海市	680.50	882.80	1124.23	1074.60	2121.70
	江苏省	820.50	938.40	1046.40	1157.40	1310.30
	浙江省	743.10	907.30	1099.90	1290.70	1517.80

注：社会医疗保险基金包括基本医疗保险和生育保险。

2008～2018 年，上海市、江苏省、浙江省社会医疗保险基金收入均呈现上升趋势（图 6-11）。其基金收入增量最大的是上海市（1208.44 亿元），其次是江苏省（820.61 亿元）和浙江省（805.64 亿元）。2008～2018 年，社会医疗保险基金收入年均增长率较高的是浙江省（21.44%）和上海市（21.02%），江苏省稍低一些（17.04%）。

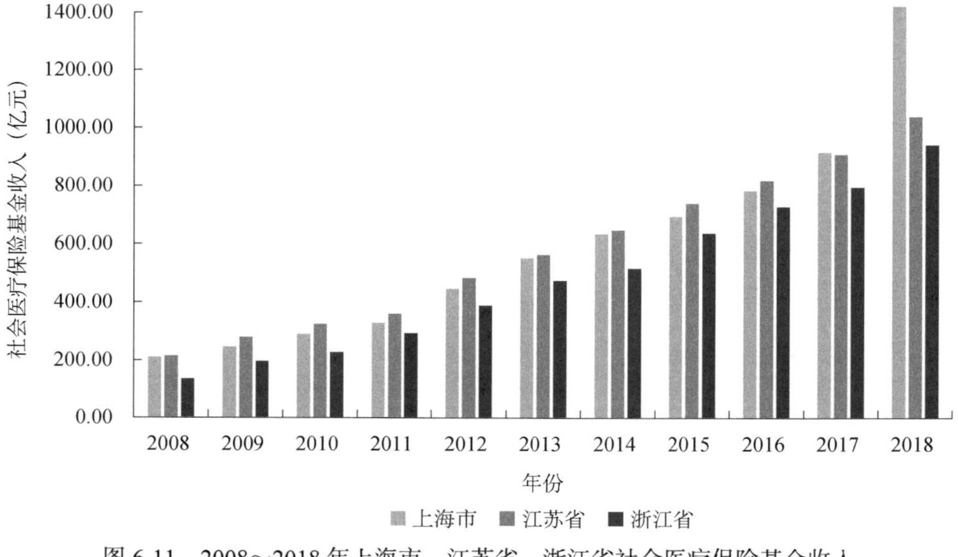

图 6-11　2008～2018 年上海市、江苏省、浙江省社会医疗保险基金收入

2008～2018 年，上海市、江苏省、浙江省社会医疗保险基金支出也呈现上升趋势

（图 6-12）。其中，社会医疗保险基金支出增量最大的是江苏省（741.67 亿元），其次是浙江省（634.18 亿元）和上海市（540.70 亿元）。2008～2018 年，社会医疗保险基金支出年均增长率较高的是浙江省（24.59%），其次是江苏省（20.16%）和上海市（14.37%）。

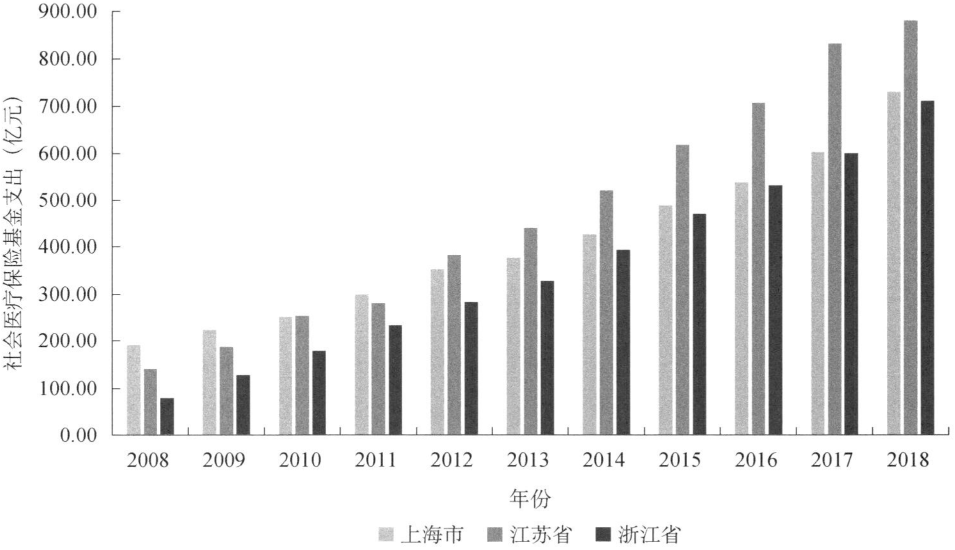

图 6-12　2008～2018 年上海市、江苏省、浙江省社会医疗保险基金支出

2008～2018 年，上海市、江苏省、浙江省社会医疗保险基金结余也呈现上升趋势（图 6-13）。其中，社会医疗保险基金结余增量最大的是上海市（2005.09 亿元），其次是浙江省（1315.81 亿元）和江苏省（1064.85 亿元）。社会医疗保险基金结余年均增长率较高的是上海市（33.66%），其次是浙江省（22.35%），最后是江苏省（18.23%）。

6.2.2.3　社会医疗救助

各地的民政部门负有对特殊群体进行医疗救助的责任。社会医疗救助的对象包括：特困供养人员（城市三无、农村五保）和最低生活保障对象；低收入救助对象（由镇政府入户认定的低收入家庭中的老年人、未成年人、重度残疾和重病患者）；重点优抚对象、见义勇为（县政府及以上部门认定的）中无加害人或责任人以及加害人或责任人逃逸或者无力承担医疗费用的负伤人员；因病致贫和其他特殊困难人员。社会医疗救助的方式包括资助参保参合和直接的门诊救助或住院救助。

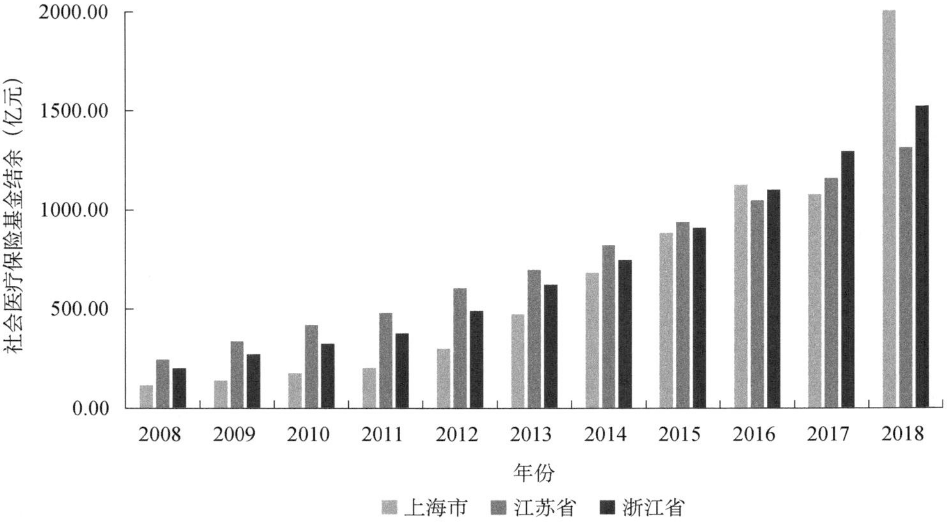

图 6-13　2008～2010 年上海市、江苏省、浙江省社会医疗保险基金结余

从 2008～2017 年的社会医疗救助金额变化情况来看，上海市、江苏省、浙江省均呈现上升趋势。其中，江苏省的医疗救助金额上升得最为明显，增加了 175 977.3 万元，2017 年的救助金额是 2008 年的 18.19 倍。同期，上海市增加了 33 595.4 万元，2017 年的救助金额是 2008 年的 3.93 倍；浙江省增加了 116 206.3 万元，2017 年救助金额是 2008 年的 6.13 倍（表 6-8、图 6-14）。

表 6-8　2008～2017 年上海市、江苏省、浙江省社会医疗救助情况　（单位：万元）

项目	地区	2008 年	2009 年	2010 年	2011 年	2012 年
救助金额（万元）	上海市	11 448.6	21 012.1	24 004.5	31 050.6	28 211.3
	江苏省	10 237.7	27 901.5	46 723.1	81 725.7	100 625.8
	浙江省	22 659.7	39 959.9	48 178.2	51 277.5	65 592.5
直接医疗救助比例（%）	上海市	—	—	—	—	—
	江苏省	—	—	—	—	—
	浙江省	—	—	—	—	—
项目	地区	2013 年	2014 年	2015 年	2016 年	2017 年
救助金额（万元）	上海市	22 385.0	23 613.0	26 768.0	38 372.0	45 044.0
	江苏省	105 727.0	117 298.0	108 424.0	135 191.0	186 215.0
	浙江省	79 665.0	82 838.0	89 737.0	108 676.0	138 866.0
直接医疗救助比例（%）	上海市	85.18	84.72	86.11	86.87	89.60
	江苏省	81.32	82.43	84.27	79.53	81.72
	浙江省	91.21	86.47	94.68	92.78	86.94

注：2008～2012 年社会医疗救助未区分直接医疗救助和支付医疗保险费用；2018 年社会医疗救助资金信息缺失。

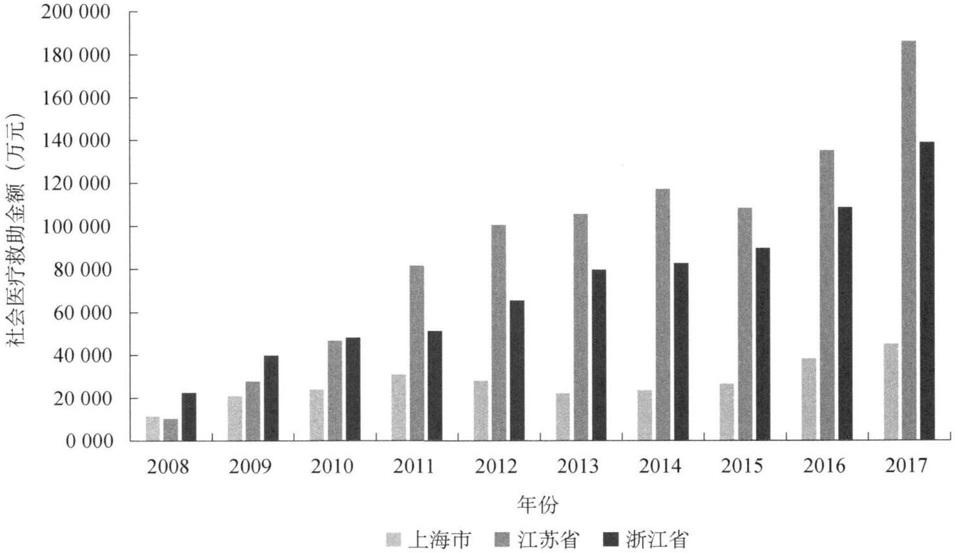

图 6-14　2008～2017 年上海市、江苏省、浙江省社会医疗救助金额

比较 2013～2017 年上海市、江苏省、浙江省的直接医疗救助比例数据，上海市的直接医疗救助比例趋于升高，浙江省和江苏省有波动，且江苏省低于浙江省。相比于上海市和浙江省，江苏省的医疗救助承担了较多的社保筹资功能（图 6-15）。

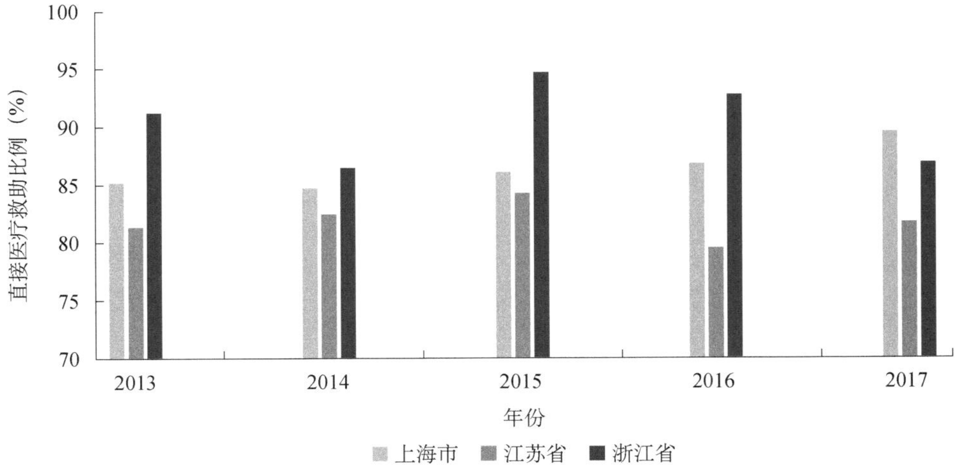

图 6-15　2013～2017 上海市、江苏省、浙江省的直接医疗救助比例

6.3 卫生总费用

卫生总费用是一个国家或地区在一定时期内，为开展卫生服务活动从全社会筹集的卫生资源的货币总额。按照筹资来源，卫生总费用可以分为政府卫生支出、社会卫生支出和个人卫生支出。政府卫生支出指各级政府用于医疗卫生服务、医疗保障补助、卫生和医疗保障行政管理、人口与计划生育事务性支出等各项事业的经费。社会卫生支出指政府以外的社会各界对卫生事业的资金投入，包括社会医疗保险支出、商业健康保险费、社会办医支出、社会捐赠援助、行政事业性收费收入等。个人卫生支出（又叫作个人现金卫生支出）指城乡居民在接受各类医疗卫生服务时的现金支付，包括享受各种医疗保险制度的居民就医时自付的费用。

6.3.1 卫生总费用和筹资来源

卫生总费用和筹资来源反映了全社会用于卫生事业的资源耗费的总量以及这个成本在政府、家庭和其他社会部门之间分摊的情况。表 6-9 至表 6-11 和图 6-16 为 2009～2017 年上海市、江苏省、浙江省的卫生总费用情况。

表 6-9 2009～2017 年上海市卫生总费用及构成 （单位：亿元）

卫生总费用构成	2009 年	2010 年	2011 年	2012 年	2013 年
政府卫生支出	141.30	177.20	215.70	232.49	250.82
社会卫生支出	366.90	419.82	520.86	646.51	740.42
个人卫生支出	148.45	154.96	193.68	213.35	257.44
卫生总费用	656.66	751.99	930.24	1092.35	1248.68

卫生总费用构成	2014 年	2015 年	2016 年	2017 年
政府卫生支出	275.29	319.94	430.73	449.64
社会卫生支出	791.87	882.39	1061.73	1209.54
个人卫生支出	278.34	334.27	345.53	427.92
卫生总费用	1345.50	1536.6	1838.00	2087.09

2009～2017 年，上海市卫生总费用增加了 1430.45 亿元，年均增长率为 15.55%。其中政府卫生支出增加了 308.34 亿元，社会卫生支出增加了 842.64 亿元，个人卫生支

出增加了 279.47 亿元。政府卫生支出年均增长率为 15.57%，社会卫生支出年均增长率为 16.08%，个人卫生支出年均增长率为 14.15%。

表 6-10　2009～2017 年江苏省卫生总费用及构成　（单位：亿元）

卫生总费用构成	2009 年	2010 年	2011 年	2012 年	2013 年
政府卫生支出	254.06	293.87	407.46	483.75	549.23
社会卫生支出	440.64	533.25	647.05	863.51	1010.36
个人卫生支出	389.01	405.18	488.75	544.75	653.60
卫生总费用	1083.71	1232.3	1543.26	1892.02	2213.19

卫生总费用构成	2014 年	2015 年	2016 年	2017 年
政府卫生支出	581.99	674.73	753.25	808.57
社会卫生支出	1289.48	1496.00	1754.96	1979.83
个人卫生支出	773.18	803.69	851.37	902.81
卫生总费用	2644.65	2974.42	3359.58	3691.21

2009～2017 年，江苏省卫生总费用增加了 2607.50 亿元，年均增长率为 16.56%。其中政府卫生支出增加了 554.51 亿元，社会卫生支出增加了 1539.19 亿元，个人卫生支出增加了 513.8 亿元。政府卫生支出年均增长率为 15.57%，社会卫生支出年均增长率为 20.66%，个人卫生支出年均增长率为 11.10%。

表 6-11　2009～2017 年浙江省卫生总费用及构成　（单位：亿元）

卫生总费用构成	2009 年	2010 年	2011 年	2012 年	2013 年
政府卫生支出	210.57	265.40	328.43	342.67	393.16
社会卫生支出	392.23	440.63	550.27	689.32	750.80
个人卫生支出	394.22	437.27	540.71	511.71	568.37
卫生总费用	997.02	1143.3	1419.41	1543.7	1712.33

卫生总费用构成	2014 年	2015 年	2016 年	2017 年
政府卫生支出	443.89	500.08	557.81	598.55
社会卫生支出	910.59	1086.54	1295.37	1464.61
个人卫生支出	622.51	663.60	720.36	762.87
卫生总费用	1976.99	2250.21	2573.55	2826.04

2009～2017 年，浙江省卫生总费用增加了 1829.01 亿元，年均增长率为 13.91%。其中政府卫生支出增加了 387.98 亿元，社会卫生支出增加了 1072.38 亿元，个人卫生支出增加了 368.65 亿元。政府卫生支出年均增长率为 13.95%，社会卫生支出年均增长率为 17.90%，个人卫生支出年均增长率为 8.60%。

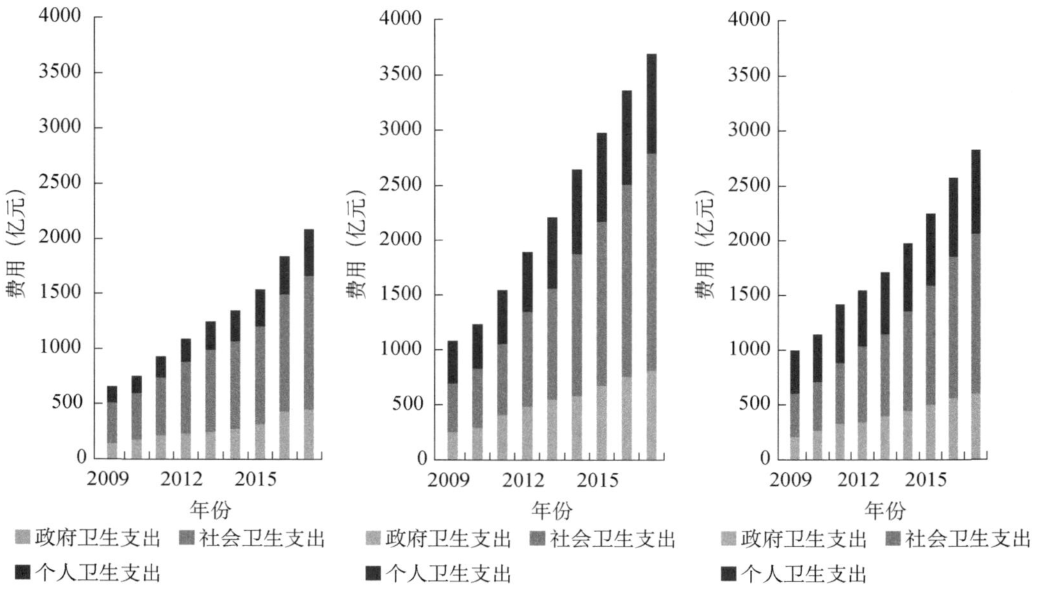

图 6-16　2009～2017 年上海市、江苏省、浙江省卫生总费用及构成的变化

6.3.2　卫生总费用的来源构成占比

比较 2009～2017 年卫生总费用的各个来源的占比，能够更清晰地反映各项卫生支出的相对关系。表 6-12 至表 6-14 和图 6-17 为 2009～2017 年上海市、江苏省、浙江省卫生总费用的来源占比变化情况。

表 6-12　2009～2017 年上海市卫生总费用的来源构成占比　（%）

卫生总费用构成	2009 年	2010 年	2011 年	2012 年	2013 年
政府卫生支出	21.52	23.56	23.19	21.28	20.09
社会卫生支出	55.87	55.83	55.99	59.19	59.30
个人卫生支出	22.61	20.61	20.82	19.53	20.62
总计	100.00	100.00	100.00	100.00	100.00

卫生总费用构成	2014 年	2015 年	2016 年	2017 年
政府卫生支出	20.46	20.82	23.43	21.54
社会卫生支出	58.85	57.43	57.77	57.95
个人卫生支出	20.69	21.75	18.80	20.50
总计	100.00	100.00	100.00	100.00

2009～2017年，上海市卫生总费用的来源构成占比变化相对较少：政府卫生支出的占比上升了0.03个百分点，社会卫生支出的占比上升了2.08个百分点，个人卫生支出的占比下降了2.10个百分点。

表6-13　2009～2017年江苏省卫生总费用构成占比　（%）

卫生总费用构成	2009年	2010年	2011年	2012年	2013年
政府卫生支出	23.44	23.85	26.40	25.57	24.82
社会卫生支出	40.66	43.27	41.93	45.64	45.65
个人卫生支出	35.90	32.88	31.67	28.79	29.53
总计	100.00	100.00	100.00	100.00	100.00

卫生总费用构成	2014年	2015年	2016年	2017年
政府卫生支出	22.01	22.68	22.42	21.91
社会卫生支出	48.76	50.30	52.24	53.64
个人卫生支出	29.24	27.02	25.34	24.46
总计	100.00	100.00	100.00	100.00

2009～2017年，江苏省卫生总费用的来源构成占比变化相对较大：政府卫生支出的占比下降了1.54个百分点，社会卫生支出的占比上升了12.98个百分点，个人卫生支出的占比下降了11.44个百分点。社会医疗保险基金的作用得到明显提升。

表6-14　2009～2017年浙江省卫生总费用构成占比　（%）

卫生总费用构成	2009年	2010年	2011年	2012年	2013年
政府卫生支出	21.12	23.21	23.14	22.20	22.96
社会卫生支出	39.34	38.54	38.77	44.65	43.85
个人卫生支出	39.54	38.25	38.09	33.15	33.19
总计	100.00	100.00	100.00	100.00	100.00

卫生总费用构成	2014年	2015年	2016年	2017年
政府卫生支出	22.45	22.22	21.67	21.18
社会卫生支出	46.06	48.29	50.33	51.83
个人卫生支出	31.49	29.49	27.99	26.99
总计	100.00	100.00	100.00	100.00

2009～2017年，浙江省卫生总费用的来源构成占比变化也比较大：政府卫生支出的占比仅上升了0.06个百分点，社会卫生支出的占比上升了12.49个百分点，个人卫生支出的占比下降了12.55个百分点。

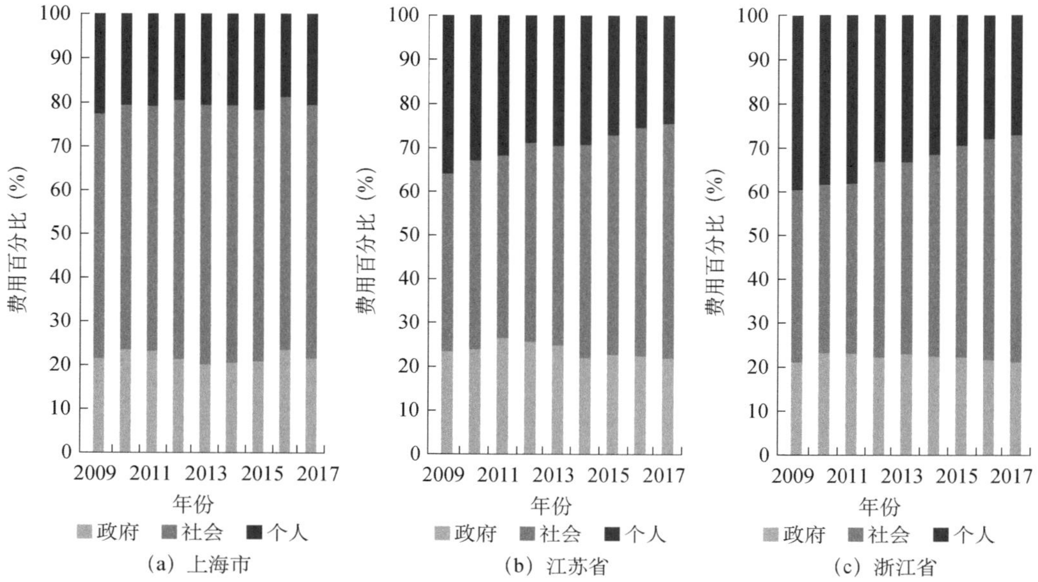

图 6-17 2009～2017 年上海市、江苏省、浙江省卫生总费用构成占比的变化

2009～2017 年，上海市、江苏省、浙江省卫生总费用构成占比的数据比较中，政府卫生支出占比变化的差别不大。同期江苏省、浙江省的社会卫生支出占比明显提高、个人卫生支出占比明显下降，但是与上海市相比，仍然是社会卫生支出占比偏低、个人卫生支出占比偏高，两省的社会保障事业仍然有较大的改善空间。

6.3.3 卫生总费用占 GDP 比重

卫生总费用占 GDP 比重反映了一个地区卫生事业和健康产业发展的成熟度。通常来说，经济越发达、卫生事业和健康产业发展越成熟，其卫生总费用占 GDP 比重越高。表 6-15 和图 6-18 为 2009～2017 年上海市、江苏省、浙江省卫生总费用占 GDP 比重及其变化情况。

表 6-15 2009～2017 年上海市、江苏省、浙江省卫生总费用占 GDP 比重 （%）

地区	2009 年	2010 年	2011 年	2012 年	2013 年
上海市	4.36	4.38	4.85	5.41	5.78
江苏省	3.15	2.97	3.14	3.50	3.74

续表

地区	2009 年	2010 年	2011 年	2012 年	2013 年
浙江省	4.34	4.12	4.39	4.45	4.56

地区	2014 年	2015 年	2016 年	2017 年
上海市	5.71	6.12	6.52	6.81
江苏省	4.06	4.24	4.34	4.30
浙江省	4.92	5.25	5.45	5.46

2009～2017 年，上海市、江苏省、浙江省卫生总费用占 GDP 比重均呈上升的趋势，其中上海市始终是最高的，2017 年达到 6.81%，浙江省紧随其后达到 5.46%，江苏省相对最低，为 4.30%。另外，从变化趋势来看，上海市卫生总费用占 GDP 比重与浙江省和江苏省的差距在进一步拉大。2009 年上海市卫生总费用占 GDP 比重分别高于浙江省和江苏省 0.02 个百分点和 1.21 个百分点。到了 2017 年，这个差距拉大为 1.35 个百分点和 2.51 个百分点。

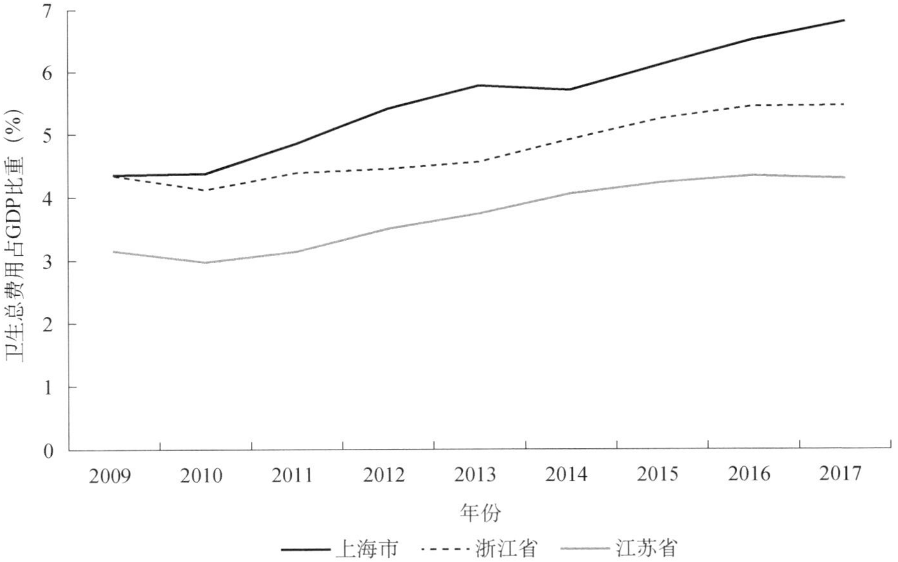

图 6-18　2009～2017 年上海市、江苏省、浙江省卫生总费用占 GDP 比重的变化

6.3.4　人均卫生总费用

人均卫生总费用是一个地区卫生总费用除以常住人口后得到的数据，是人均水

平上的卫生资源的货币总和。人均卫生总费用反映了人均卫生资源分配的水平。表6-16和图6-19为2009～2017年上海市、江苏省、浙江省人均卫生总费用及其变化情况。

表6-16　2009～2017年上海市、江苏省、浙江省人均卫生总费用　（单位：元）

地区	2009年	2010年	2011年	2012年	2013年
上海市	3417.76	3265.74	3962.76	4588.86	5170.21
江苏省	1402.95	1565.95	1953.79	2388.92	2787.57
浙江省	1924.75	2098.99	2598.22	2818.51	3114.45

地区	2014年	2015年	2016年	2017年
上海市	5546.92	6362.02	7595.98	8630.30
江苏省	3322.40	3729.07	4200.21	4597.18
浙江省	3589.30	4062.49	4603.84	4995.65

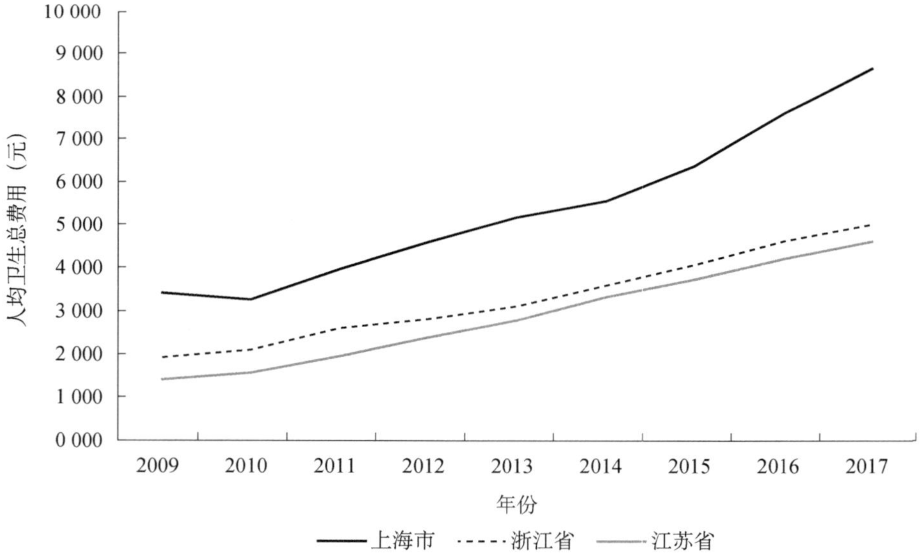

图6-19　2009～2017年上海市、江苏省、浙江省人均卫生总费用的变化

2009～2017年，上海市、江苏省、浙江省人均卫生总费用均呈上升态势。其中上海市的人均卫生总费用始终是最高的，2017年达到8630.30元，浙江省和江苏省相差不大，分别为4995.65元和4597.18元。从变化趋势看，上海市的人均卫生总费用的年均增长率（12.28%）虽然低于浙江省（12.66%）和江苏省（15.99%），但是由于基数较

大，上海市的人均卫生总费用与浙江省和江苏省的差距在进一步拉大。2009 年，上海市人均卫生总费用分别高于浙江省和江苏省 1493.01 元和 2014.81 元。到了 2017 年，这个差距拉大为 3634.65 元和 4033.12 元。江苏省和浙江省在人均卫生总费用方面的差距在缩小，2009 年江苏省比浙江省低了 521.80 元，2017 年缩小到 398.47 元。

7 居民人均医疗保健消费支出

在地区统计信息中，人均消费支出是反映人民生活水平的重要指标。人均消费支出按照消费品的分类分为八个部分：食品烟酒、衣着、居住、生活用品和服务、交通通信、教育文化娱乐、医疗保健、其他用品及服务。其中，医疗保健是居民用于健康维护的消费，包括了医疗器具、药品等产品和医疗服务。

人均医疗保健消费支出的数量可以反映居民对健康的私人需求强度。一个地区人均医疗保健消费支出受到多重因素的影响，主要表现在三个方面：①人均可支配收入；②人口年龄结构和健康状况；③医疗卫生体系供给能力和医疗保障制度的完备程度。这些因素造成了各个地区之间、城乡之间人均医疗保健消费支出的差异。

7.1 城镇居民人均医疗保健消费支出

7.1.1 从数字看形势

表 7-1 和图 7-1 为 2018 年长三角核心区 16 个城市的城镇居民人均医疗保健消费支出及其变化情况。2018 年长三角核心区城镇居民人均医疗保健消费支出最高的三个城市为杭州市（3335 元）、上海市（3222 元）和舟山市（2162 元），另外无锡市、常州市、宁波市、嘉兴市和绍兴市的人均医疗保健消费支出也超过了 2000 元。城镇居民人均医疗保健消费支出最低的三个城市是：扬州市（1254 元）、镇江市（1259 元）和湖州市（1477 元）。

表 7-1　2018 年长三角核心区 16 个城市的城镇居民人均医疗保健消费支出 （单位：元）

城市	2018 年城镇居民人均医疗保健消费支出（元）	2018 年比 2008 年增长倍数（倍）	2008～2018 年年均增长率（%）
上海市	3222	3.27	15.62
南京市	1962	0.71	5.52
无锡市	2136	0.76	5.84
常州市	2121	0.65	5.15
苏州市	1776	1.13	7.84
南通市	1849	1.73	10.57
扬州市	1254	0.73	5.64
镇江市	1259	0.86	6.40
泰州市	1584	1.77	10.73

续表

城市	2018 年城镇居民人均医疗保健消费支出（元）	2018 年比 2008 年增长倍数（倍）	2008～2018 年年均增长率（%）
杭州市	3335	1.94	11.41
宁波市	2011	1.76	10.68
嘉兴市	2028	1.24	8.42
湖州市	1477	0.35	3.01
绍兴市	2122	1.26	8.49
舟山市	2162	0.85	6.32
台州市	1725	0.69	5.38

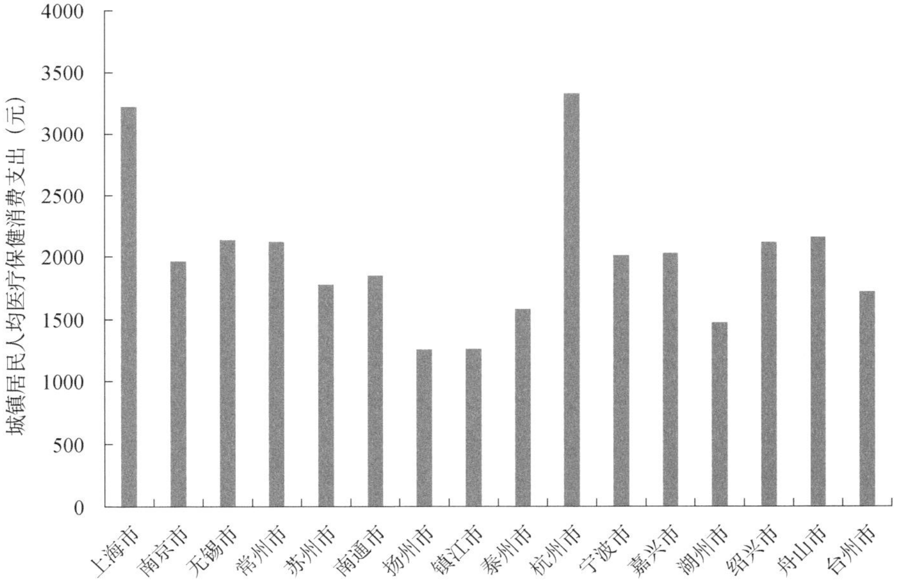

图 7-1　2018 年长三角核心区 16 个城市的城镇居民人均医疗保健消费支出变化情况

7.1.2　从增速看发展

表 7-2 和图 7-2 为 2008～2018 年长三角核心区 16 个城市的城镇居民人均医疗保健消费支出及其变化情况。表中除了个别年份和城市，2008～2018 年长三角核心区 16 个城市的城镇居民人均医疗保健消费支出处于缓慢的上升趋势。可见，城镇居民一直

是健康需求释放比较充分的群体。

表 7-2　2008～2018 年长三角核心区 16 个城市的城镇居民人均医疗保健消费支出（单位：元）

城市	2008 年	2009 年	2010 年	2011 年	2012 年	2013 年
上海市	755	1002	1006	1141	1017	1350
南京市	1147	1199	1204	1202	1386	1312
无锡市	1211	1011	996	1230	1273	1485
常州市	1284	1192	1270	1372	1430	1386
苏州市	835	812	815	983	1037	1140
南通市	677	656	671	767	865	1285
扬州市	724	640	619	759	827	950
镇江市	677	695	847	762	902	1015
泰州市	572	589	521	675	794	1182
杭州市	1132	961	994	1027	1159	1762
宁波市	729	817	727	1064	1038	990
嘉兴市	904	998	899	1058	1087	1454
湖州市	1098	1049	993	936	1085	1051
绍兴市	939	818	1102	1027	1066	1041
舟山市	1171	1188	1252	1718	1548	1632
台州市	1021	986	1096	1209	1049	1087

城市	2014 年	2015 年	2016 年	2017 年	2018 年
上海市	1449	2362	2840	2735	3222
南京市	1437	1554	1734	1804	1962
无锡市	1612	1743	1886	2011	2136
常州市	1518	1655	1780	1969	2121
苏州市	1199	1286	1411	1564	1776
南通市	1430	1535	1635	1729	1849
扬州市	1029	1088	1116	1149	1254
镇江市	1078	1089	1128	1158	1259
泰州市	1228	1349	1452	1511	1584
杭州市	1708	2002	2143	2332	3335
宁波市	1217	1357	1363	1444	2011
嘉兴市	1587	1662	1511	1795	2028
湖州市	1121	1175	1210	4490	1477
绍兴市	1653	1832	1856	3443	2122
舟山市	1697	1843	1955	2042	2162
台州市	1204	1323	1421	1562	1725

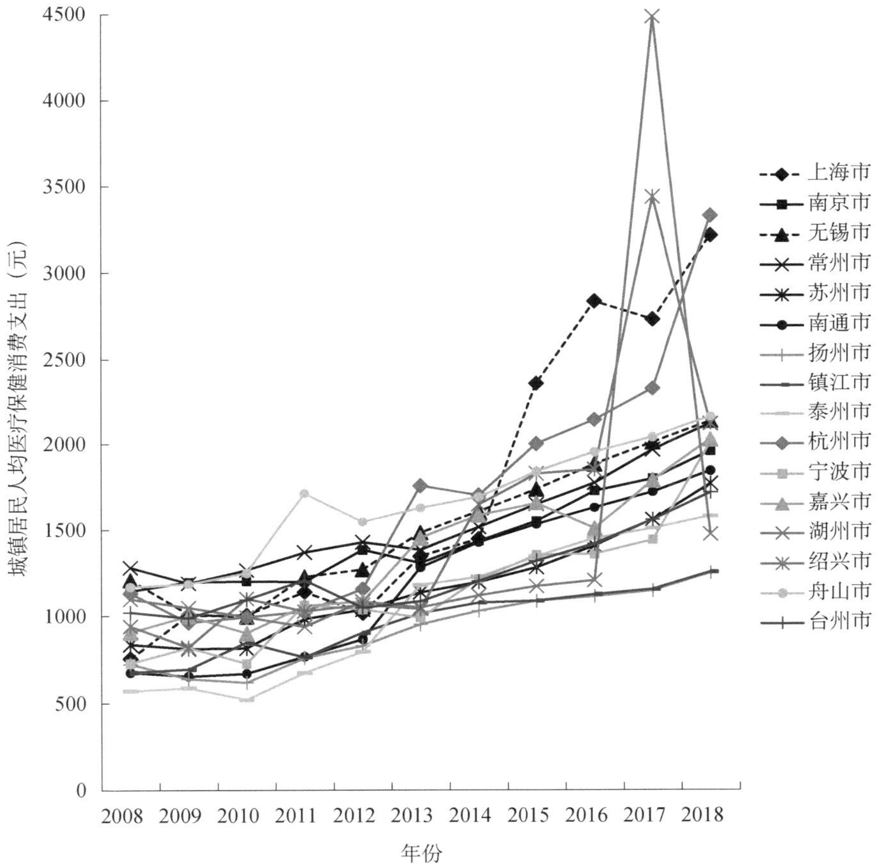

图 7-2　2008～2018 年长三角核心区 16 个城市的城镇居民人均医疗保健消费支出变化情况

图 7-3 为 2008～2018 年长三角核心区 16 个城市的城镇居民人均医疗保健消费支出的年均增长率的比较情况。从图中可见，2008～2018 年长三角核心区 16 个城市的城镇居民人均医疗保健消费支出增长最快的三个城市是上海市（15.62%）、杭州市（11.41%）和泰州市（10.73%），另外南通市和宁波市的年均增长率也超过了 10%。城市居民人均医疗保健消费支出增长最慢的三个城市是湖州市（3.01%）、常州市（5.15%）和台州市（5.38%）。

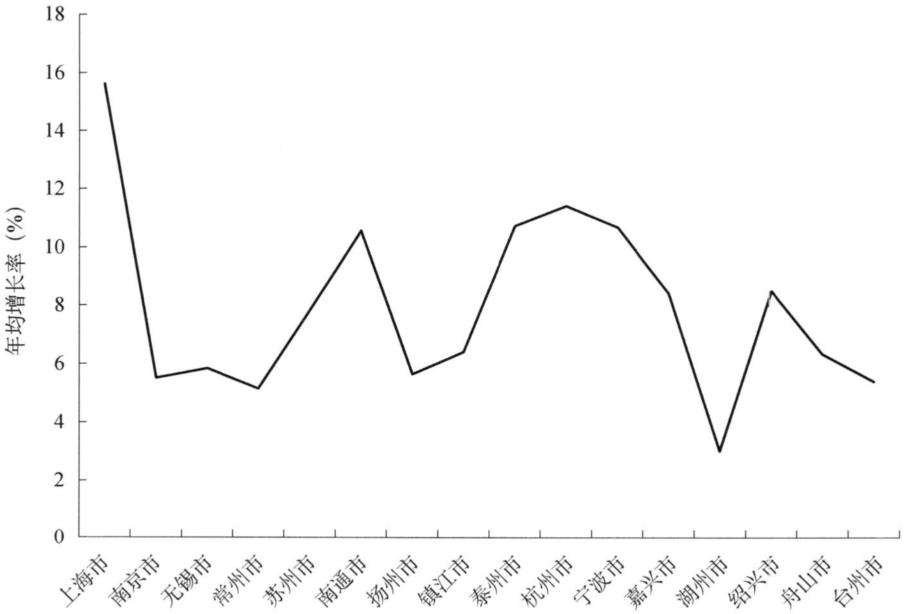

图 7-3　2008～2018 年长三角核心区 16 个城市的城镇居民人均医疗保健消费支出年均增长率

7.1.3　从占比看特征

为了更好地了解长三角核心区 16 个城市的城镇居民医疗保健消费支出在总消费支出中的占比情况，将 2008 年、2013 年、2018 年的城镇居民人均医疗保健消费支出与同期的人均消费总支出进行比较（表 7-3 和图 7-4）。

表 7-3　2008 年、2013 年、2018 年长三角核心区 16 个城市的城镇居民人均医疗保健消费支出占比　（%）

城市	2008 年	2013 年	2018 年
上海市	3.89	4.79	7.00
南京市	7.58	5.44	5.85
无锡市	8.93	5.80	5.93
常州市	8.58	6.27	6.99
苏州市	5.50	4.23	4.75
南通市	5.83	6.22	6.54
扬州市	6.26	5.55	5.29
镇江市	5.54	5.09	4.62

续表

城市	2008 年	2013 年	2018 年
泰州市	5.21	6.49	6.21
杭州市	6.77	5.75	8.01
宁波市	4.45	4.01	5.48
嘉兴市	6.30	6.89	6.27
湖州市	8.19	4.53	4.64
绍兴市	6.04	4.25	6.37
舟山市	8.20	6.96	6.39
台州市	6.73	4.52	4.91

从年度不同城市比较来看，2018 年城镇居民人均医疗保健消费支出占比最高的三个城市为杭州市（8.01%）、上海市（7.00%）和常州市（6.99%）；占比最低的三个城市为镇江市（4.62%）、湖州市（4.64%）和苏州市（4.75%）。

从不同年份比较来看，2008 年、2013 年、2018 年的城镇居民人均医疗保健消费支出占比连续上升的城市有上海市和南通市。2013 年或 2018 年略有下降趋势，但与 2008 年相比 2018 年有明显上升趋势的城市有泰州市、杭州市、宁波市和绍兴市。2008 年、2013 年、2018 年的城镇居民人均医疗保健消费支出占比连续下降的城市有扬州市、镇江市和舟山市。2013 年或 2018 年略有上升趋势，但与 2008 年相比，2018 年有明显下降趋势的城市有南京市、无锡市、常州市、苏州市、湖州市和台州市。2008 年、2013 年、2018 年城镇居民人均医疗保健消费支出占比波动幅度不大、相对稳定的城市有嘉兴市。

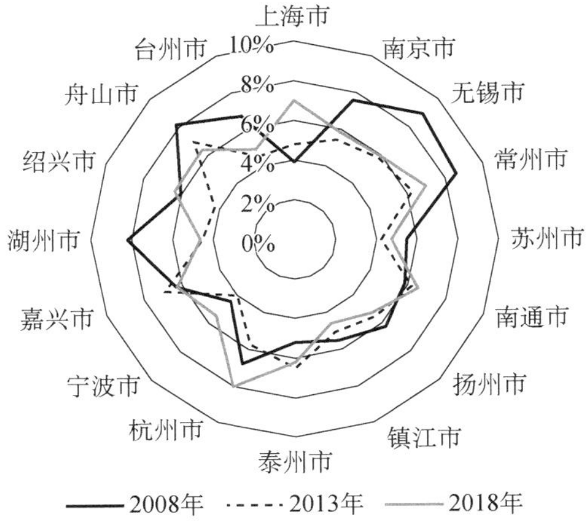

图 7-4　2008 年、2013 年、2018 年长三角核心区 16 个城市的城镇居民人均医疗保健消费支出占比雷达图

7.2 农村居民人均医疗保健消费支出

农村居民在人均可支配收入、年龄结构、健康状况和医疗保障等方面与城镇居民都存在明显差别。比较长三角核心区 16 个城市的农村居民人均医疗保健消费支出能够更完整地反映各地区健康消费能力的发展。

7.2.1 从数字看形势

表 7-4 和图 7-5 为 2018 年长三角核心区 16 个城市的农村居民人均医疗保健消费支出及其对比。2018 年长三角核心区农村居民人均医疗保健消费支出最高的三个城市为舟山市（1830 元）、宁波市（1795 元）和上海市（1778 元），另外无锡市、常州市、苏州市和杭州市、嘉兴市、绍兴市、台州市的农村居民人均医疗保健消费支出也达到或超过了 1500 元。农村居民人均医疗保健消费支出最低的三个城市是：南通市（982 元）、南京市（1009 元）和镇江市（1039 元）。

表 7-4 2018 年长三角核心区 16 个城市的农村居民人均医疗保健消费支出

城市	2018 年农村居民人均医疗保健消费支出（元）	2018 年比 2008 年增长倍数	2008～2018 年年均增长率（%）
上海市	1778	1.55	9.82
南京市	1009	2.29	12.64
无锡市	1545	2.68	13.91
常州市	1652	1.94	11.37
苏州市	1500	2.46	13.22
南通市	982	1.15	7.95
扬州市	1119	3.06	15.04
镇江市	1039	1.55	9.83
泰州市	1123	1.46	9.44
杭州市	1670	1.84	10.98
宁波市	1795	2.32	12.76
嘉兴市	1590	2.11	12.02
湖州市	1340	1.18	8.12
绍兴市	1588	1.71	10.46
舟山市	1830	1.86	11.06
台州市	1566	1.32	8.76

注：上海市 2018 年农村居民人均支出数据是通过城镇居民和城乡居民人均支出数据计算得出的。

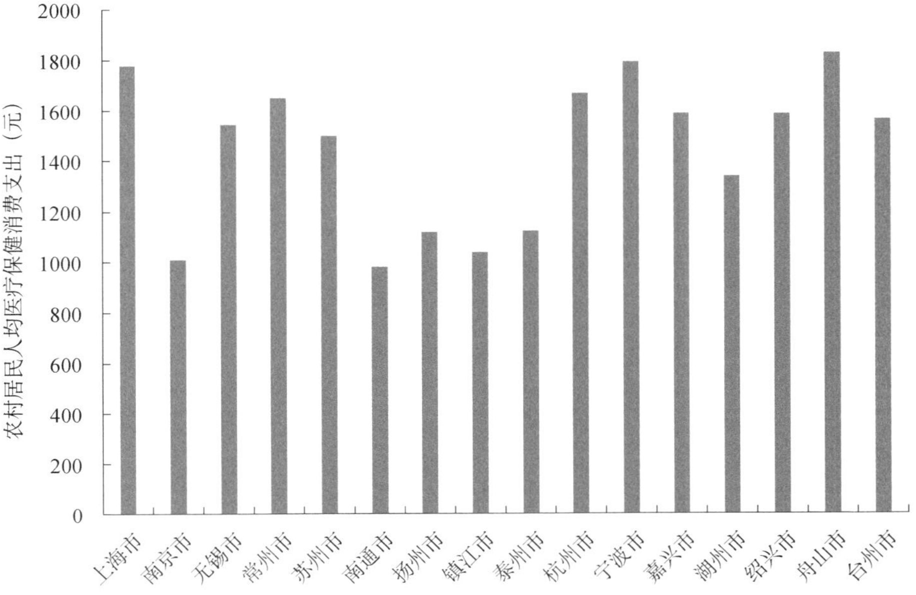

图 7-5 2018 年长三角核心区 16 个城市的农村居民人均医疗保健消费支出对比

7.2.2 从增速看发展

表 7-5 和图 7-6 为 2008～2018 年长三角核心区 16 个城市的农村居民人均医疗保健消费支出及其变化情况。由图表中可见，2008～2018 年，长三角核心区 16 个城市的农村居民人均医疗保健消费支出呈现波动上升的趋势。

表 7-5 2008～2018 年长三角核心区 16 个城市农村居民人均医疗保健消费支出 （单位：元）

城市	2008 年	2009 年	2010 年	2011 年	2012 年	2013 年
上海市	697	739	585	909	1029	1181
南京市	307	345	385	485	473	675
无锡市	420	493	528	625	745	914
常州市	563	690	732	893	913	1009
苏州市	433	491	519	664	762	815
南通市	457	444	490	596	658	560
扬州市	276	362	386	484	569	703

续表

城市	2008 年	2009 年	2010 年	2011 年	2012 年	2013 年
镇江市	407	419	491	561	636	626
泰州市	456	306	380	620	681	707
杭州市	589	570	623	753	854	958
宁波市	540	657	694	998	1026	991
嘉兴市	511	547	608	672	812	724
湖州市	614	751	818	902	980	673
绍兴市	587	575	657	842	753	919
舟山市	641	762	854	1054	1129	1310
台州市	676	687	660	753	802	991

城市	2014 年	2015 年	2016 年	2017 年	2018 年
上海市	1308	1464	1707	1457	1778
南京市	742	828	864	928	1009
无锡市	1049	1151	1294	1440	1545
常州市	1111	1219	1380	1537	1652
苏州市	934	1089	1194	1338	1500
南通市	607	685	790	871	982
扬州市	789	899	933	1034	1119
镇江市	702	808	895	972	1039
泰州市	745	829	908	1013	1123
杭州市	1052	1055	1163	1474	1670
宁波市	1105	1161	1073	1306	1795
嘉兴市	887	976	1414	1499	1590
湖州市	916	1006	1096	1160	1340
绍兴市	1157	1315	1351	1865	1588
舟山市	1291	1427	1579	1666	1830
台州市	1119	1244	1328	1428	1566

比较 2008～2018 年长三角核心区 16 个城市的农村居民人均医疗保健消费支出的年均增长率（图 7-7），增长最快的三个城市是扬州市（15.04%）、无锡市（13.91%）和苏州市（13.22%），另外南京市、常州市、杭州市、宁波市、嘉兴市、绍兴市和舟山市的增长率也超过了 10%。农村居民人均医疗保健消费支出增长最慢的三个城市是南通市（7.95%）、湖州市（8.12%）和台州市（8.76%）。

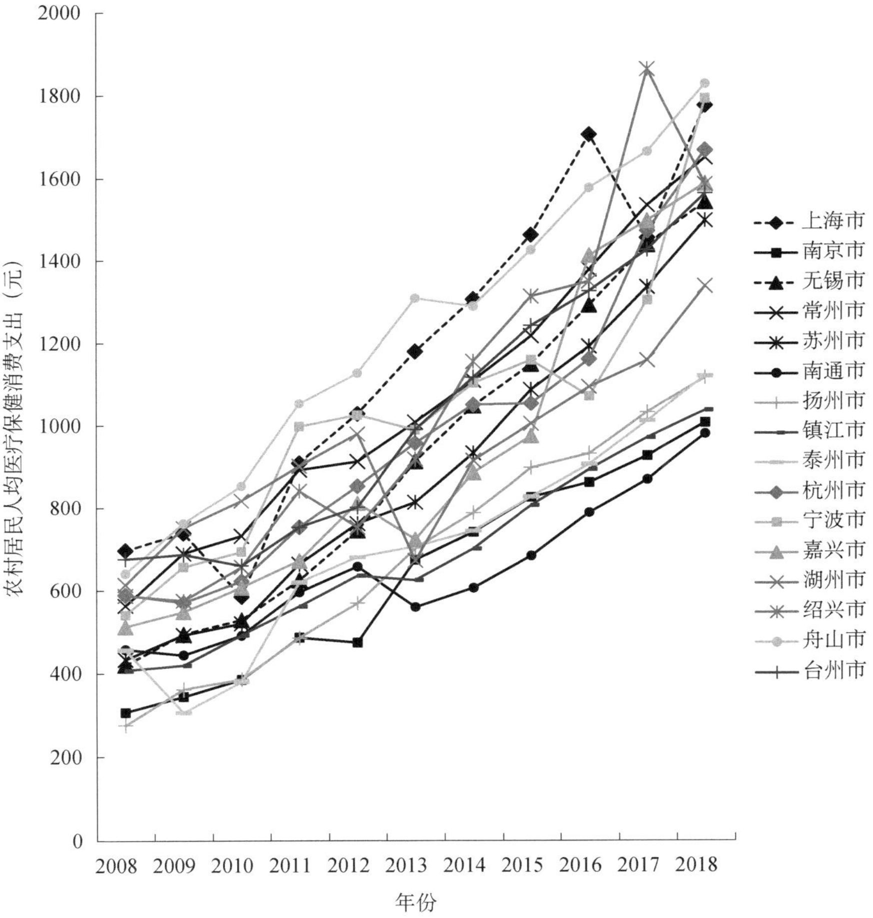

图 7-6　2008～2018 年长三角核心区 16 个城市的农村居民人均医疗保健消费支出变化情况

7.2.3　从占比看特征

为了更好地了解长三角核心区 16 个城市的农村居民医疗保健消费支出在总消费支出中的占比情况，将 2008 年、2013 年、2018 年的农村居民人均医疗保健消费支出与同期的人均消费总支出进行比较（表 7-6 和图 7-8）。

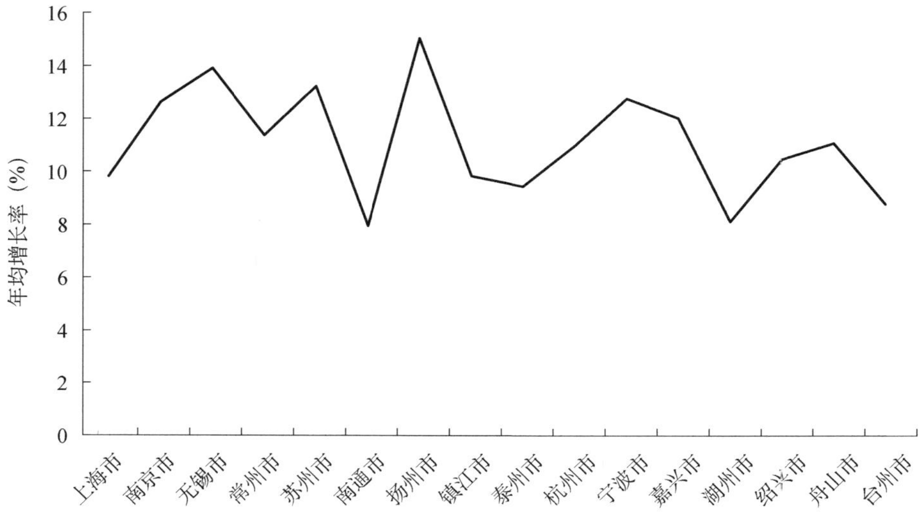

图 7-7　2008～2018 年长三角核心区 16 个城市的农村居民人均医疗保健消费支出年均增长率

表 7-6　2008 年、2013 年、2018 年长三角核心区 16 个城市的农村居民人均医疗保健消费支出占比

（%）

城市	2008 年	2013 年	2018 年
上海市	7.65	8.80	4.10
南京市	4.37	5.87	5.47
无锡市	5.29	6.63	7.20
常州市	6.92	8.16	8.64
苏州市	5.13	5.86	6.95
南通市	8.08	5.59	6.29
扬州市	5.06	6.93	7.06
镇江市	6.19	5.34	5.63
泰州市	8.98	7.17	7.21
杭州市	6.97	5.98	6.90
宁波市	5.89	7.16	8.45
嘉兴市	6.54	5.39	7.32
湖州市	8.71	5.41	6.47
绍兴市	7.45	7.41	7.60
舟山市	7.71	8.82	8.32
台州市	9.53	7.26	7.28

从年度不同城市比较来看，2018 年农村居民人均医疗保健消费支出占比最高的三个城市为常州市（8.64%）、宁波市（8.45%）和舟山市（8.32%）；占比最低的三个城市为上海市（4.10%）、南京市（5.47%）和镇江市（5.63%）。

从不同年份比较来看，2008 年、2013 年、2018 年农村居民人均医疗保健消费支出占比连续上升的城市有无锡市、常州市、苏州市、扬州市和宁波市。2013 年或 2018 年略有下降趋势，但与 2008 年相比 2018 年有明显上升趋势的城市有南京市、嘉兴市、绍兴市、舟山市。2013 年或 2018 年略有上升趋势，但与 2008 年相比 2018 年有明显下降趋势的城市有上海市、南通市、镇江市、泰州市、湖州市和台州市。农村居民人均医疗保健消费支出占比波动幅度不大、相对稳定的城市有绍兴市。

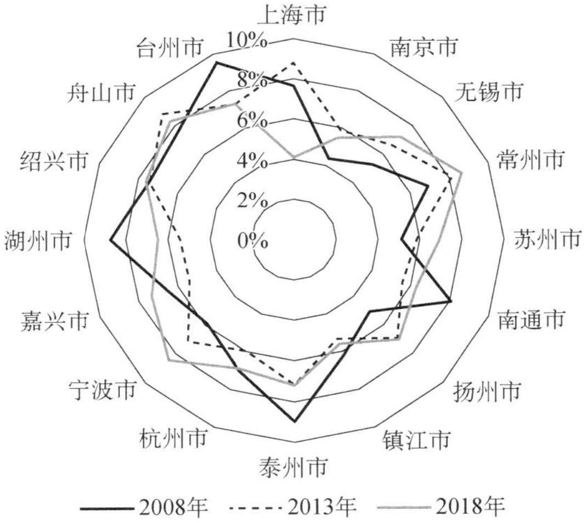

图 7-8　2008 年、2013 年、2018 年长三角核心区
16 个城市的农村居民人均医疗保健消费支出占比雷达图

在特定历史条件下，城乡二元体制曾经为我国的工业发展作出了重要贡献。进入后工业化时代，城乡差距束缚了经济社会发展的步伐。一直以来，长三角地区都是发展“三农”和消除城乡差别的先驱和典型。表 7-7 和图 7-9 为 2008 年、2013 年、2018 年长三角核心区 16 个城市的城镇居民人均医疗保健消费支出高于同地区农村居民人均医疗保健消费支出的差额（简称城乡居民人均医疗保健消费支出差额）。从表 7-7 中数据的变化来看，长三角核心区城乡居民人均医疗保健消费支出的差距在地区间的分化趋势比较明显：有的地区城乡差距在明显缩小，个别地区城乡差距还在拉大。

表 7-7 2008 年、2013 年、2018 年长三角核心区 16 个城市的城乡居民人均医疗保健消费支出差额 （单位：元）

城市	2008 年	2013 年	2018 年
上海市	58	169	1614
南京市	840	637	953
无锡市	791	571	591
常州市	721	377	469
苏州市	402	325	276
南通市	220	725	867
扬州市	449	247	135
镇江市	270	389	220
泰州市	116	475	461
杭州市	543	804	1665
宁波市	189	−1	216
嘉兴市	393	730	438
湖州市	484	378	137
绍兴市	352	122	534
舟山市	530	322	332
台州市	345	96	159

从 2008 年、2013 年、2018 年的差额数据来看，大部分地区和年份的城乡居民人均医疗保健消费支出差额在 0～1000 元。2018 年，城乡居民人均医疗保健消费支出差额最大的 3 个城市为：杭州市（1665 元）、上海市（1614 元）和南京市（953 元）。另外还有无锡市、南通市和绍兴市 3 个城市的城乡居民人均医疗保健消费支出差额超过 500 元。城乡居民人均医疗保健消费支出差额最小的 3 个城市为扬州市（135 元）、湖州市（137 元）和台州市（159 元）。

与 2008 年的数据相比，2018 年长三角核心区 16 个城市中城乡居民人均医疗保健消费支出差额进一步增加的有 8 个城市，即上海市（增加 1556 元）、南京市（增加 113 元）、南通市（增加 647 元）、泰州市（增加 345 元）、杭州市（增加 1122 元）、宁波市（增加 27 元）、嘉兴市（增加 45 元）、绍兴市（增加 182 元）；缩小的有 8 个城市，即无锡市（减少 200 元）、常州市（减少 252 元）、苏州市（减少 126 元）、扬州市（减少 314 元）、镇江市（减少 50 元）、湖州市（减少 347 元）、舟山市（减少 198 元）和台州市（减少 186 元）。

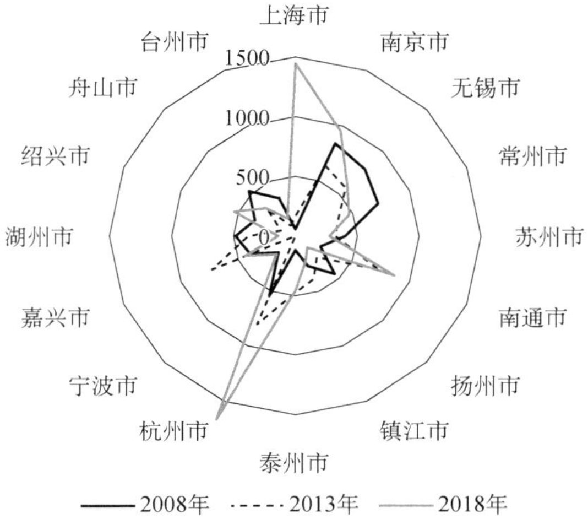

图 7-9 2008 年、2013 年、2018 年长三角核心区 16 个城市的城乡居民人均医疗保健消费支出差额雷达图（单位：元）

8 健康相关产品和服务价格指数

在地区统计信息中，各类产品和服务的价格是反映人民生活水平和工业生产能力的重要指标。常用的消费价格指数为居民消费价格指数、商品零售价格指数和工业品出厂价格指数。

居民消费价格指数是反映一定时期内城乡居民所购买的生活消费品和服务项目价格变动趋势和程度的相对数，是对城市居民消费价格指数和农村居民消费价格指数进行综合汇总计算的结果。该指数可以观察和分析消费品的零售价格和服务项目价格变动对城乡居民实际生活费支出的影响程度。居民消费价格指数可以按照消费类别分别计算，消费类别可分为食品、烟酒、衣着、生活用品及服务、医疗保健、交通和通信、教育文化及娱乐、居住、其他用品及服务。

商品零售价格指数是反映一定时期内城乡商品零售价格变动趋势和程度的相对数。商品零售价格的变动直接影响城乡居民的生活支出和国家的财政收入，影响居民购买力和市场供需的平衡，影响消费与积累的比例关系。因此，该指数可以从侧面对上述经济活动进行观察和分析。商品零售价格指数也可以按照商品类别分别计算，商品类别可分为食品、饮料烟酒、服装鞋帽、纺织品、中西药品和医疗保健用品、化妆品、书报杂志、文化体育用品、日用品、家用电器、首饰、燃料、建筑装潢材料、机电产品等十四个大类。

工业品出厂价格指数是反映全部工业产品出厂价格总水平的变动趋势和程度的相对数。其中除包括工业企业售给商业、外贸、物资部门的产品外，还包括保给工业和其他部门的生产资料以及直接售给居民的生活消费品。工业品出厂价格指数也可以按照国民经济行业分类分别计算。

价格指数[①]的计算公式为

$$\text{价格指数}=(\text{固定商品按当期价格计算的价值} \div \text{固定商品按基期价格计算的价值})\times 100\%$$

8.1 居民医疗保健消费价格指数

居民的医疗保健消费是较为重要的生活消费，其中包括药品、医疗器具和医疗服

① 本章使用数据采用环比法计算价格指数，即以上一年同期价格为基期价格。

务的消费。这部分消费和生活密切联系，部分地区的消费统计把医疗保健和个人用品合并计算。通过对居民医疗保健消费价格指数做横向和纵向比较，能够了解产品和服务价格的走势以及居民消费负担的变化。

因为长三角核心区各市价格指数统计口径和方法存在一定差异，值得说明的是：①上海市、无锡市、常州市、苏州市、南通市、扬州市、镇江市数据为医疗保健消费价格指数；②南京市、泰州市和浙江 7 市数据为医疗保健消费和个人用品消费的合并价格指数；③泰州市的消费价格指数为 1～12 月环比价格指数的平均值。

8.1.1 从数字看形势

表 8-1 和图 8-1 为 2018 年长三角核心区 7 个城市的居民医疗保健消费价格指数。7 个城市中，居民医疗保健消费价格指数较高的三个城市为上海市（102.4）、常州市（101.7）和无锡市（101.5），较低的三个城市为扬州市（100.2）、苏州市（100.8）和南通市（100.9）。

表 8-1 2018 年长三角核心区 7 个城市的居民医疗保健消费价格指数

城市	居民医疗保健消费价格指数
上海市	102.4
无锡市	101.5
常州市	101.7
苏州市	100.8
南通市	100.9
扬州市	100.2
镇江市	101.0

注：上年价格=100。

表 8-2 和图 8-2 为 2018 年长三角核心区 9 个城市的居民医疗保健和个人用品消费价格指数。9 个城市中居民医疗保健和个人用品消费价格指数较高的城市有宁波市（105.0）、舟山市（103.1）和绍兴市（102.7），较低的城市有南京市（100.9）、泰州市（101.4）、泰州市（101.4）和台州市（101.4）。

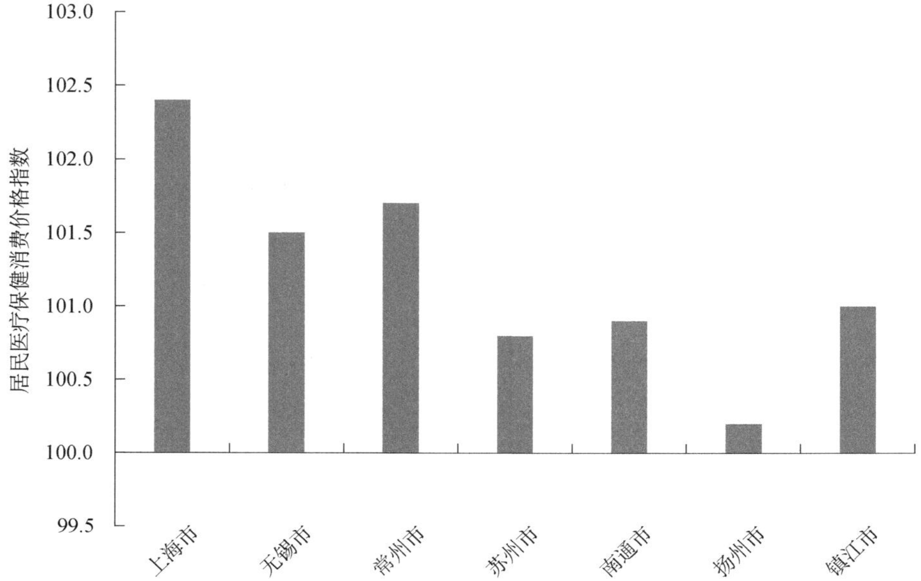

图 8-1　2018 年长三角核心区 7 个城市的居民医疗保健消费价格指数对比

注：上年价格=100

表 8-2　2018 年长三角核心区 9 个城市的居民医疗保健和个人用品消费价格指数

城市	居民医疗保健和个人用品消费价格指数
南京市	100.9
泰州市	101.4
杭州市	102.0
宁波市	105.0
嘉兴市	102.2
湖州市	101.5
绍兴市	102.7
舟山市	103.1
台州市	101.4

注：上年价格=100。

8.1.2　从变化看发展

表 8-3 和图 8-3 为 2008～2018 年长三角核心区 7 个城市居民医疗保健消费价格指数的变化情况。2008～2018 年，上海市和江苏省 6 市居民医疗保健消费价格存在普遍

上升的趋势。其中，无锡市和苏州市上升趋势最为明显，11 个年份的环比价格指数均大于 100%。其次是上海市和南通市，11 个年份中只有 1 年环比价格基本持平，其余年份价格均为上升。再次是常州市和扬州市，11 个年份中有 1 年环比价格明显下降，其余年份价格均为上升。价格上升趋势最弱的城市为镇江市，11 个年份中有 2 年的环比价格下降、2 个年份（基本）持平，其余年份价格均为上升。

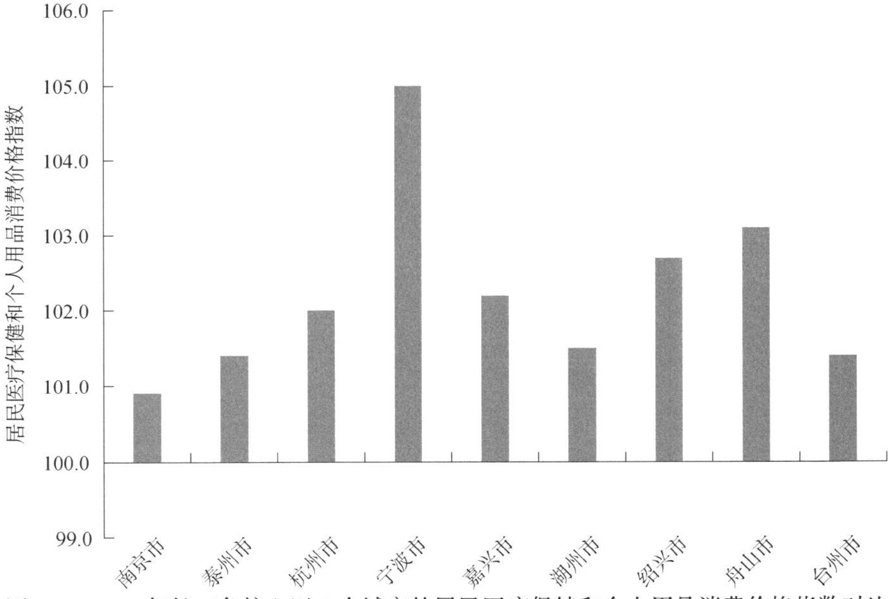

图 8-2　2018 年长三角核心区 9 个城市的居民医疗保健和个人用品消费价格指数对比

注：上年价格=100

表 8-3　2008～2018 年长三角核心区 7 个城市居民医疗保健消费价格指数

城市	2008 年	2009 年	2010 年	2011 年	2012 年	2013 年
上海市	100.5	101.0	100.8	100.6	99.9	100.8
无锡市	101.6	101.1	103.8	101.6	101.4	101.2
常州市	101.3	100.1	100.9	102.0	98.9	102.4
苏州市	105.0	103.4	105.6	101.4	100.8	100.7
南通市	99.9	103.1	101.6	102.4	100.4	100.7
扬州市	101.3	101.0	102.6	105.6	100.3	100.9
镇江市	99.6	100.5	100.0	98.4	99.9	103.0

城市	2014 年	2015 年	2016 年	2017 年	2018 年
上海市	100.4	100.7	109.0	106.6	102.4
无锡市	101.9	102.4	115.3	103.4	101.5
常州市	102.5	102.4	112.6	102.6	101.7
苏州市	100.8	102.5	114.0	101.2	100.8

续表

城市	2014 年	2015 年	2016 年	2017 年	2018 年
南通市	101.9	102.8	110.9	100.5	100.9
扬州市	104.7	101.6	110.9	99.6	100.2
镇江市	105.0	100.0	105.9	102.6	101.0

注：上年价格=100。

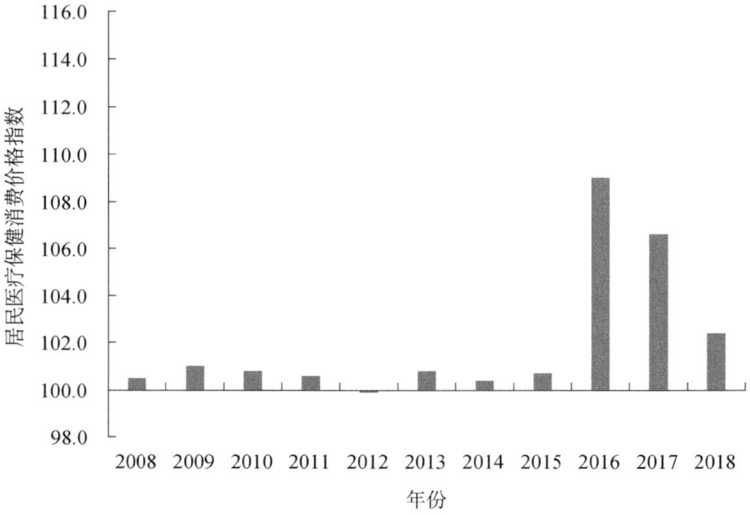

(a) 上海市

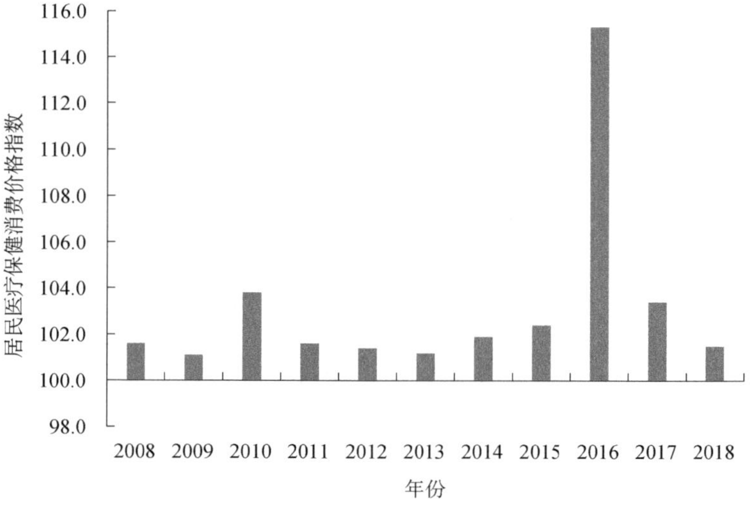

(b) 无锡市

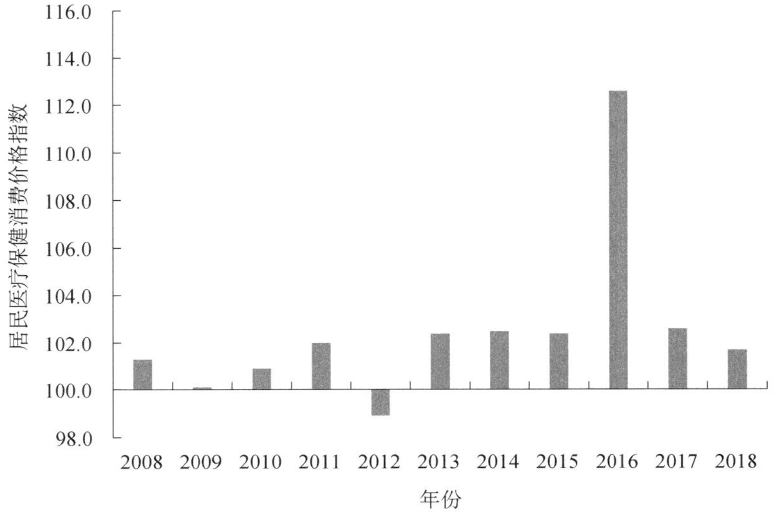
116.0
114.0
112.0
110.0
108.0
106.0
104.0
102.0
100.0
98.0
居民医疗保健消费价格指数
2008
2009
2010
2011
2012
2013
2014
2015
2016
2017
2018
年份

（c）常州市

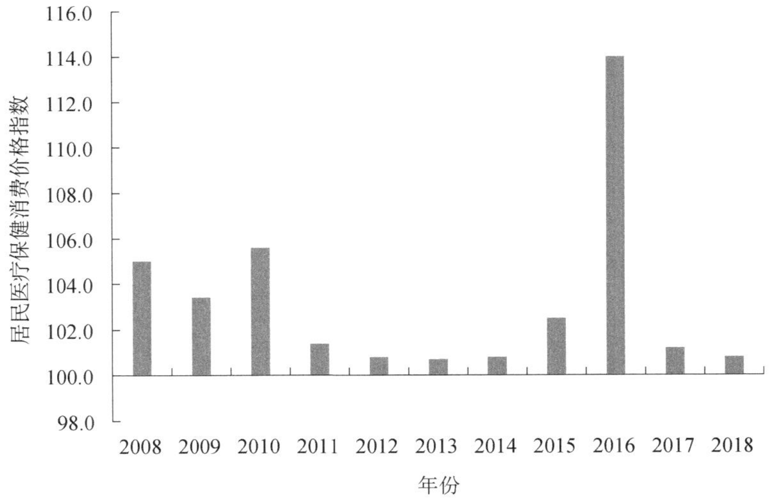
116.0
114.0
112.0
110.0
108.0
106.0
104.0
102.0
100.0
98.0
居民医疗保健消费价格指数
2008
2009
2010
2011
2012
2013
2014
2015
2016
2017
2018
年份

（d）苏州市

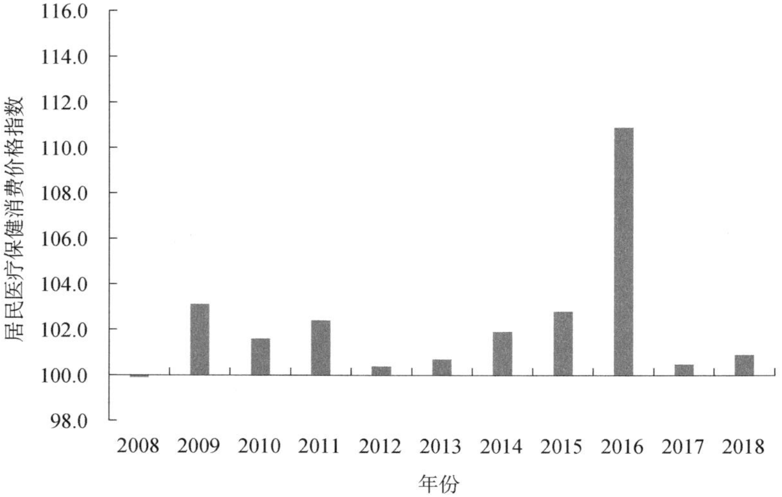
116.0
114.0
112.0
110.0
108.0
106.0
104.0
102.0
100.0
98.0
居民医疗保健消费价格指数
2008
2009
2010
2011
2012
2013
2014
2015
2016
2017
2018
年份

（e）南通市

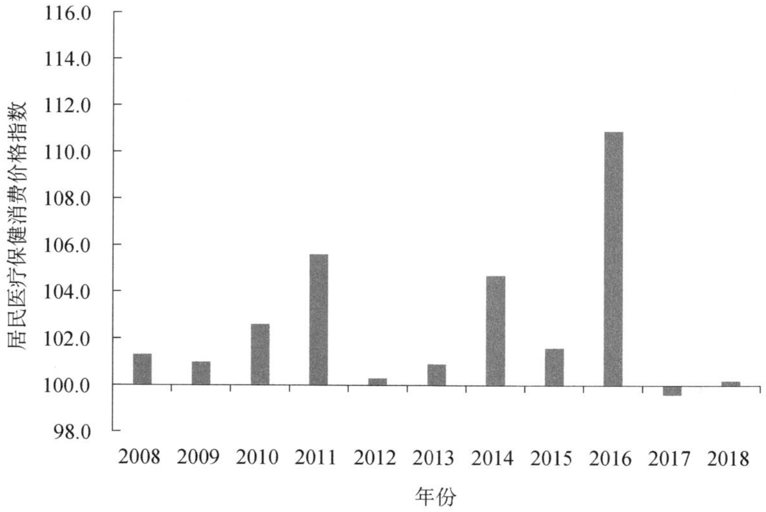
116.0
114.0
112.0
110.0
108.0
106.0
104.0
102.0
100.0
98.0
居民医疗保健消费价格指数
2008
2009
2010
2011
2012
2013
2014
2015
2016
2017
2018
年份

（f）扬州市

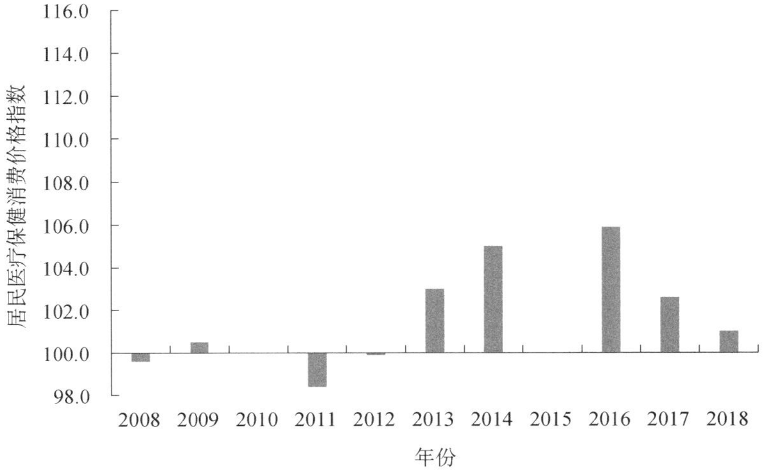

（g）镇江市

图 8-3　2008～2018 年 7 市居民医疗保健消费价格指数

注：上年价格=100。

表 8-4　2008～2018 年长三角核心区 9 个城市居民医疗保健和个人用品消费价格指数

城市	2008 年	2009 年	2010 年	2011 年	2012 年	2013 年
南京市	103.1	100.5	103.6	102.6	101.0	100.2
泰州市	102.6	100.7	99.2	100.7	100.7	99.6
杭州市	105.3	100.6	105.5	103.6	101.7	101.1
宁波市	108.7	101.8	103.9	103.3	101.1	102.8
嘉兴市	102.2	103.4	106.6	103.5	99.6	97.8
湖州市	105.1	103.6	105.4	105.0	102.1	101.4
绍兴市	108.3	102.1	104.0	104.4	100.5	99.3
舟山市	107.4	102.0	105.5	104.4	98.7	101.8
台州市	110.1	101.9	105.2	107.4	100.9	97.5

城市	2014 年	2015 年	2016 年	2017 年	2018 年
南京市	100.5	101.3	109.9	100.5	100.9
泰州市	101.0	101.0	103.3	101.6	101.4
杭州市	101.4	102.4	100.8	101.7	102.0
宁波市	102.3	103.4	103.0	103.5	105.0
嘉兴市	101.8	106.6	101.4	102.6	102.2
湖州市	102.0	102.1	101.2	102.8	101.5
绍兴市	105.9	102.2	102.2	103.0	102.7
舟山市	101.2	101.1	101.7	104.1	103.1
台州市	102.4	103.7	100.5	101.2	101.4

注：上年价格=100。

2008～2018 年，江苏省 2 个城市和浙江省 7 个城市居民医疗保健和个人用品消费价格也存在普遍上升的趋势。其中南京市、杭州市、宁波市和湖州市上升趋势最为明显，11个年份的环比价格均为上升。其次是绍兴市和舟山市、台州市，11个年份中只有1年环比价格下降，其余年份价格均为上升。价格上升趋势相对较弱的城市为泰州市和嘉兴市，11个年份中有2个年份的环比价格下降，其余年份价格均为上升（表8-4、图8-4）。

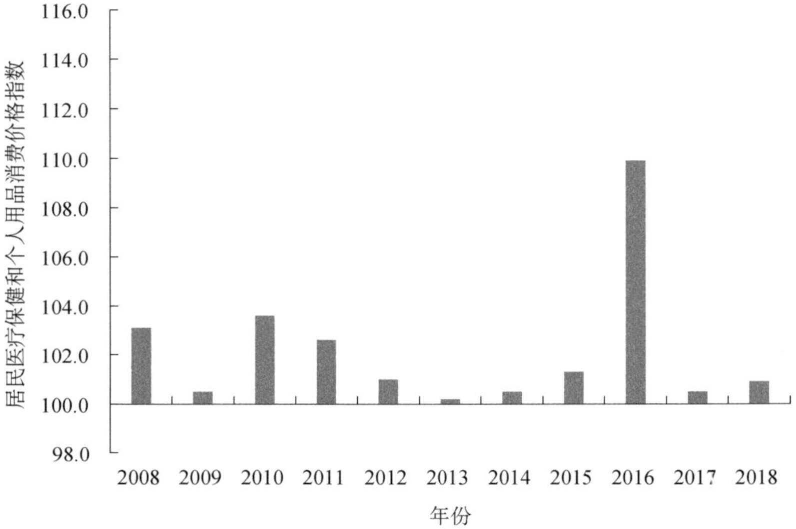

（a）南京市

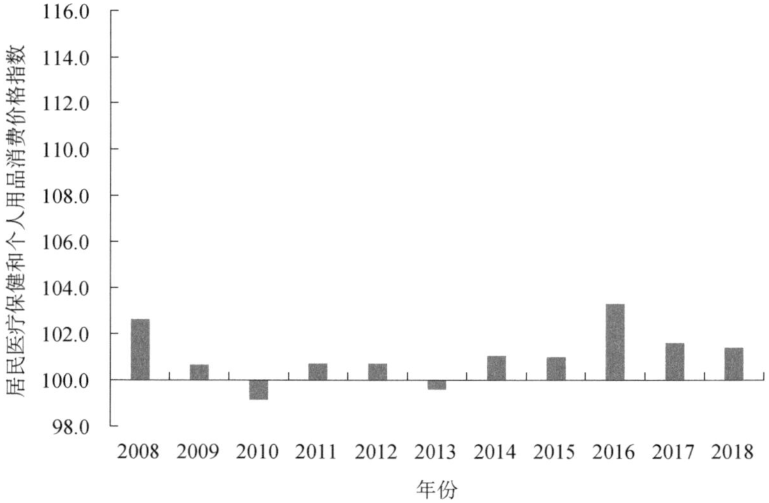

（b）泰州市

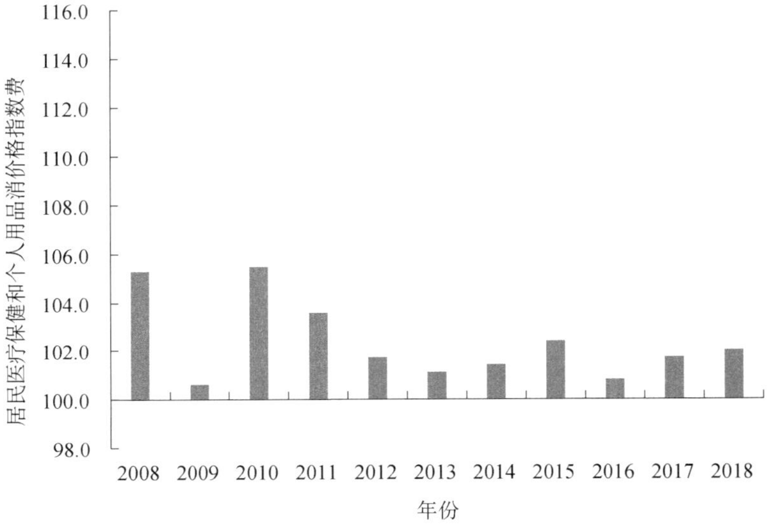
116.0
114.0
112.0
110.0
108.0
106.0
104.0
102.0
100.0
98.0
居民医疗保健和个人用品消价格指数费
2008
2009
2010
2011
2012
2013
2014
2015
2016
2017
2018
年份

（c）杭州市

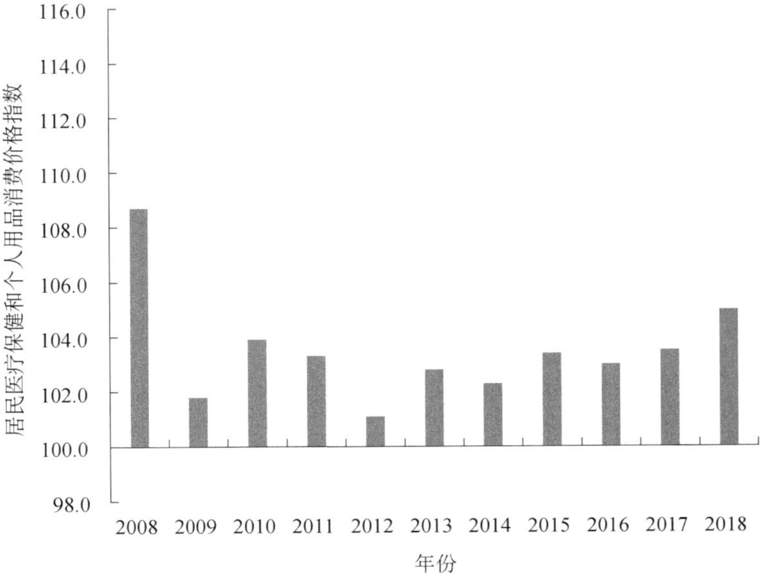
116.0
114.0
112.0
110.0
108.0
106.0
104.0
102.0
100.0
98.0
居民医疗保健和个人用品消费价格指数
2008
2009
2010
2011
2012
2013
2014
2015
2016
2017
2018
年份

（d）宁波市

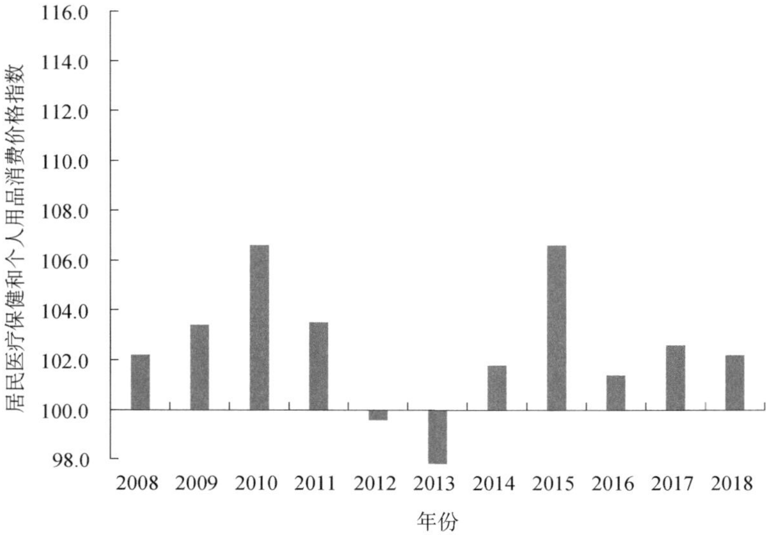

116.0
114.0
112.0
110.0
108.0
106.0
104.0
102.0
100.0
98.0
居民医疗保健和个人用品消费价格指数
2008
2009
2010
2011
2012
2013
2014
2015
2016
2017
2018
年份

（e）嘉兴市

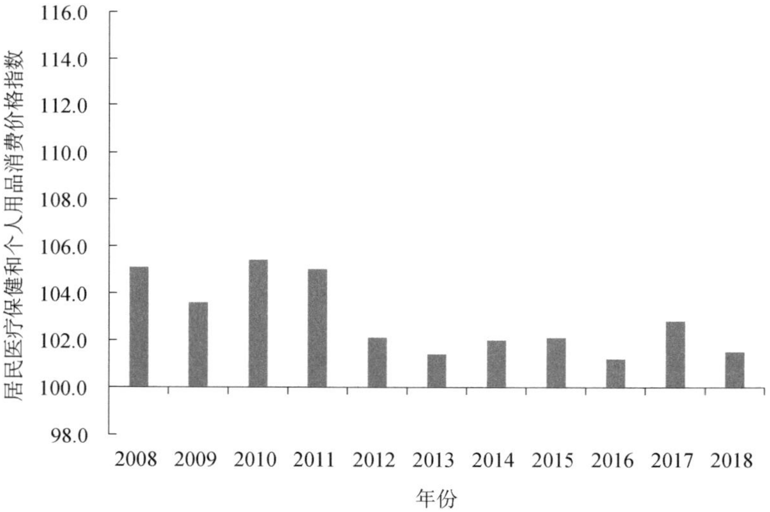

116.0
114.0
112.0
110.0
108.0
106.0
104.0
102.0
100.0
98.0
居民医疗保健和个人用品消费价格指数
2008
2009
2010
2011
2012
2013
2014
2015
2016
2017
2018
年份

（f）湖州市

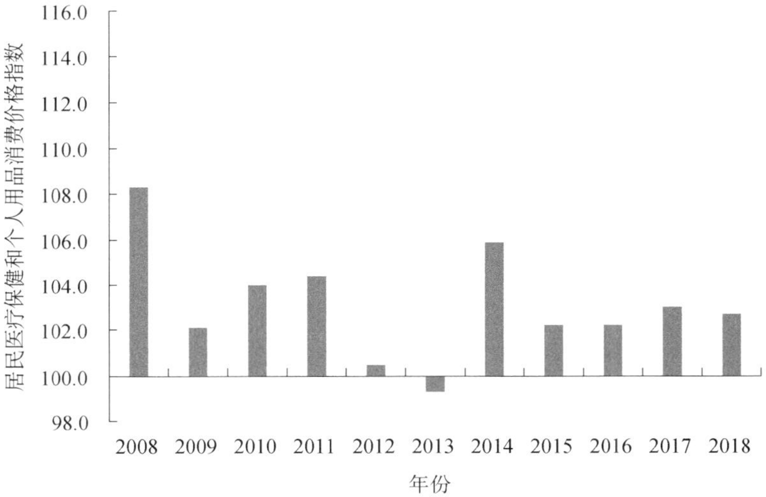
116.0
114.0
112.0
110.0
108.0
106.0
104.0
102.0
100.0
98.0
居民医疗保健和个人用品消费价格指数
2008 2009 2010 2011 2012 2013 2014 2015 2016 2017 2018
年份

（g）绍兴市

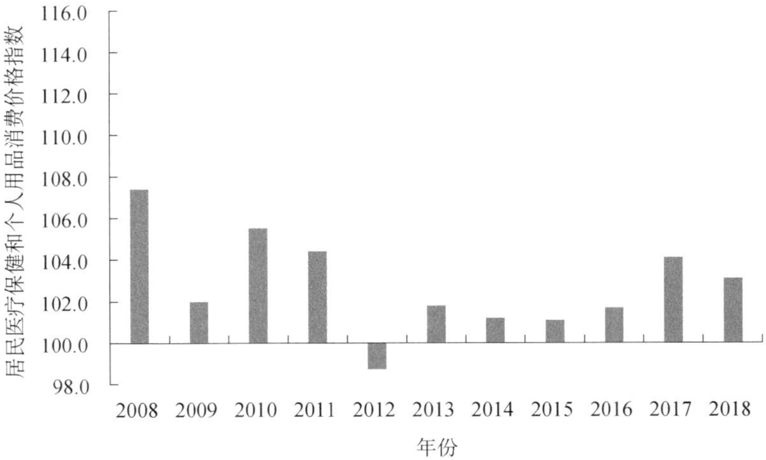
116.0
114.0
112.0
110.0
108.0
106.0
104.0
102.0
100.0
98.0
居民医疗保健和个人用品消费价格指数
2008 2009 2010 2011 2012 2013 2014 2015 2016 2017 2018
年份

（h）舟山市

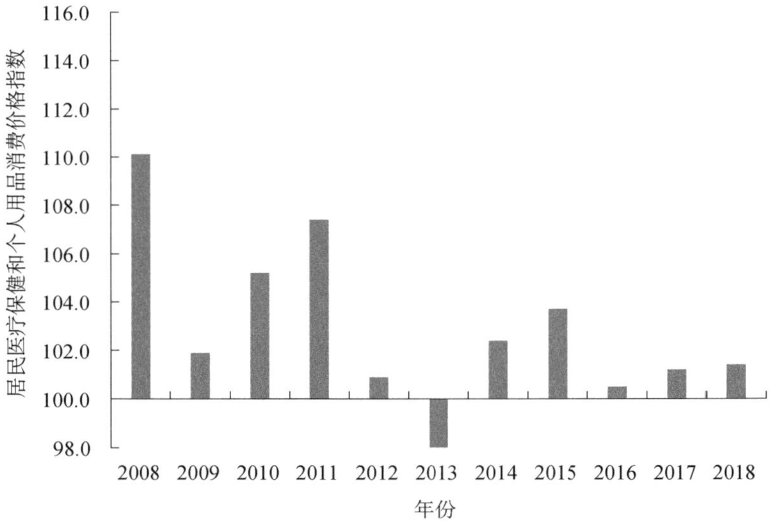

（i）台州市

图 8-4　2008～2018 年 9 市居民医疗保健和个人用品消费价格指数

注：上年价格=100。

8.1.3　从对比看特征

为了了解长三角核心区 16 个城市居民医疗保健消费价格的相对变化情况，特对比各个城市的居民医疗保健消费价格指数与同时期居民整体消费价格指数的差值（表 8-5）。

表 8-5　2008 年、2013 年、2018 年长三角核心区 16 个城市的居民医疗保健消费价格指数与居民整体消费价格指数对比

城市	2008 年			2013 年			2018 年		
	居民医疗保健消费价格指数	居民整体消费价格指数	差值	居民医疗保健消费价格指数	居民整体消费价格指数	差值	居民医疗保健消费价格指数	居民整体消费价格指数	差值
上海市	100.5	105.8	−5.3	100.8	102.3	−1.5	102.4	101.6	0.8
南京市	103.1	106.2	−3.1	100.2	102.7	−2.5	100.9	102.4	−1.5
无锡市	101.6	105.1	−3.5	101.2	102.1	−0.9	101.5	102.3	−0.8
常州市	101.3	105.2	−3.9	102.4	102.2	0.2	101.7	102.2	−0.5
苏州市	105.0	105.3	−0.3	100.7	102.1	−1.4	100.8	102.6	−1.8
南通市	99.9	104.8	−4.9	100.7	102.2	−1.5	100.9	102.3	−1.4
扬州市	101.3	104.8	−3.5	100.9	102.2	−1.3	100.2	102.2	−2.0
镇江市	99.6	105.0	−5.4	103.0	102.1	0.9	101.0	102.0	−1.0
泰州市	102.6	104.8	−2.2	99.6	101.9	−2.3	101.4	102.0	−0.6

续表

城市	2008 年			2013 年			2018 年		
	居民医疗保健消费价格指数	居民整体消费价格指数	差值	居民医疗保健消费价格指数	居民整体消费价格指数	差值	居民医疗保健消费价格指数	居民整体消费价格指数	差值
杭州市	105.3	104.9	0.4	101.1	102.5	−1.4	102.0	102.3	−0.3
宁波市	108.7	105.0	3.7	102.8	102.2	0.6	105.0	102.2	2.8
嘉兴市	102.2	106.6	−4.4	97.8	100.7	−2.9	102.2	102.2	0.0
湖州市	105.1	105.1	0.0	101.4	102.1	−0.7	101.5	102.2	−0.7
绍兴市	108.3	105.0	3.3	99.3	102.0	−2.7	102.7	102.4	0.3
舟山市	107.4	105.6	1.8	101.8	102.1	−0.3	103.1	102.8	0.3
台州市	110.1	104.2	5.9	97.5	101.8	−4.3	101.4	102.4	−1.0

注：上年价格=100。

从三个年份价格指数的比较来看，2008 年浙江省 7 个城市中有 6 个城市的居民医疗保健消费价格指数高于居民整体消费价格指数，江苏省 8 个城市的居民医疗保健消费价格指数均低于居民整体消费价格指数，上海市的居民医疗保健消费价格指数明显低于居民整体消费价格指数。2013～2018 年，长三角核心区 16 个城市的居民医疗保健消费价格指数与同期居民整体消费价格指数相比，大部分城市的差异在缩小，城市和地区之间的差异也在缩小（图 8-5）。

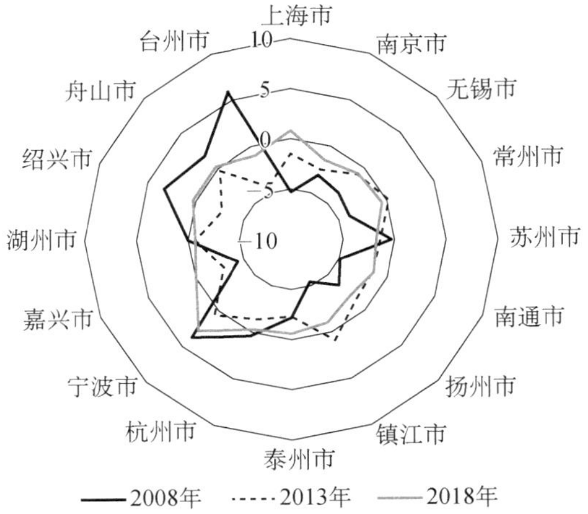

图 8-5　2008 年、2013 年、2018 年长三角核心区 16 个城市的居民医疗保健消费价格指数与居民整体消费价格指数的差值对比

注：上年价格=100。

8.2　中西医药品及医疗保健用品零售价格指数

中西医药品及医疗保健用品包括中药材、中成药、西药、保健器具及用品等。这些商品的零售价格反映了市场供需状况，也反映了居民在这方面支出的负担情况。

8.2.1　从数字看形势

由表 8-6 和图 8-6 可以看出，2018 年长三角核心区公布了中西医药品及医疗保健用品零售价格指数的 14 个城市中，价格上涨最快的三个城市为南通市（108.9）、宁波市（107.8）和舟山市（106.7），价格上涨最慢的三个城市为上海市（101.2）、镇江市（102.6）和苏州市（102.7）。

表 8-6　2018 年长三角核心区 14 个城市中西医药品及医疗保健用品零售价格指数

城市	2018 年
上海市	101.2
南京市	102.8
无锡市	104.0
常州市	104.7
苏州市	102.7
南通市	108.9
镇江市	102.6
杭州市	105.3
宁波市	107.8
嘉兴市	105.8
湖州市	103.2
绍兴市	105.7
舟山市	106.7
台州市	102.9

注：①泰州市和扬州市因数据缺失，暂未列出。②上年价格=100。

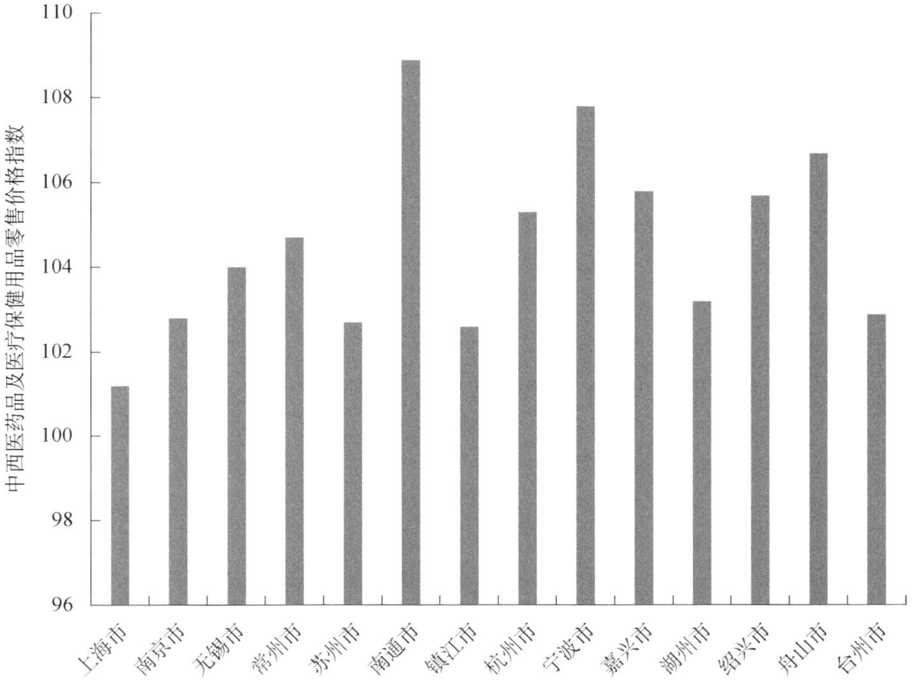

图 8-6 2018 年长三角核心区 14 个城市的中西医药品及医疗保健用品零售价格指数对比

注：上年价格=100。

8.2.2 从变化看发展

2008～2018 年，长三角核心区 15 个城市（无扬州市数据）的中西医药品及医疗保健用品零售价格存在普遍上升的趋势（表 8-7、图 8-7）。

上海市的中西医药品及医疗保健用品零售价格处于平稳上升的趋势。除 2016 年价格指数达到 111.0、2017 年达到 102.2 以外，其余年份的价格上涨和下跌幅度均未超过 2 个百分点，并且只有 2010 年和 2011 年 2 个年份的中西医药品及医疗保健用品零售价格下跌，2012 年持平，其余年份均为上升。

南京市的中西医药品及医疗保健用品零售价格处于波动上升的趋势，在 2008 年、2010 年和 2018 年涨幅超过了 2 个百分点，在 2013 年、2015 年和 2016 年出现下跌，并且 2016 年的跌幅超过 4 个百分点。

无锡市的中西医药品及医疗保健用品零售价格呈现持续上升趋势，并且 2015～2018 年价格涨幅均超过了 2 个百分点，其中 2017 年的涨幅为 8 个百分点。

常州市的中西医药品及医疗保健用品零售价格以上升趋势为主，2010 年和 2012 年的价格出现下跌，并且只有 2010 年的下降幅度超过 2 个百分点。在价格上升的年份，只有 2009 年、2011 年、2015 年的涨幅没有超过 2 个百分点，其余 6 个年份的涨幅均超过 2 个百分点。其中，2017 年的价格涨幅最大，达到 8.4 个百分点。

苏州市的中西医药品及医疗保健用品零售价格基本呈现稳步上升趋势，只有 2016 年的价格出现下跌，且未超过 2 个百分点。其余 10 个年份价格均在上升，且其中有 6 个年份的涨幅超过了 2 个百分点。

南通市的中西医药品及医疗保健用品零售价格以上升趋势为主且波动幅度较大。2008 年、2010 年和 2016 年的价格出现下跌，并且 2008 年和 2016 年的下降幅度约为或超过 2 个百分点。在价格上升的年份，只有 2012 年、2013 年、2015 年的涨幅没有超过 2 个百分点，其余 5 个年份的涨幅均超过 2 个百分点。2018 年的价格涨幅最大，达到 8.9 个百分点。

镇江市的中西医药品及医疗保健用品零售价格前期比较平稳，后期以上升趋势为主。2008～2013 年有 4 个年份价格下跌、2 个年份价格上升，但涨跌幅均未超过 2 个百分点。2014～2018 年 5 个年份中只有 2015 年价格持平，其余 4 个年份价格上升且涨幅超过 2 个百分点。2014 年、2016 年、2017 年的涨幅超过了 5 个百分点。

在泰州市仅有的 2008～2013 年数据中，中西医药品及医疗保健用品零售价格波动幅度较大。2010 年和 2013 年的价格出现下跌，并且 2010 年的下降幅度达到 6.8 个百分点。在价格上升的 4 个年份中，2009 年、2011 年的涨幅超过 2 个百分点。

杭州市的中西医药品及医疗保健用品零售价格基本呈大幅上升趋势，仅有 2014 年的价格出现下跌，并且下降幅度没有超过 2 个百分点。在价格上升的 10 个年份中，只有 2009 年、2012 年、2013 年的涨幅没有超过 2 个百分点，其余 7 个年份的涨幅均超过 2 个百分点。2008 年、2010 年、2011 年和 2018 年的价格涨幅超过了 5 个百分点。

宁波市的中西医药品及医疗保健用品零售价格也呈现大幅上升趋势。仅有 2014 年的价格出现下跌，下降幅度超过 2 个百分点。在价格上升的 10 个年份中，只有 2012 年的涨幅没有超过 2 个百分点，其余 9 个年份的涨幅均超过 2 个百分点。2008 年、2010 年、2016 年、2017 年、2018 年的价格涨幅超过 5 个百分点。

嘉兴市的中西医药品及医疗保健用品零售价格以大幅上升的趋势为主。只有 2012 年和 2013 年的价格出现下跌，且 2013 年的下降幅度超过 5 个百分点。在价格上升的 9 个年份中，涨幅全部超过 2 个百分点，有 6 个年份的涨幅达到或超过 5 个百分点。

湖州市的中西医药品及医疗保健用品零售价格也基本呈现持续的大幅上升趋势，仅有2014年的价格出现下跌，但下降幅度未超过2个百分点。在价格上升的10个年份中，只有2013年的涨幅没有超过2个百分点，9个年份的涨幅超过2个百分点，5个年份的涨幅均超过5个百分点。

绍兴市的中西医药品及医疗保健用品零售价格也是以大幅上升趋势为主。2012年、2013年的价格出现下跌，且下降幅度超过2个百分点。在价格上升的9个年份中，涨幅全部超过2个百分点。2008年、2010年、2011年、2014年、2016～2018年7个年份的涨幅达到或超过5个百分点。

舟山市的中西医药品及医疗保健用品零售价格呈现大幅波动上升趋势。2012年、2013年的价格出现下跌，且下降幅度超过2个百分点。在价格上升的9个年份中，2014年、2015年的涨幅没有超过2个百分点，其余7个年份涨幅超过2个百分点。2008年、2010年、2017年、2018年的涨幅超过5个百分点。

台州市的中西医药品及医疗保健用品零售价格呈现大幅波动上升趋势。仅有2013年的价格出现下跌，且下降幅度达到8.8个百分点。2014年价格持平。在价格上升的9个年份中，7个年份涨幅超过2个百分点。2008年、2010年、2011年、2015年的涨幅超过5个百分点。

表8-7 2008～2018年长三角核心区15个城市的中西医药品及医疗保健用品零售价格指数

城市	2008年	2009年	2010年	2011年	2012年	2013年
上海市	100.7	100.6	99.8	99.4	100.0	101.0
南京市	102.9	100.5	103.6	100.7	100.9	99.4
无锡市	101.2	100.8	100.1	101.9	101.6	101.8
常州市	102.1	100.2	97.7	101.9	98.3	103.5
苏州市	106.5	102.8	102.5	102.6	101.3	101.1
南通市	98.1	102.6	99.9	103.5	100.7	101.0
镇江市	99.3	100.5	99.5	98.3	100.3	98.9
泰州市	100.4	104.5	93.2	102.9	101.1	99.7
杭州市	107.8	100.8	107.1	105.5	101.2	101.5
宁波市	112.0	103.4	107.1	103.1	100.1	103.1
嘉兴市	103.3	106.6	111.2	105.0	98.1	94.0
湖州市	106.5	105.5	108.3	106.7	103.1	101.6
绍兴市	112.4	104.0	105.8	105.0	97.8	95.9
舟山市	107.8	102.4	107.8	102.5	97.5	96.4
台州市	117.2	103.5	109.1	109.0	100.4	91.2

城市	2014年	2015年	2016年	2017年	2018年
上海市	101.7	100.6	111.0	102.2	101.2

续表

城市	2014 年	2015 年	2016 年	2017 年	2018 年
南京市	100.5	99.7	95.7	101.5	102.8
无锡市	101.0	102.5	102.7	108.0	104.0
常州市	103.6	101.2	102.3	108.4	104.7
苏州市	100.8	100.8	98.9	103.7	102.7
南通市	102.7	101.3	96.2	102.4	108.9
镇江市	106.6	100.0	105.4	106.1	102.6
泰州市	—	—	—	—	—
杭州市	98.9	102.7	102.3	104.4	105.3
宁波市	96.7	104.2	108.3	109.0	107.8
嘉兴市	103.1	107.2	104.5	107.6	105.8
湖州市	98.8	103.1	103.4	107.4	103.2
绍兴市	108.7	103.4	107.3	108.2	105.7
舟山市	101.1	100.4	103.8	108.9	106.7
台州市	100.0	105.5	101.5	102.9	102.9

注：①扬州市数据缺失，暂未列出；②上年价格=100。

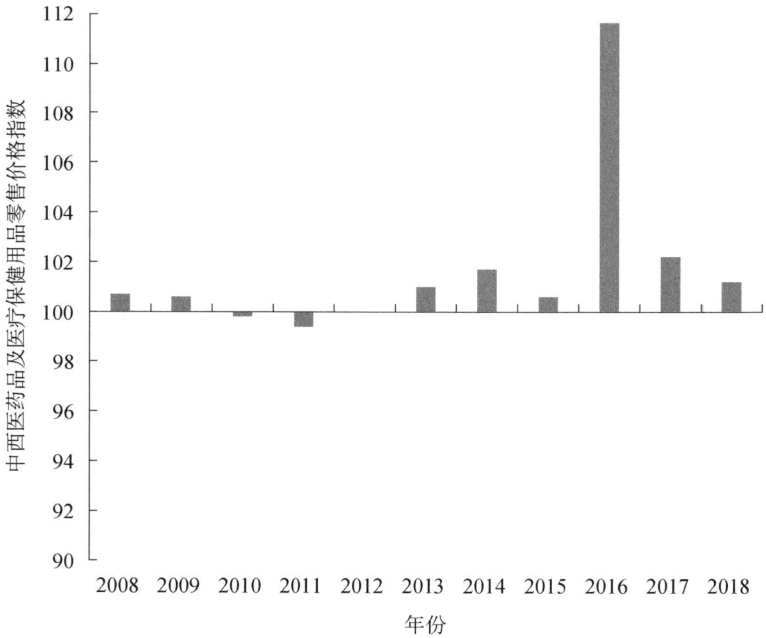

(a) 上海市

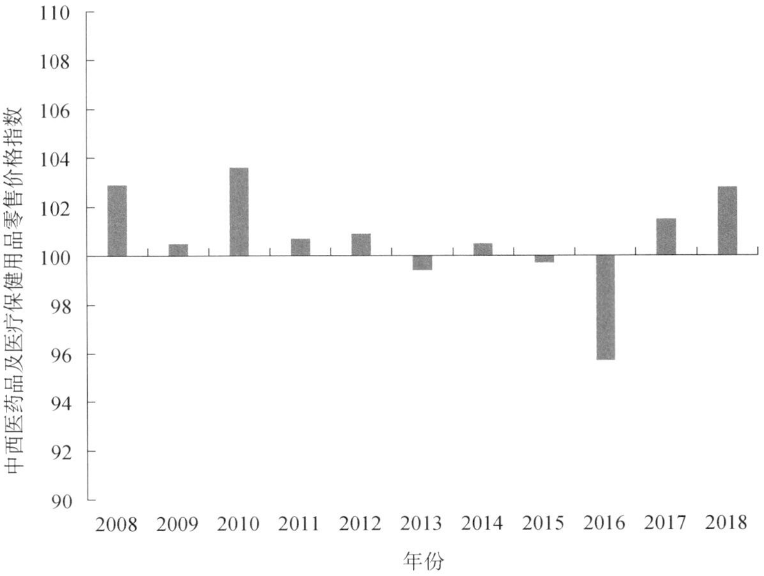
110
108
106
104
102
100
98
96
94
92
90
中西医药品及医疗保健用品零售价格指数
2008
2009
2010
2011
2012
2013
2014
2015
2016
2017
2018
年份

（b）南京市

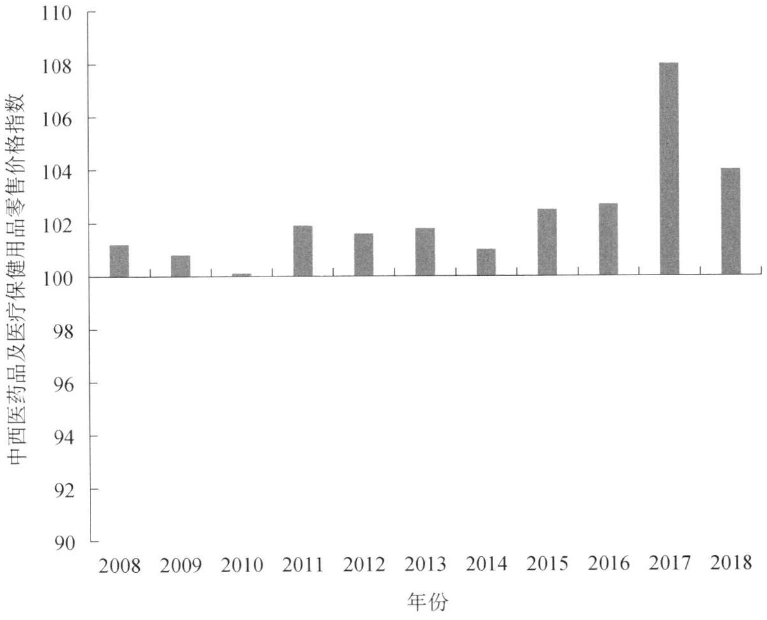
110
108
106
104
102
100
98
96
94
92
90
中西医药品及医疗保健用品零售价格指数
2008
2009
2010
2011
2012
2013
2014
2015
2016
2017
2018
年份

（c）无锡市

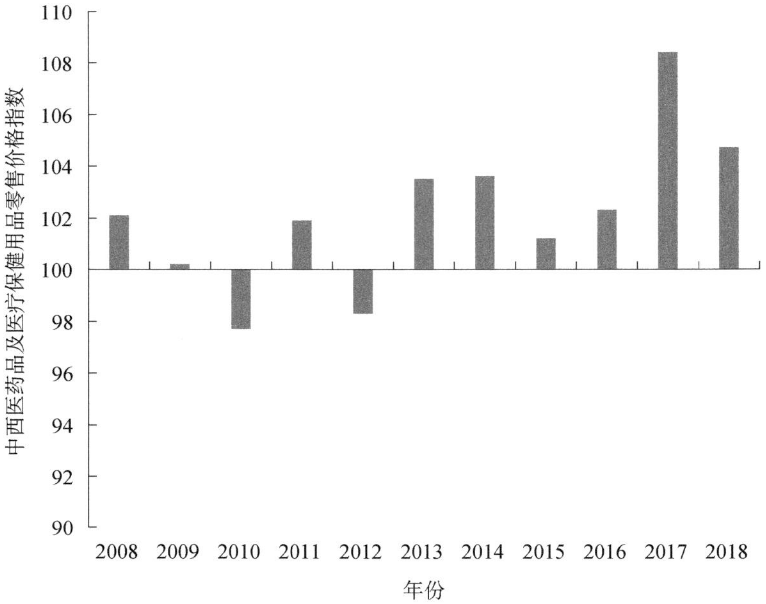

中西医药品及医疗保健用品零售价格指数
110
108
106
104
102
100
98
96
94
92
90
2008
2009
2010
2011
2012
2013
2014
2015
2016
2017
2018
年份

（d）常州市

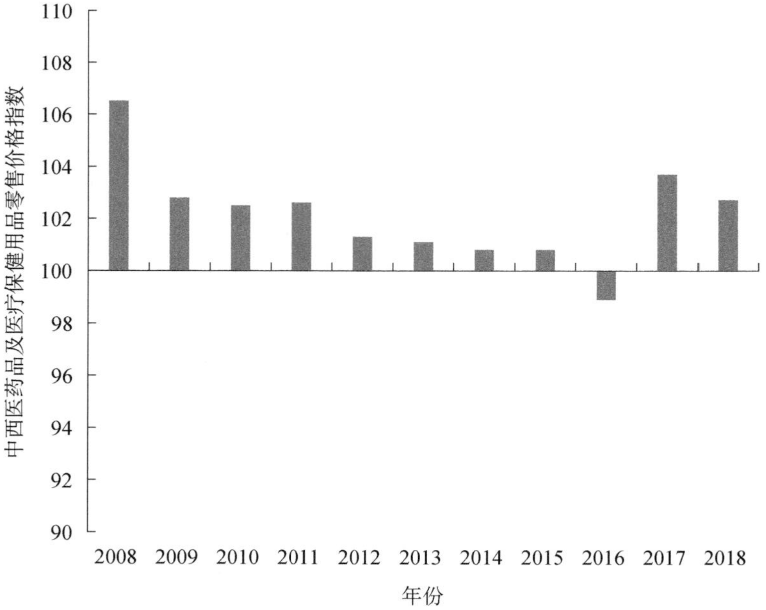

中西医药品及医疗保健用品零售价格指数
110
108
106
104
102
100
98
96
94
92
90
2008
2009
2010
2011
2012
2013
2014
2015
2016
2017
2018
年份

（e）苏州市

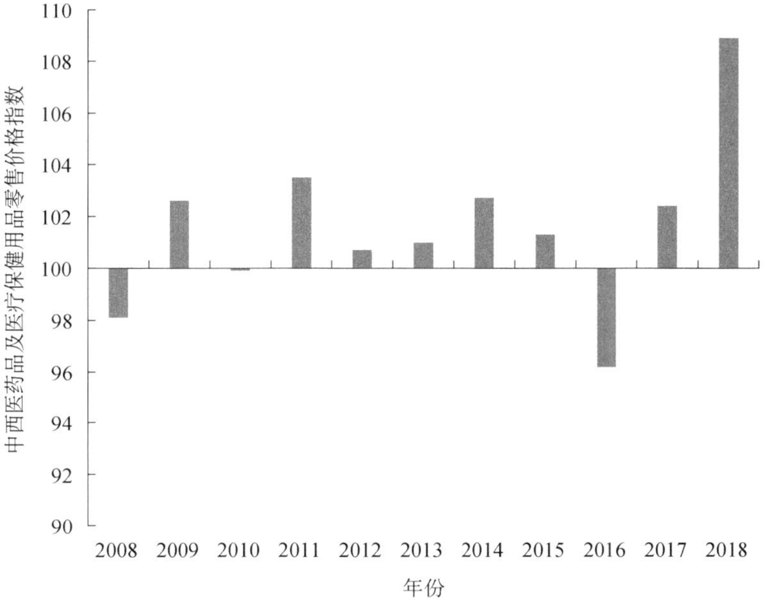
110
108
106
104
102
100
98
96
94
92
90
中西医药品及医疗保健用品零售价格指数
2008
2009
2010
2011
2012
2013
2014
2015
2016
2017
2018
年份

（f）南通市

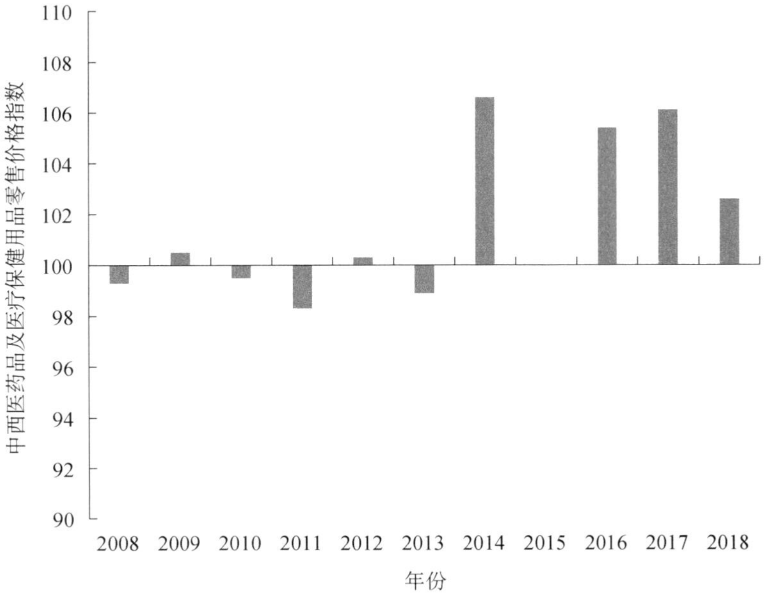
110
108
106
104
102
100
98
96
94
92
90
中西医药品及医疗保健用品零售价格指数
2008
2009
2010
2011
2012
2013
2014
2015
2016
2017
2018
年份

（g）镇江市

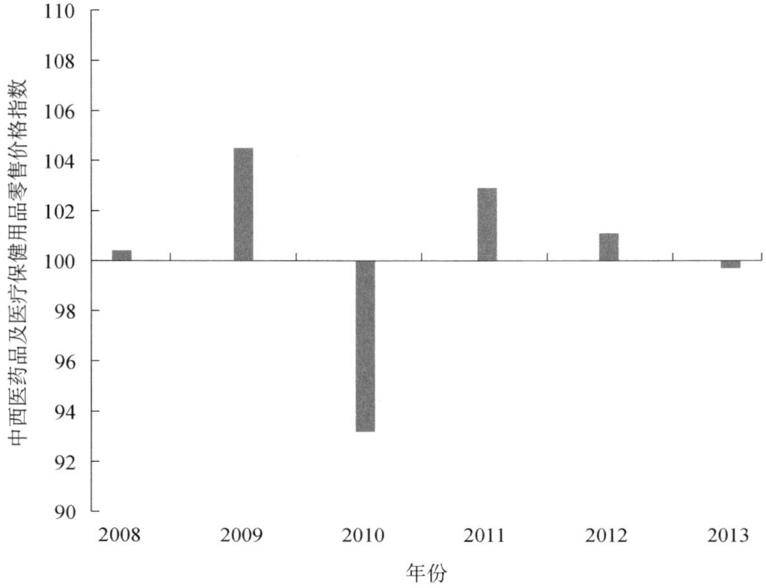
110
108
106
104
102
100
98
96
94
92
90
中西医药品及医疗保健用品零售价格指数
2008
2009
2010
2011
2012
2013
年份

（h）泰州市

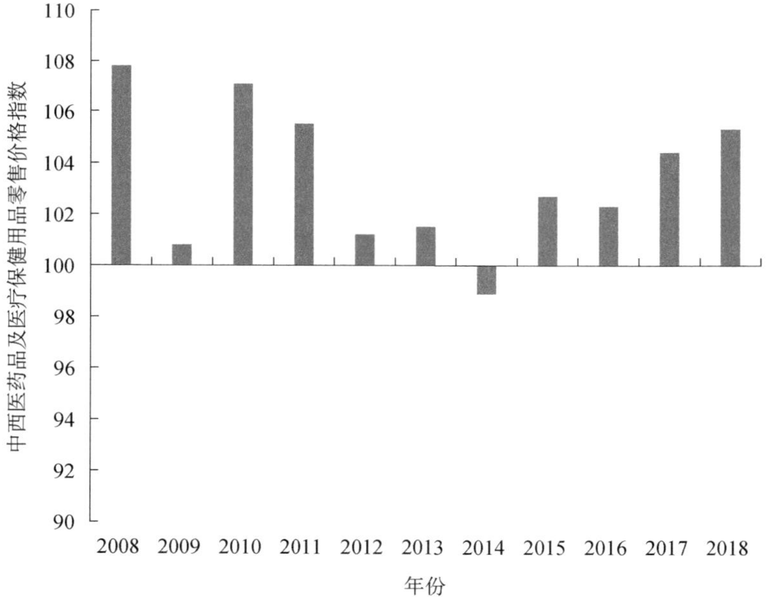
110
108
106
104
102
100
98
96
94
92
90
中西医药品及医疗保健用品零售价格指数
2008
2009
2010
2011
2012
2013
2014
2015
2016
2017
2018
年份

（i）杭州市

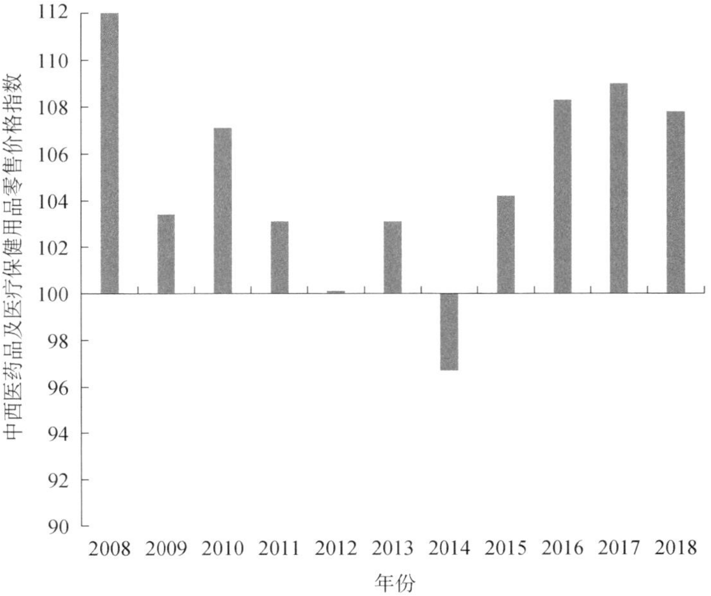
中西医药品及医疗保健用品零售价格指数
112
110
108
106
104
102
100
98
96
94
92
90
2008
2009
2010
2011
2012
2013
2014
2015
2016
2017
2018
年份

(j) 宁波市

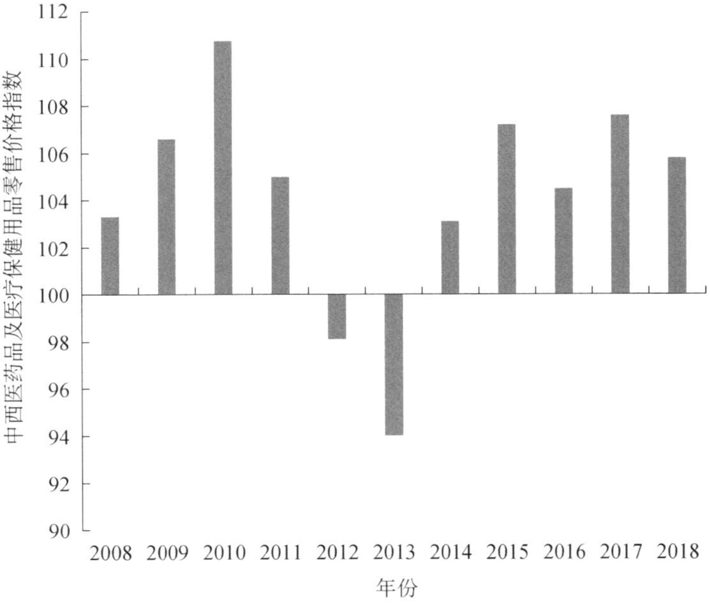
中西医药品及医疗保健用品零售价格指数
112
110
108
106
104
102
100
98
96
94
92
90
2008
2009
2010
2011
2012
2013
2014
2015
2016
2017
2018
年份

(k) 嘉兴市

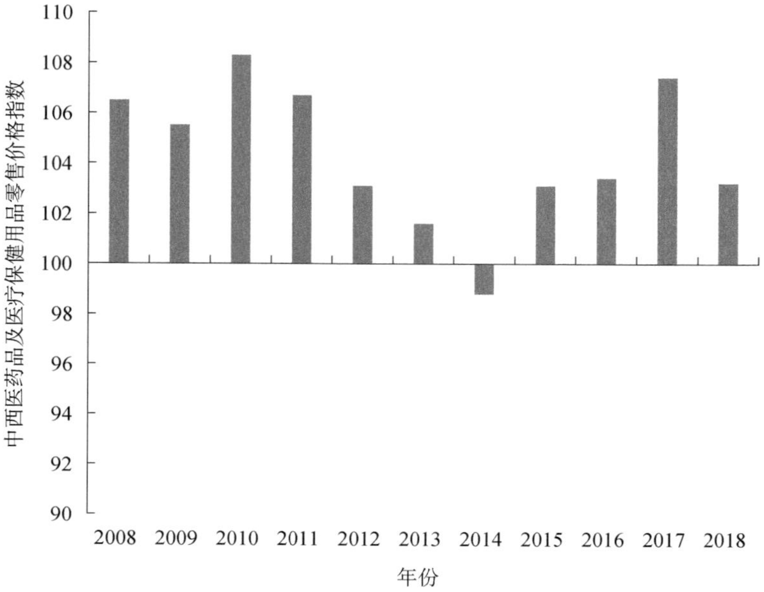
110
108
106
104
102
100
98
96
94
92
90
中西医药品及医疗保健用品零售价格指数
2008
2009
2010
2011
2012
2013
2014
2015
2016
2017
2018
年份

（l）湖州市

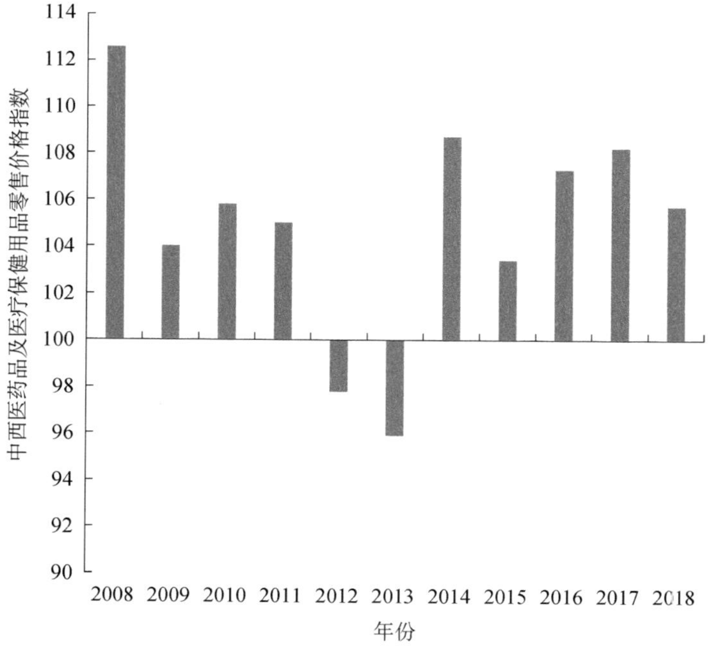
114
112
110
108
106
104
102
100
98
96
94
92
90
中西医药品及医疗保健用品零售价格指数
2008
2009
2010
2011
2012
2013
2014
2015
2016
2017
2018
年份

（m）绍兴市

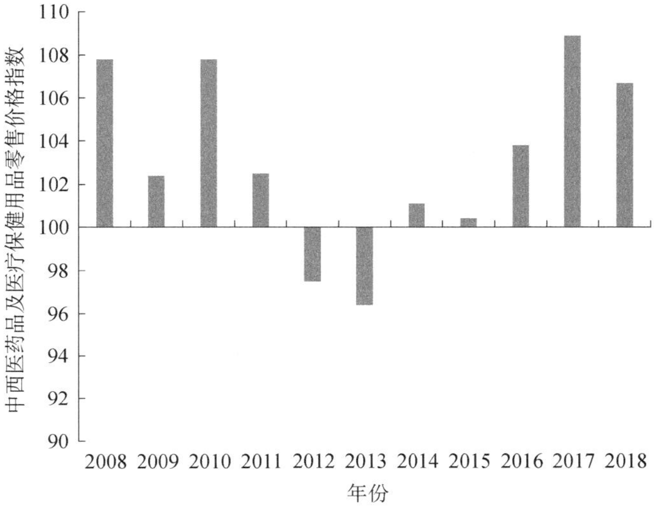

（n）舟山市

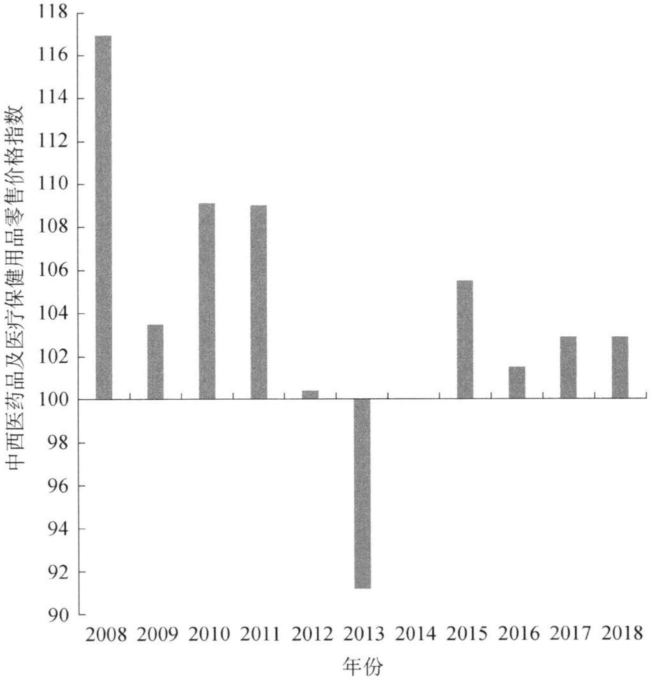

（o）台州市

图 8-7　2008～2018 年长三角 15 个城市的中西医药品及医疗保健用品零售价格指数变化情况

注：①泰州市 2014～2018 年数据缺失，暂未列出；②上年价格=100。

8.2.3 从对比看特征

表 8-8 和图 8-8 为 2008 年、2013 年、2018 年长三角核心区 15 个城市中西医药品及医疗保健用品零售价格指数与零售价格总指数的比较。

表 8-8 2008 年、2013 年、2018 年长三角核心区 15 个城市中西医药品及医疗保健用品零售价格指数与零售价格总指数的比较

城市	2008 年			2013 年			2018 年		
	中西医药品及医疗保健用品零售价格指数	零售价格总指数	差值	中西医药品及医疗保健用品零售价格指数	零售价格总指数	差值	中西医药品及医疗保健用品零售价格指数	零售价格总指数	差值
上海市	100.7	105.3	−4.6	101.0	100.2	0.8	101.2	101.6	−0.4
南京市	102.9	103.7	−0.8	99.4	101.2	−1.8	102.8	102.8	0.0
无锡市	101.2	105.2	−4.0	101.8	101.7	0.1	104.0	102.3	1.7
常州市	102.1	104.7	−2.6	103.5	101.3	2.2	104.7	102.5	2.2
苏州市	106.5	104.8	1.7	101.1	101.2	−0.1	102.7	102.5	0.2
南通市	98.1	105.9	−7.8	101.0	101.8	−0.8	108.9	103.3	5.6
镇江市	99.3	104.8	−5.5	98.9	101.3	−2.4	102.6	102.5	0.1
泰州市	100.4	105.9	−5.5	99.7	100.7	−1.0	—	—	—
杭州市	107.8	106.0	1.8	101.5	101.5	0.0	105.3	102.0	3.3
宁波市	112.0	107.1	4.9	103.1	101.0	2.1	107.8	102.1	5.7
嘉兴市	103.3	105.2	−1.9	94.0	101.7	−7.7	105.8	102.3	3.5
湖州市	106.5	106.5	0.0	101.6	101.7	−0.1	103.2	102.3	0.9
绍兴市	112.4	106.9	5.5	95.9	101.0	−5.1	105.7	101.8	3.9
舟山市	107.8	106.7	1.1	96.4	100.5	−4.1	106.7	102.2	4.5
台州市	117.2	105.6	11.6	91.2	100.3	−9.1	102.9	101.6	1.3

注：①扬州市数据缺失，暂未列出。②上年价格=100。

从 2008 年、2013 年、2018 年长三角核心区 15 个城市的中西医药品及医疗保健用品零售价格指数与零售价格总指数的比较来看，2008 年浙江省 7 个城市中有 6 个城市的中西医药品及医疗保健用品零售价格指数强于零售价格总指数，仅有嘉兴市低于零售价格总指数；江苏省 7 个城市中仅有 1 个城市（苏州市）的中西医药品及医疗保健用品零售价格指数明显高于零售价格总指数。上海市的中西医药品及医疗保健用品零售价格指数明显也低于零售价格总指数。2013 年，浙江省各城市的中西医药品及医疗保健用品零售价格指数普遍弱于零售价格总指数，仅有杭州市（持平）和宁波市（高于）例外。上海市和江苏省 7 个城市的中西医药品及医疗保健用品零售价格指数与零售价格总指数基本持平。2018 年，长三角核心区大部分城市的中西医药品及医疗保健用品零售价格指数与零售价格总指数差异较小（差值接近于 0），城市和地区之间的差异也比较小。值得注意的是，浙江省宁波市三个年份的中西医药品及医疗保健用品零售价格指数均高于零售价格总指数，而江苏省南通市和无锡市、镇江市的中西医药品及医疗保健用品零售价格指数与零售价格总指数的差值在三个年份中连续走高，反映了这些城市对中西医药品及医疗保健用品零售的消费热度偏高。

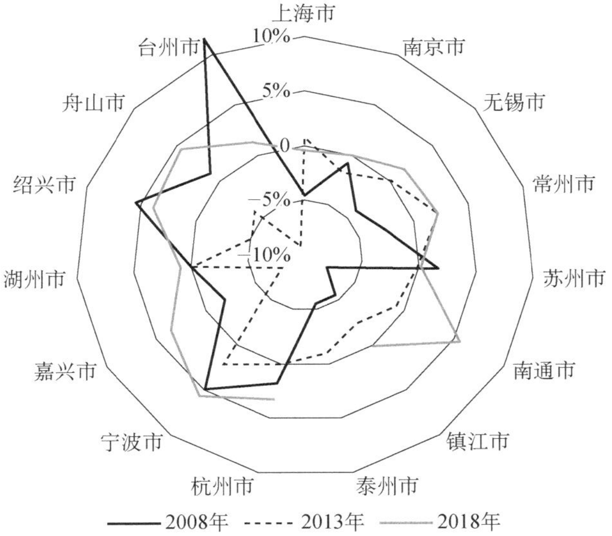

图 8-8 2008 年、2013 年、2018 年长三角核心区 15 个城市中西医药品及医疗保健用品零售价格指数高于零售价格总指数的差值

8.3 医药制造业出厂价格指数

医药制造是科技密集型行业。生产工艺和科研创新的能力决定了产品议价能力。普通商品价格接近成本；科技含量高、独创性的产品可以获得市场定价权。医药制造业出厂价格指数的变化反映了该地区参与医药产业链的创新程度和市场地位。

8.3.1 从数字看形势

表 8-9 和图 8-9 为 2018 年长三角核心区 7 个城市医药制造业出厂价格指数。在长三角核心区披露了行业信息的 7 个城市中，除绍兴市的医药制造业出厂价格指数特别高（184.5）以外，其余 6 个城市的医药制造业出厂价格指数均在 100 左右。其中，只有南京市的医药制造业出厂价格小幅下降（99.7）。绍兴市以外，医药制造业出厂价格涨幅较大的城市还有嘉兴市（107.3）和湖州市（106.4），涨幅较小的城市有上海市（100.4）和泰州市（100.1）。

表 8-9　2018 年长三角核心区 7 个城市医药制造业出厂价格指数

城市	2018 年
上海市	100.4
南京市	99.7
泰州市	100.1
嘉兴市	107.3
湖州市	106.4
绍兴市	184.5
台州市	104.3

注：上年价格=100。

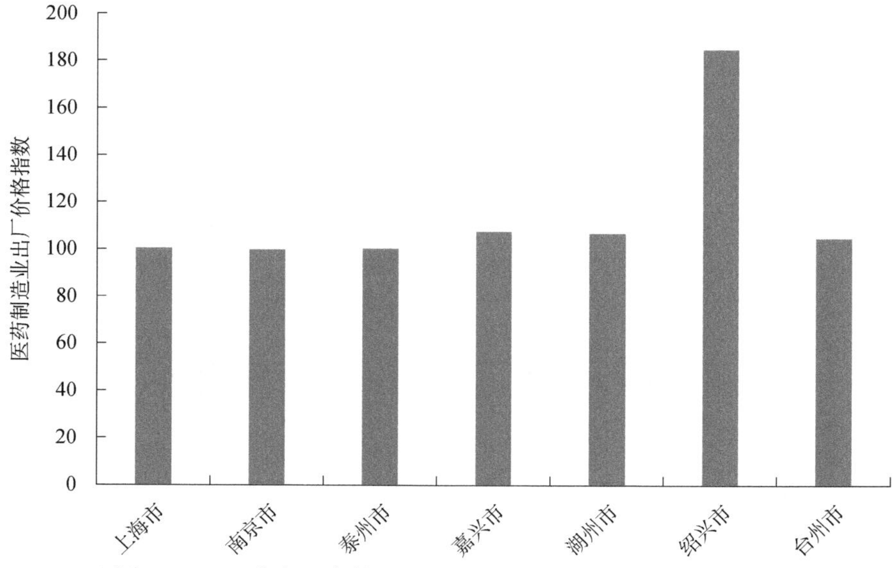

图 8-9　2018 年长三角核心区 7 个城市医药制造业出厂价格指数

注：上年价格=100。

8.3.2 从变化看发展

2008～2018 年长三角核心区 7 个城市医药制造业出厂价格指数呈现波动变化（表 8-10、图 8-10）。总体看来，上海市和浙江 4 市医药制造业出厂价格指数的走势要强于江苏省。

上海市的医药制造业出厂价格变动趋势以上升为主，11 个年份中有 9 个年份的价格上升，2008 年和 2017 年 2 个年份的涨幅超过 5 个百分点，2013 年的降幅超过 2 个百分点。

南京市的医药制造业出厂价格变动趋势以下降为主，11 个年份中有 8 个年份的价格下降，有 7 个年份的降幅超过 2 个百分点，2008 年的涨幅超过 3 个百分点。

泰州市只有 5 年的医药制造业出厂价格指数，其中 3 个年份价格下降，2 个年份价格上升，其中只有 2015 年的价格降幅超过 2 个百分点。

绍兴市的医药制造业出厂价格波动幅度最大，11 个年份中有 4 年上涨、7 年下降。但 2008 年和 2018 年与上年价格相比分别达到了 50.7 个百分点和 84.5 个百分点的升幅。7 个下降的年份中，有 5 年的降幅超过 8 个百分点，最大降幅是 2015 年，为 18.4 个百分点。

嘉兴市的医药制造业出厂价格波动趋势以上升为主，11 个年份中有 7 年上升、4 年下降。其中有 6 年的涨幅超过 2 个百分点，2009 年的降幅超过 6 个百分点。

湖州市的医药制造业出厂价格波动呈现先抑后扬的趋势，且波动幅度较小。11 个年份中有 5 年上升、6 年下降。5 个环比价格上升的年份中，只有 2018 年的涨幅超过 6 个百分点，达到 6.4 个百分点。6 个环比价格下降的年份中，2 个年份的降幅超过 2 个百分点，2009 年降幅为 4.7 个百分点，2017 年降幅为 2.3 个百分点。

台州市的医药制造业出厂价格波动稍大。11 个年份中有 5 个年份价格上升、6 个年份价格下降。其中 3 个年份升幅超过 2 个百分点，4 个年份降幅达到或超过 2 个百分点。

表 8-10　2008～2018 年长三角核心区 7 个城市医药制造业出厂价格指数

城市	2008 年	2009 年	2010 年	2011 年	2012 年	2013 年
上海市	105.6	100.8	100.3	103.1	101.8	97.3
南京市	103.8	101.8	93.8	97.7	97.3	101.9
泰州市	—	—	—	—	—	—

续表

城市	2008年	2009年	2010年	2011年	2012年	2013年
嘉兴市	109.8	93.9	102.3	102.5	98.3	98.9
湖州市	99.0	95.3	99.0	100.4	98.9	99.8
绍兴市	150.7	105.1	92.2	88.0	82.8	90.9
台州市	101.2	95.9	104.0	107.1	97.2	97.1

城市	2014年	2015年	2016年	2017年	2018年
上海市	100.2	101.5	99.5	109.1	100.4
南京市	97.8	95.5	95.9	96.7	99.7
泰州市	98.3	97.0	99.6	101.3	100.1
嘉兴市	102.2	101.0	98.9	102.4	107.3
湖州市	100.1	100.1	101.1	97.7	106.4
绍兴市	99.6	81.6	101.8	87.4	184.5
台州市	98.7	98.5	98.0	100.6	104.3

注：①长三角核心区16个城市中，仅有上海市、南京市、泰州市、嘉兴市、湖州市、绍兴市和台州市有工业产品分类出厂价格指数，其余城市数据空缺，暂未列出；②上年价格=100。

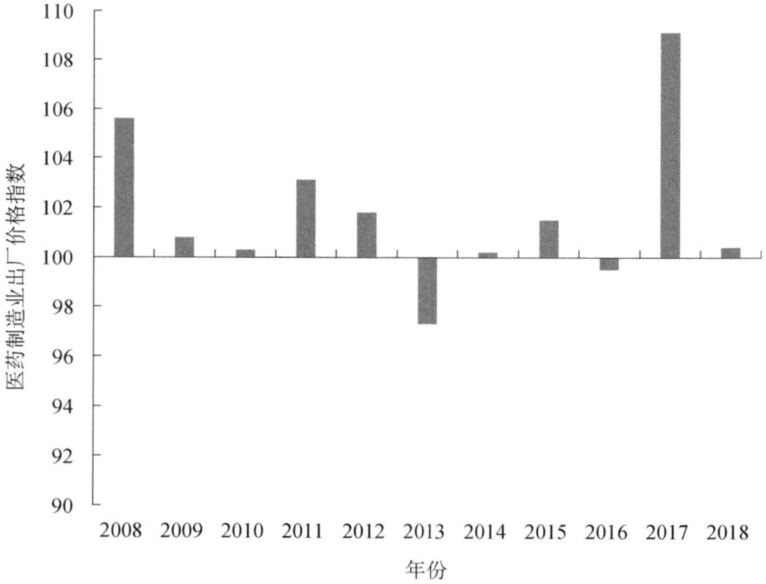

(a) 上海市

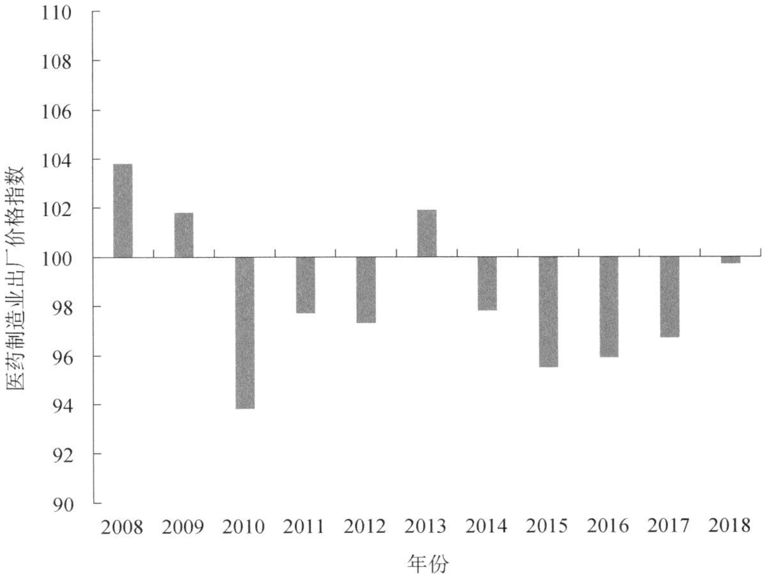

110
108
106
104
102
100
98
96
94
92
90
医药制造业出厂价格指数
2008
2009
2010
2011
2012
2013
2014
2015
2016
2017
2018
年份

（b）南京市

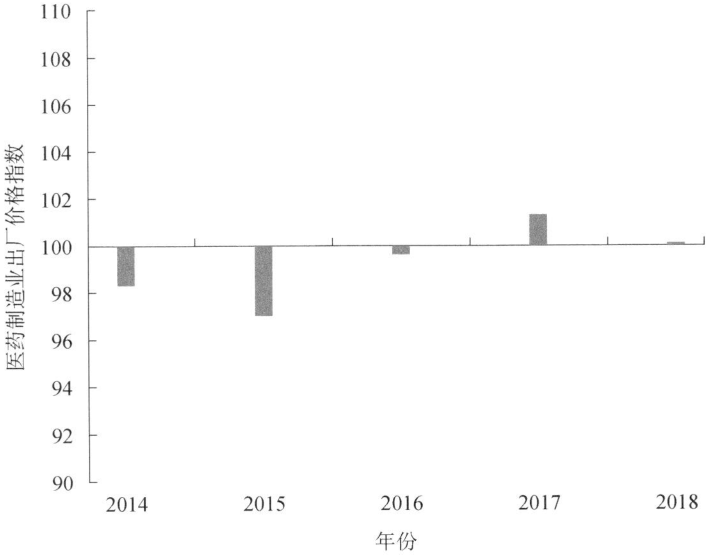

110
108
106
104
102
100
98
96
94
92
90
医药制造业出厂价格指数
2014
2015
2016
2017
2018
年份

（c）泰州市

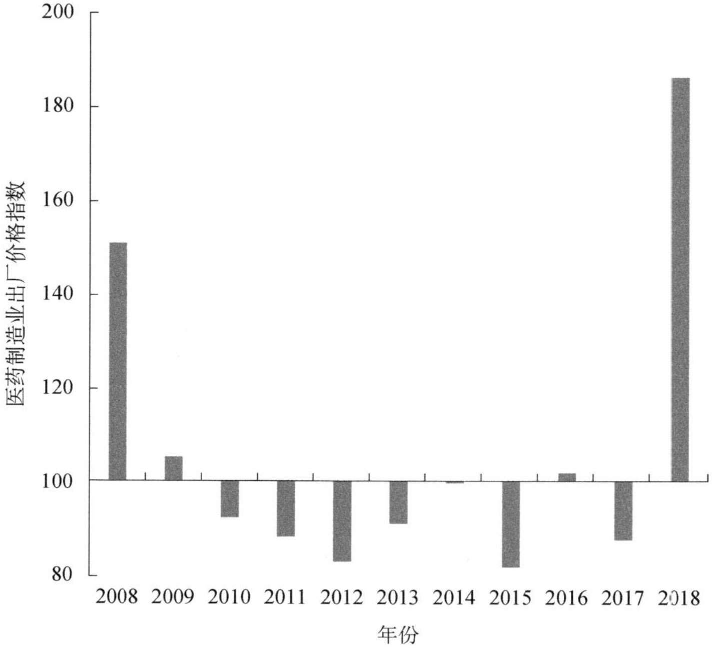
200
180
160
140
120
100
80
医药制造业出厂价格指数
2008 2009 2010 2011 2012 2013 2014 2015 2016 2017 2018
年份

（d）绍兴市

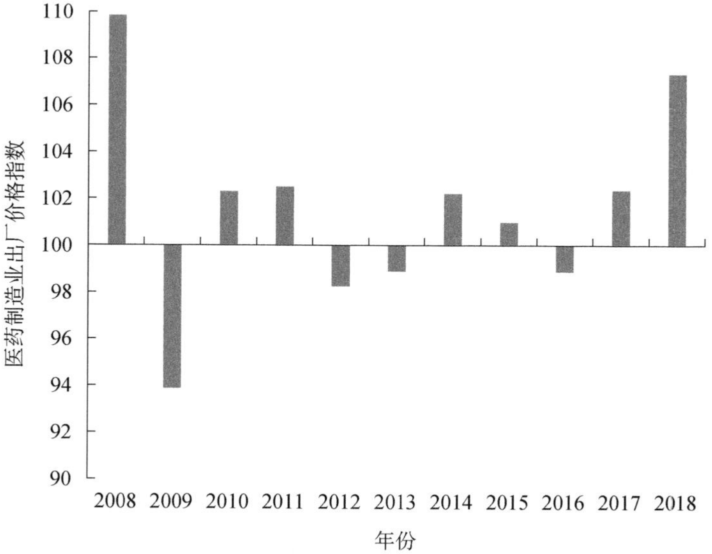
110
108
106
104
102
100
98
96
94
92
90
医药制造业出厂价格指数
2008 2009 2010 2011 2012 2013 2014 2015 2016 2017 2018
年份

（e）嘉兴市

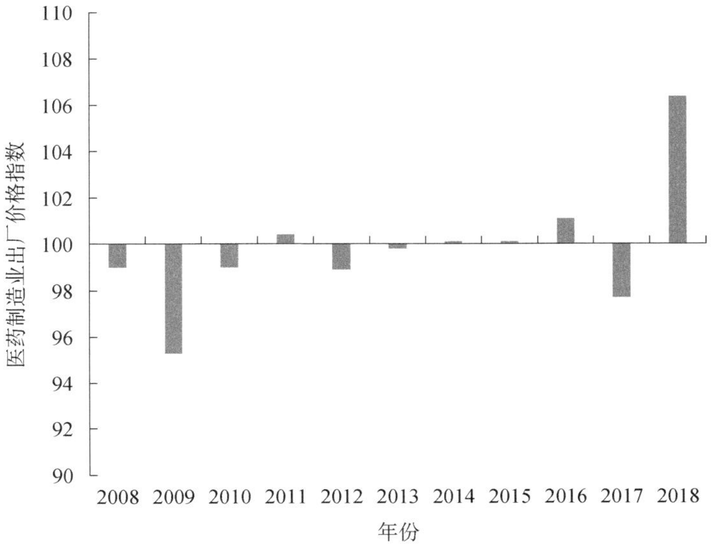

（f）湖州市

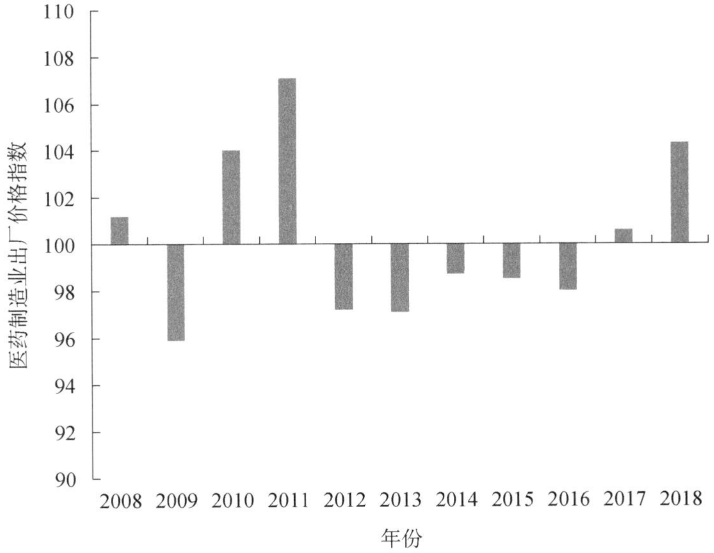

（g）台州市

图 8-10　2008～2018 年长三角核心区 7 个城市医药制造业出厂价格指数

注：①泰州市 2008～2013 年数据缺失，暂未列出；②上年价格=100。

8.3.3 从对比看特征

表 8-11 为 2008 年、2013 年、2018 年长三角核心区 7 个城市医药制造业出厂价格指数与工业品价格总指数的比较。因为绍兴市数据与其他城市差异较大，为了更好地表现各城市的价格指数，图 8-11 中没有显示绍兴市的数据。从中可以看出，披露医药制造业出厂价格指数的长三角核心区 7 个城市中，上海市和浙江 4 市的相对优势比南京市和泰州市要更强些。尤其是南京市的医药制造业出厂价格指数的相对优势，显示出与上海市、浙江 4 市反向波动的状态。

表 8-11　2008 年、2013 年、2018 年长三角核心区 7 个城市医药制造业出厂价格指数与工业品价格总指数的比较

城市	2008 年			2013 年			2018 年		
	医药制造业出厂价格指数	工业品价格总指数	差值	医药制造业出厂价格指数	工业品总指数	差值	医药制造业出厂价格指数	工业品总指数	差值
上海市	105.6	102.2	3.4	97.3	98.9	−1.6	100.4	97.8	2.6
南京市	103.8	105.5	−1.7	101.9	97.0	4.9	99.7	102.5	−2.8
泰州市	—	—	—	—	—	—	100.1	101.0	−0.9
嘉兴市	109.8	103.6	6.2	98.9	98.3	0.6	107.3	104.1	3.2
湖州市	99.0	104.9	−5.9	99.8	98.5	1.3	106.4	103.9	2.5
绍兴市	150.7	102.8	47.9	90.9	98.3	−7.4	184.5	106.9	77.6
台州市	101.2	102.8	−1.6	97.1	97.6	−0.5	104.3	102	2.3

注：上年价格=100。

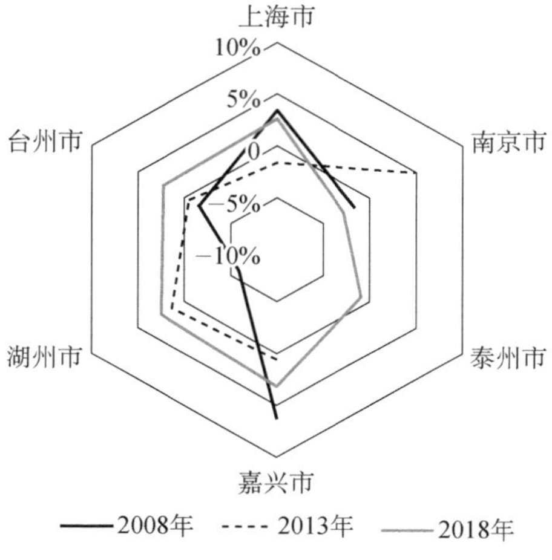

图 8-11　2008 年、2013 年、2018 年长三角核心区 6 个城市医药制造业出厂价格指数与工业品价格总指数的比较

附　　表

附表 1　《健康产业统计分类（2019）》与《健康服务业分类（试行）》对照简表

序号	健康产业统计分类	健康服务业分类
01	医疗卫生服务	一、医疗卫生服务
02	健康事务、健康环境管理与科研技术服务	二、健康管理与促进服务
03	健康人才教育与健康知识普及	二、健康管理与促进服务
04	健康促进服务	二、健康管理与促进服务
05	健康保障与金融服务	二、健康管理与促进服务
06	智慧健康技术服务	三、健康保险和保障服务
07	药品及其他健康产品流通服务	（新增）
08	其他与健康相关服务	四、其他与健康相关的服务
09	医药制造	（新增）
10	医疗仪器设备及器械制造	—
11	健康用品、器材与智能设备制造	—
12	医疗卫生机构设施建设	—
13	中药材种植、养殖和采集	—

附表 2　报告数据对应的健康产业分类

章号	报告章节内容	数据涉及健康产业分类
ch1	人口与健康状况	健康管理与促进服务
ch2	卫生资源	医疗卫生服务
ch3	医疗服务	医疗卫生服务
ch4	医疗服务费用	医疗卫生服务
ch5	传染病防治	健康管理与促进服务
ch6	医疗保障	健康保险和保障服务
ch7	居民人均医疗保健消费支出	（健康产业综合）
ch8	健康相关产品和服务价格指数	（健康产业综合）